Introduction to US FDA Drug & Medical Device Law and Regulation

米国FDA医薬品・医療機器規制入門

TMI総合法律事務所　弁護士・ニューヨーク州弁護士

藤巻　伍 著
Hitoshi Fujimaki

商事法務

◆はしがき◆

　本書は、米国 FDA の管轄する医薬品・医療機器規制をできるだけ体系的かつ簡潔に紹介したものである。少なくとも筆者が執筆を開始した時点では日本語での類書がなかったため、まずはこの分野に興味を持っているすべての方にとって、基礎的な知識のインプット、及び個別の規制・制度の詳細を調べる際の「取っ掛かり」になるような、入門書を書こうと思ったのが執筆のきっかけである。そのため、FDA の最新動向を踏まえて、様々な分野に関する規制・制度を簡潔に紹介するとともに、根拠規定や参照した文献の情報を逐一脚注に記した。

　本書の内容は、筆者が 2022 年の秋学期にアメリカのワシントン DC にあるジョージタウン大学ロースクールで受講した FDA 規制関連の授業の予習・復習にあたって自身で作成したまとめノートがベースになっているが、規制内容を正確に理解するためには FDA が発行しているガイダンスを読むのが一番近道であるため、特に重要な 150 超のガイダンスを熟読するとともに、FDA が発行している教育資料、マニュアルその他の文献等を読み漁り、内容を補強した。また、ロースクール卒業後、エーザイ・インク（ニュージャージー州）の法務部及びシドリー・オースティン法律事務所ワシントン DC オフィスの FDA チームで勤務（研修）する機会に恵まれたため、それらの経験を通じて学んだ内容も追記し、計 1 年半かけて、本書にまとめた。今回の海外留学・研修においては、主に FDA に係る医薬品及び医療機器の規制を学んだため、本書では、それらにフォーカスし、バイオ医薬品及び化粧品の規制は簡単に紹介するにとどめ、他の FDA 規制製品（食品、タバコ、動物用医薬品等）はスコープの範囲外とした。なお、FDA 規制は、アメリカの法令・規則に基づく規制であるため、原典はすべて英語であるが、日本語訳が統一されていない用語も多いため、筆者の方で適宜適切と思われる訳語を採用した。本書の内容は、筆者の見解であり、筆者が所属する事務所や、

i

はしがき

過去に所属した組織の見解等を示すものではないことにご留意いただきたい。

　筆者は、2022年の夏からアメリカへ留学し、その後、アメリカ、イギリス、スイスで研修を行い、2024年7月に日本に帰国した。この2年間は、学びと出会いに満ち溢れ、人生で最も充実した期間であった。行く先々で出会い、お世話になった方々すべてに深く感謝を申し上げたい。特に、本書の特徴の一つである充実したコラム（Expert Insights）は、筆者がこの海外留学・研修期間中に知り合ったヘルスケア関連のエキスパートの方々からいただいた貴重な寄稿である。多くの人はアメリカで知り合った方々であるが、当該分野における経験・鋭い洞察力から来る興味深い話を聞く中で、ぜひとも本書読者の方にも紹介したいと思い、コラムの寄稿を依頼させていただいた。不躾なお願いにもかかわらず、皆様快くご承諾いただき、改めて、心より感謝を申し上げる。

　このように、本書には、この海外留学・研修中に得た知識・経験・出会いが詰まっており、文字通りこの2年間の集大成である。アメリカで医薬品・医療機器ビジネスを行っている、又はこれから行う予定の皆様の一助になれば、この上ない幸せである。

　企画段階から親身に相談に乗っていただき、また、タイトなスケジュールの中、懇切丁寧にご対応いただいた、商事法務の浅沼亨氏、宮尾悠子氏には、深く感謝を申し上げたい。

　最後に、2年間の海外生活において、常にサポート・応援してくれた妻には最大限の感謝を伝えたい。本当にありがとう。

　2024年7月

TMI総合法律事務所

弁護士・ニューヨーク州弁護士

藤巻　伍

◆目　　次◆

はしがき　i
凡　　例　x

Chapter 1　FDA の概要　　　　1

1　FDA とは……………………………………………………………… 1
2　FDA 管轄の法令及び規制等の枠組み………………………………… 3
Column　アメリカの医療保険制度…………………………………… 7

Chapter 2　医薬品とは　　　　9

1　医薬品の定義 ………………………………………………………… 9
2　Health Claim …………………………………………………… 13
3　医薬品と化粧品の区別………………………………………………… 15
Expert Insights　バイデン政権のインフレ抑制法／阿部幸生 ……………… 17

Chapter 3　医薬品規制の基礎　　　　20

1　"new drug" の定義 ………………………………………………… 20
2　"new drug" 上市までのプロセス …………………………………… 22
Expert Insights／藤本鉄男 ………………………………………… 24

Chapter 4　IND申請及び臨床試験に関する規制　　　　25

1　各用語の定義と責任内容……………………………………………… 25
2　IND申請 ……………………………………………………………… 26
　⑴　IND申請の内容と手続　26／⑵　IND申請が不要なケース　30
3　臨床試験 ……………………………………………………………… 31
　⑴　概　　要　31／⑵　スペシャルプロトコルアセスメント　32／⑶　臨床
　試験に適用される規制の概要　33

Chapter 5　New Drug Application(NDA)から承認までのプロセス　　40

iii

目　次

1　NDA申請 ……………………………………………………………………… 40
2　REMS …………………………………………………………………………… 42
3　NDAの承認基準 ……………………………………………………………… 44
　(1)　申請された用途における安全性と有効性が確保されていること　44／(2)
製造方法や品質管理が適切であること　45／(3)　ラベリングが適切であるこ
と　45
4　NDAの承認プロセス ………………………………………………………… 45
　(1)　プロセスの内容及びタイムライン　45／(2)　Advisory Committee　48／
(3)　情報の取扱い　50
5　コンプリートレスポンスレター（CRL）受領後の対応………………… 50
6　User fee ……………………………………………………………………… 52

Chapter 6　試験薬（未承認薬）の使用（Expanded access program）54

1　Expanded access プログラム ……………………………………………… 54
2　Expanded access の種類……………………………………………………… 56
　(1)　Individual patient expanded access　56／(2)　Intermediate-Size Patient
Population Expanded Access（Intermediate IND or protocol）　57／(3)
Treatment IND or protocol　58／(4)　Right to try　58
Expert Insights／木田芳樹 …………………………………………………… 61

Chapter 7　医薬品早期審査制度（Expedited programs）の活用　63

1　Fast Track ……………………………………………………………………… 63
2　Breakthrough Therapy ……………………………………………………… 65
3　Priority Review ……………………………………………………………… 66
4　Accelerated Approval（迅速承認） ……………………………………… 67
Expert Insights／加藤文彦 …………………………………………………… 71

Chapter 8　医薬品の市販後規制　72

1　変更に伴う手続 ……………………………………………………………… 72
2　Post-marketing Safety Labeling Changes（SLC）……………………… 74
3　販売承認の取消し等 ………………………………………………………… 76
4　市販後研究・臨床研究（Phase Ⅳ studies） …………………………… 76
5　cGMP …………………………………………………………………………… 79
6　REMS …………………………………………………………………………… 83
7　Pharmacovigilance …………………………………………………………… 83
　(1)　15-Day "Alert Report"　85／(2)　Periodic Adverse Experience Report

目　次

　　　86／(3)　Field Alerts Report（FAR）　86／(4)　Annual Reports　86
　8　施設登録、リスト提出、製造量及び製造中止等の報告 ………………… 87

Chapter 9　OTC医薬品規制　　89

　1　OTC医薬品とOTCモノグラフ　……………………………………… 89
　(1)　処方薬と非処方薬　89／(2)　OTC医薬品の販売方法　89／(3)　OTCモノ
　グラフの発行　91／(4)　OTC医薬品規制違反　93
　2　RX-to-OTC switch　………………………………………………… 94
　Column　CBD製品に対する規制 …………………………………………… 95

Chapter10　ジェネリック医薬品規制とパテントリンケージ　　97

　1　ANDA ………………………………………………………………… 97
　2　オレンジブック　…………………………………………………… 100
　3　パテントリンケージ制度…………………………………………… 103
　4　505(b)(2)申請 ……………………………………………………… 107

Chapter11　特許権と独占権（Exclusivity）によるライフサイクル
　　　　　　　マネジメント　　110

　1　特許期間の延長（Patent Term Extension（PTE）） …………… 110
　2　通常の医薬品における法令上の Exclusivity ……………………… 112
　3　希少疾病用医薬品の独占権………………………………………… 113
　4　小児用医薬品の独占権……………………………………………… 114
　5　後発品に付与される独占権………………………………………… 115
　Expert Insights　米国の特許存続期間延長制度／
　　　　　　　　　　Janice H. Logan, Toyomi Ohara …… 117

Chapter12　医療機器とは　　119

　1　医療機器の定義　…………………………………………………… 119
　2　Ｉ　Ｖ　Ｄ ………………………………………………………… 121
　3　Custom devices　…………………………………………………… 124
　4　医療機器該当性の判断方法………………………………………… 124

Chapter13　医療機器のクラス分類　　126

　1　医療機器のクラス分類……………………………………………… 126

v

目　次

  2　クラス分類の判断方法……………………………………………………… 129
  3　クラス分類の変更　……………………………………………………… 130
Expert Insights　Fraud & Abuse Laws〜ヘルスケア企業が注意すべき米国
特有の法令〜／平井健斗 ……………………………………………………… 131

| Chapter14　Investigational Device Exemption (IDE) 規制 | 135 |

  1　IDE 規制の適用対象　……………………………………………………… 135
  2　承認基準等 ……………………………………………………………………… 137
Expert Insights／邉見宗一郎 ……………………………………………………… 140

| Chapter15　医療機器の販売認可／承認制度等と早期審査制度 | 142 |

  1　５１０(k)………………………………………………………………………… 142
  (1)　510(k) Premarket Notification and Clearance　142／(2)　Special 510(k)、
Abbreviated 510(k)　148
  2　P M A ………………………………………………………………………… 151
  (1)　PMA プロセスで求められるエビデンスやその提出手続等　151／(2)　審
査プロセス　153
  3　De Novo　…………………………………………………………………… 155
  (1)　概　　要　155／(2)　De Novo プロセス　156
  4　Product Development Protocol (PDP) ………………………………… 158
  5　Humanitarian Device Exemptions ……………………………………… 158
  6　PMA 等に関する FDA とのコミュニケーション ……………………… 160
  7　早期審査制度 ……………………………………………………………… 161
  (1)　Breakthrough Devices Program　161／(2)　Safer Technologies Program
(STeP)　162

| Chapter16　医療機器の市販後規制 | 164 |

  1　承認又は認可取得済み医療機器の変更 ………………………………… 164
  (1)　販売承認取得済み医療機器の変更　164／(2)　510(k)認可取得済みの医療
機器の変更　167
  2　市販後研究 ………………………………………………………………… 169
  (1)　Post-Approval Studies (PAS)　169／(2)　Postmarket Surveillance
(522 studies)　170
  3　Q S R ………………………………………………………………………… 171
  4　市販後報告義務 …………………………………………………………… 174
  5　リコール等 ………………………………………………………………… 175

目　次

6　Tracking ……………………………………………………………… 176

Chapter17　デジタルヘルス―ソフトウェアの医療機器該当性　178

1　概　　要 ……………………………………………………………… 178
2　ソフトウェアの医療機器該当性 ………………………………… 180
　⑴　医療機器非該当　180／⑵　Clinical Decision Support（CDS）software
　181／⑶　General Wellness Products　185／⑷　Mobile Application　188／
　⑸　Medical Device Data Systems（MDDS）　190／⑹　そ の 他　191
3　サイバーセキュリティ …………………………………………… 191

Chapter18　デジタルヘルス―承認等審査の迅速化・簡素化等に向けた取組み　194

1　DHCoE の開設等 …………………………………………………… 194
2　Artificial Intelligence and Machine Learning（AI/ML）-Enabled
　Device Software Functions ……………………………………… 195
　⑴　概　　要　195／⑵　Good Machine Learning Practice（GMLP）　196／
　⑶　Predetermined Change Control Plan for AI/ML-Enabled Device
　Software Functions　196
3　Digital Health Software Precertification（Pre-Cert）Pilot Program …… 199
Expert Insights　米国でのデジタルヘルス事業を成功に導く 4 つの問い／
　　　　　　　　　　　　　　　　　　　　　　　　　　一宮　　恵 …… 200

Chapter19　コンビネーション製品規制　204

1　コンビネーション製品の定義 …………………………………… 204
2　審査及び規制担当部署の決定 …………………………………… 205
3　各種義務 ……………………………………………………………… 208
　⑴　市販後安全性報告　208／⑵　cGMP　210

Chapter20　医薬品・医療機器等の開発及び製造の現代化　212

1　リアルワールドデータ・エビデンス …………………………… 212
2　臨床試験におけるデジタルヘルステクノロジーの活用 ……… 215
3　医薬品・医療機器等開発促進ツール認定プログラム ………… 216
　⑴　Drug Development Tools（DDTs）　216／⑵　Medical Device
　Development Tools（MDDTs）　217
4　Advanced Manufacturing Technologies（AMTs） ……………… 218

vii

目　次

　5　Platform Technology ……………………………………………………… 219
　6　医薬品等の開発・製造における AI/ML の利用 ………………………… 219
　Expert Insights　事業の国際展開における移転価格税制／井川朋子 ………221

Chapter21　表示・広告規制　　223

　1　概　　要 ………………………………………………………………… 223
　2　表示（labeling）規制 …………………………………………………… 225
　⑴　定　　義　225／⑵　規制内容　226
　3　広告（advertising）規制 ……………………………………………… 228
　⑴　定　　義　228／⑵　規制内容（広告一般（表示と広告の両方に適用され
　るルールを含む））　228／⑶　DTC 広告規制　231／⑷　PhRMA Guiding
　Principles　233
　4　表示・広告規制に関する論点 ………………………………………… 234
　⑴　表示及び広告規制対象外の行為　234／⑵　未承認製品のプロモーション
　234／⑶　オフラベルプロモーション　235／⑷　比較広告　239／⑸　ソー
　シャルメディアにおける広告　240／⑹　リマインダー広告　241
　5　手　　続 ………………………………………………………………… 242
　6　Enforcement ……………………………………………………………… 243

Chapter22　その他のヘルスケアプロダクトの規制（バイオ医薬品、化粧品）　　245

　1　バイオ医薬品（Biological product）…………………………………… 245
　⑴　定　　義　245／⑵　販売承認取得プロセス　246／⑶　Cell & Gene
　therapy product　247／⑷　Human Cell & Tissue Products（HCT/Ps）　248
　／⑸　バイオシミラー（バイオ後続品）　250
　2　化 粧 品 ………………………………………………………………… 252
　Expert Insights　Cell and Gene Therapies: Emerging FDA Regulatory
　Considerations／Emily Marden, Kelly Cho ……………………………… 255

Chapter23　法令違反に対する FDA の執行権限　　262

　1　概　　要 ………………………………………………………………… 262
　2　執行措置の種類 ………………………………………………………… 262
　⑴　勧 告 措 置（Advisory Actions）　262／⑵　行 政 措 置（Administrative
　Actions）　265／⑶　法的措置（Judicial Actions）　268／⑷　輸入品への対
　応　272
　3　昨今の処分件数とトレンド …………………………………………… 273

viii

目　　次

| Chapter24　　FDA inspection | 275 |

1　概　　要 …………………………………………………… 275

2　権限とスコープ ……………………………………………… 276

3　査察の種類 …………………………………………………… 279

4　査察のプロセス ……………………………………………… 280

　(1)　査 察 前　280／(2)　査 察 中　281／(3)　査 察 後　282

5　査察の内容 …………………………………………………… 283

6　Form FDA 483 への対応 …………………………………… 285

7　FDA の規制アクション ……………………………………… 286

8　Alternative Tools の活用 …………………………………… 288

　(1)　Remote Regulatory Assessments　288／(2)　Mutual Recognition
　Agreements　290

9　Bioresearch Monitoring（BIMO）査察 …………………… 291

Expert Insights　FDA Inspections Through the Lens of Cellular and
Gene Therapy Products／Chris Fanelli …………………………… 293

ix

◆凡　　例◆

ANDA	Abbreviated New Drug Application
BLA	Biologics License Application
CBER	Center for Biologics Evaluation and Research
CDC	Centers for Disease Control and Prevention
CDER	Center for Drug Evaluation and Research
CDRH	Center for Device and Radiological Health
cGMP	current Good Manufacturing Practice
CMS	Centers for Medicare and Medicaid Services
DOJ	U.S. Department of Justice
EPA	U.S. Environmental Protection Agency
FDA	U.S. Food & Drug Administration
FDCA	Federal Food, Drug, and Cosmetic Act
FTC	Federal Trade Commission
HCPs	Healthcare professionals
HHS	U.S. Department of Health & Human Services
ICH	International Council for Harmonisation of Technical Requirements for Pharmaceuticals for Human Use
IDE	Investigational Device Exemption
IND	Investigational New Drug Application
NDA	New Drug Application
NIH	National Institutes of Health
PHSA	Public Health Service Act
PMA	Premarket Approval
QSR	Quality System Regulation
USDA	U.S.nited States Department of Agriculture

Chapter 1

FDAの概要

1　FDAとは

　FDAは、HHSの一部を構成する連邦政府機関であり、国民の公衆衛生の保護及び向上を図ることを目的とし、食品、医薬品及び医療機器等の販売等を規制する責務を負う機関である。医薬品及び医療機器等の規制及び審査を実施するという点では、日本の厚生労働省や独立行政法人医薬品医療機器総合機構（PMDA）と同様の機能を有している。なお、兄弟機関として、公衆衛生機能を有するCDC、研究機能を有するNIH、医療保障機能を有するCMSなどがあり、いずれもHHSに属する機関である。

　FDAの組織図は以下の表のとおりであるが、規制対象製品の種類ごとに担当局が細分化されている。

Chapter 1　FDAの概要

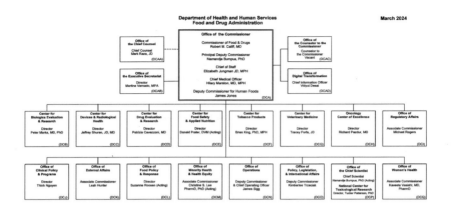

　各局の中で、役割ごとに部署が細分化されており、例えば、医薬品規制を担当するCenter for Drug Evaluation and Research（CDER）内の組織図は以下のとおりである。

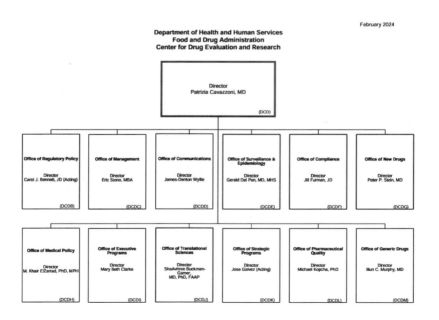

FDA は、メリーランド州のシルバースプリングに本部を構え、アメリカ国内に多くの地方オフィスを有するほか、昨今の食品や医薬品等の輸入量の急激な増加に伴い、中国、インド、ベルギー、コスタリカなど、アメリカ国外にもオフィスを開設し、アメリカで販売される製品を製造している海外企業への規制の強化（法令遵守の啓発）に加え、現地の規制当局との関係性の強化及び国際的な技術要件との調和に取り組んでいる。

また、FDA で勤務する弁護士の数は約 150 名にものぼり、法務の観点からも非常に豊富な人的リソースを有している。

なお、FDA は、医薬品及び医療機器等の医療製品だけでなく、食品や飲料も広く規制しているが、それぞれの特性や歴史的な背景、規制の目的等により、一定の条件に該当する肉や水等の物品については他の機関（USDA（米国農務省）、EPA（米国環境保護庁））が所管している。そのため、FDA、USDA 及び EPA は、相互の調整と情報共有を促進するために複数の覚書（MOU）を締結し、同書において規制範囲を整理・調整している。また、表示及び広告規制に関しては、FDA と FTC（連邦取引委員会）が規制管轄範囲を分担しており、詳細は Chapter 21.1 を参照されたい。

2 FDA管轄の法令及び規制等の枠組み

FDA の管轄する法令は、主に Federal Food, Drug, and Cosmetic Act（FDCA）と Public Health Service Act（PHSA）であり、本書で主に取り扱う医薬品及び医療機器の規制は、主に FDCA で定められている。

FDCA の目的は、主として国民の健康を守ることにあるため、以下に列挙するような、国民の健康を害するおそれのある禁止行為を定めている[1]。FDA は、これらに該当する行為その他の法令違反行為を覚知した場合には、被害の発生及び拡大を防ぐため、FDCA に基づき、押収・差押え処分をはじめとした、いくつかの種類の執行措置を講じることができる。

---

1) FDCA 301 (a)-(c), (g), (k) (21USC331 (a)-(c), (g), (k))

Chapter 1　FDAの概要

> (a) The introduction or delivery for introduction into interstate commerce of any food, drug, device, tobacco product, or cosmetic that is adulterated or misbranded.
> (b) The adulteration or misbranding of any food, drug, device, tobacco product, or cosmetic in interstate commerce.
> (c) The receipt in interstate commerce of any food, drug, device, tobacco product, or cosmetic that is adulterated or misbranded, and the delivery or proffered delivery thereof for pay or otherwise.
> …
> (g) The manufacture within any Territory of any food, drug, device, tobacco product, or cosmetic that is adulterated or misbranded.
> …
> (k) The alteration, mutilation, destruction, obliteration, or removal of the whole or any part of the labeling of, or the doing of any other act with respect to, a food, drug, device, tobacco product, or cosmetic, if such act is done while such article is held for sale (whether or not the first sale) after shipment in interstate commerce and results in such article being adulterated or misbranded.

　FDCA は、連邦議会に与えられた州際通商規制権限を根拠とするため、他州に影響を及ぼすことのない州内の通商には適用されず、州を超える通商、すなわち州際通商 (Interstate commerce) が規制対象となる[2]。一方で、各州においても、食品、医薬品及び医療機器等を規制する法律が定められているが、原則として連邦法が州法に優先して適用される（連邦法に矛盾する州法の適用が否定される。）ため、FDCA と概ね類似の内容になっている。ただし、特に製品表示等については州ごとに独自の規制を定めていることもある。

　上記の FDCA、それを改正する多くの法律をはじめ、連邦法の種類は多岐にわたるが、これらのうち、一般的かつ恒久的なものを体系的に主題ごとに分類したのが、United States Code (USC)（合衆国法典）である。FDCA

---

[2] ただし、州際通商に重大な影響を与える州内通商に対しても規制権限が及ぶと考えられており、裁判所も、州内の活動に関して FDCA を適用するのに Interstate commerce 要件はもはや障害にはならないと判示している（United States v. Regenerative Scis., LLC, 741 F. 3d 1314, 1320（D.C. Cir. 2014））。

は、USC の第 21 編にまとめられている。

　また、法律そのものではないが、FDCA 等の法令による規制の詳細を確認するに当たって頻繁に参照され、重要な役割を担っているのが、Code of Federal Regulations（CFR）（連邦規則集）である。CFR は、米国政府に属する様々な行政機関が Federal Register に掲載した一般的かつ不変的な規則を成文化したものである。

　FDA は、FDCA 等の各連邦法に基づいて規則（CFR）を定めているところ、これらは Administrative Procedure Act（APA）で求められる手続（Rule and Comment Rulemaking（通知及び意見による規則制定））に従って定められる。手続の流れとしては、Proposed Rule の公開、Proposed Rule に関するパブリックコメントの募集、受領したパブリックコメントの検討、それを踏まえて定めた Final Rule の公開の順で行われる[3]。

　このほか、FDA は、近年、ガイダンスドキュメントを頻繁に発行している。このガイダンスドキュメントは、法的拘束力を有しないため、法的に執行可能な権利や責任を生じさせるものではないが、特定の法令及び規則に関する FDA の見解等を詳らかにするものであり[4]、公平かつ効果的な規制の実現及び規則の予測可能性向上の観点において非常に重要な役割を担っている。例えば、FDA が規制に当たってどのような点を重視するか、特定の法令や規則の具体的な内容、遵守に向けたベストプラクティス、執行措置の対象となる行為の具体例等、発行時点での FDA の認識や実務的なポイントが示されており、実務上必要不可欠なソースであるといえる。なお、ガイダンスドキュメントは、2024 年 6 月時点で 2700 以上発行されており、FDA のウェブサイトにて閲覧可能である[5]。

　ガイダンスドキュメントには、レベル 1 とレベル 2 があり、レベル 1 には、法令や規則の要件の解釈を初めて提示したり、その解釈やポリシーの重要な変更を提示し、複雑な科学的問題を含み、又は議論の多い問題を取り上げる

---

3)　APA553（5USC553）

4)　21CFR10.115(b)

5)　https://www.fda.gov/regulatory-information/search-fda-guidance-documents

Chapter 1　FDAの概要

内容のガイダンスが含まれる。一方で、レベル2には、既存の慣行あるいは解釈や方針の軽微な変更を提示するガイダンス、その他レベル1に分類されない全てのガイダンスが含まれる。

　レベル1のガイダンスを作成するに当たっては、事前に公的な会議やワークショップを通じて外部の個人や団体から意見を募り、それらを踏まえて作成したドラフトを"Federal Register[6)]"にて掲載し、パブリックコメントを募集する。FDAは、このドラフトの作成に当たって、公的な会議を開催することや専門家委員会に対してコメントを求めることが可能である。そして、FDAは、集まったコメントを検討したうえで、最終版のルールを作成し、"Federal Register"に掲載することにより、正式にリリースされる。もっとも、ガイダンスの中には最終版が作成されずにドラフト版のガイダンスが長い間維持されているケースが散見される。ドラフト版であっても、最終版であっても、法的効力がないことには変わりがないため、大きく内容の変更がない場合にはドラフト版のまま維持することもあるが、可及的速やかに最終版を発行することが望ましいとされている。

　他方で、レベル2のガイダンスの発行に当たってはこのような手続は必須でないものの、意見の募集やそれに基づく文書の改訂は必要に応じて行われる。

　さらに、FDAは、近年、関連業界とのコミュニケーションを積極的に取っている。具体的には、FDAは、ガイダンスドキュメントの発行に加えて、多くの会議を実施している。これらは実際にビジネス等に従事している者が抱いている疑問点や懸念点を適時に収集し、それに対して適切に対応するために効果的な方法である。当該会議は、FDA側だけでなく、企業側から求めることもでき、公開の場で行うか否かはケースバイケースである。なお、会議に参加する企業は、事前に会議のアジェンダと参加者のリストをFDA側に連絡しておく必要がある。

---

6)　https://www.federalregister.gov/

Column

アメリカの医療保険制度

　アメリカでヘルスケアビジネスをする行うに当たって、アメリカの医療保険制度の内容を理解することは必要不可欠である。アメリカの医療保険制度は、日本と同様に、保険加入者（患者等）・ヘルスケアサービスプロバイダー（医師等）・Payor（民間保険会社等）の三者間で成り立っているが、日本のような国民皆保険制度を採用していないため、全国民を対象とした公的医療保険制度はなく、民間医療保険及び対象が限定された公的医療保険で構成される。

　公的医療保険には、メディケア（Medicare）、メディケイド（Medicaid）及び児童健康保険プログラム（Children's Health Insurance Program（CHIP））等が含まれる。このうち、メディケアは、65歳以上の高齢者、65歳未満の身体障害を持つ者及び65歳未満の透析や移植を必要とする重度の腎臓障害を持つ者を対象とする連邦政府の医療保険プログラムであり、2023年時点において約6,500万人（国民の約19％）が加入している。HHSの一部を構成する機関であるCenters for Medicare & Medicaid Services（CMS）によって運営されている。また、メディケイドは、一定の基準以下の低所得者の家族と子供、妊婦、高齢者、障碍者を対象とする、主に州政府が運営する医療保険プログラムであり（連邦政府は州政府に対してメディケイドの運営資金の一部を提供し、所定のガイドラインを定めるが、給付の範囲・内容の決定その他の運営は、州政府が行う。）、2024年時点において約7,800万人（国民の約23％）が加入している。さらに、児童健康保険プログラム（CHIP）は、メディケイドの適用に必要な所得要件を満たさないものの民間医療保険の保険料を支払うことができない低所得家庭の子供を対象とする、主に州政府が運営する保険プログラムであり、2023年時点において約710万人が加入している。

　他方で、3分の2以上の国民は、民間保険会社が運営する医療保険に加入している。加入要件、保険料、適用範囲及び償還価格等は会社ごとに個別に設定されており、多くは加入している保険のネットワーク内で提供される医療サービスのみに適用され、ネットワーク外で医療処置を受ける場合は患者の自己負担が大幅に増えるのが一般的である。なお、2010年に成立した医療保険制度改革法（通称「オバマケア」）により、従業員50人以上の企業に対し、従業員への医療保険の提供が義務付けられ、医療保険加入者が増加した。

　アメリカで医薬品及び医療機器を販売等するに当たっては、FDAから販売承認

Chapter 1　FDAの概要

等のライセンスを取得することのほか、上記の公的又は私的保険の償還（reimbursement）対象となるか、及び償還価格が重要なポイントとなる。メディケア、メディケイド、民間保険の償還判断はそれぞれ独立しているため、それぞれCMS、各州政府、民間保険会社との間で個別にやりとり（償還判断に係る手続、償還価格の交渉等）する必要がある。特に医療コストの高いアメリカでは費用対効果等の経済指標が重要であり、既存の治療よりも安価に健康的でいられる治療法であると認められた場合等に保険償還が認められる。なお、場合によっては、保険償還に当たって、（FDA承認で求められるエビデンスを超えて）追加の試験データが要求される可能性があり、その場合には追加で相当な時間と費用がかかる。

Chapter 2

医薬品とは

1　医薬品の定義

FDCA201 (g)(1) (21USC 321 (g)(1))

The term "drug" means

(A) articles recognized in the official United States Pharmacopeia, official Homeopathic Pharmacopeia of the United States, or official National Formulary, or any supplement to any of them; and

(B) articles intended for use in the diagnosis, cure, mitigation, treatment, or prevention of disease in man or other animals; and

(C) articles (other than food) intended to affect the structure or any function of the body of man or other animals; and

(D) articles intended for use as a component of any articles specified in clause (A), (B), or (C).

A food or dietary supplement for which a claim, subject to sections 403 (r)(1) (B) and 403 (r)(3) or sections 403 (r)(1)(B) and 403 (r)(5)(D), is made in accordance with the requirements of section 403 (r) is not a drug solely because the label or the labeling contains such a claim. A food, dietary ingredient, or dietary supplement for which a truthful and not misleading statement is made in accordance with section 403 (r)(6) is not a drug under clause (C) solely because the label or the labeling contains such a statement.

　上記規定のとおり、「医薬品」には、(A) 米国薬局方等に定められた物品等、(B) 人又は動物の疾病の診断、治療、予防等に使用されることを目的とした物品、(C) 人又は動物の身体の構造又は機能に影響を及ぼすことを目的とした物品（Food を除く）、(D) 以上に規定する物品の構成要素として使用することを目的とした物品が含まれる。

Chapter 2　医薬品とは

　定義は概ね日本と同様であり、特に重要なのが(B)と(C)である。上記の「目的」とは、物品の表示について法的責任を有する者（又はその代理人）の客観的な意図を意味し、その内容は、広告宣伝・販促資料（文書及び口頭の表現が含まれる）、製品のデザイン・構成、その製品が表示や広告に掲載されていない目的で提供又は使用されていることを製造者が知っていたという状況、製造者の販売計画・営業部への指示・広く知られている用途や乱用に関する証拠、製品の流通に関連する状況、製品が薬理学的成分を含むという証拠、会社の内部文書、消費者の意図、公衆に伝達されなかったクレーム及び全体的な状況等、様々な要素を考慮して判断される[1]。

　そのため、人又は動物の疾病の診断、治療、予防等に使用されることを想定した表示・広告等（Disease Claim）や、人又は動物の身体の構造又は機能に影響を及ぼす旨の表示・広告等（Structure/Function Claim）をした場合には、構成要素の内容如何に関わらず、「医薬品」に該当し得ることとなる。例えば、木炭を燃料として販売する場合には「医薬品」に該当しないが、中毒への緊急治療のための使用を目的として販売する場合には「医薬品」とみなされる。

　また、重要なポイントとして、上記(C)の中で「Food」が定義から除外されている点が挙げられる。すなわち、「Food」は Structure/Function Claim をしたとしても「医薬品」とみなされることがないため、基本的には Structure/Function Claim が認められる。

　この点、「Food」とは、人又は動物の食料又は飲料として使用される物品、チューインガム及びそれらの物品の構成要素として使用される物品（(1) articles used for food or drink for man or other animals[2], (2) chewing gum, and (3) articles used for components of any such article.）と定義される[3]。この中には、一般的な食料品（Conventional (common sense) food）だけでなく、

---

1)　21CFR201.128、2021 Intended Use Final Rule, 86 Fed. Reg. 41383（Aug. 2, 2021）

2)　この意味するところは、いわゆる常識的な食品、すわなち、多くの人が食品を消費する通常の方法で人々に消費される物品が「food」に含まれるということであり、その方法とは、主に味（taste）、香り（aroma）、栄養価（nutritive value）のために消費されるものをいう（Nutrilab v. Schweiker, 713 F.2d 335（7th Cir. 1983））。

10

Dietary Supplement が含まれる。「Dietary Supplement」とは、いわゆる食事補助製品を意味し、これには、ビタミン、ミネラル、ハーブその他の植物成分、アミノ酸等の成分を含む、食事の補完を目的とした製品等が含まれる[4]。「Food」に該当するか否かによって、規制が大きく変わるため、「Food」該当性が重要な検討事項になることがある。そして、Dietary supplement において、Structure/Function Claim をする場合には、販売後 30 日以内の FDA に対する通知やディスクレーマー（"This statement has not been evaluated by the FDA. This product is not intended to diagnose, treat, cure, or prevent any disease"）の付記など、別途法令で定められている要件を遵守して行う必要がある[5]。

　一方で、上記(B)においては、「Food」が除外されていないため、「Food」に関して Disease Claim をした場合には、「医薬品」とみなされるリスクがある。

　このように、Food は、Structure/Function Claim であれば基本的に許容される一方で、次項で紹介する Health Claim として表示が認められる場合を除き、Disease Claim は認められず、仮に Disease Claim をした場合には医薬品として規制を受けることになるため[6]、Disease Claim と Structure/Function Claim の区別が問題となる。

　この点、"Disease" とは、"damage to an organ, part, structure, or system of the body such that it does not function properly (e.g., cardiovascular disease), or a state of health leading to such dysfunction (e.g., hypertension) ; except that diseases resulting from essential nutrient deficiencies (e.g., scurvy, pellagra) are not included in this definition" と定義されているところ[7]、Disease Claim と分類されるのは、例えば以下の事項を内容とするクレームである[8]。

---

3) FDCA201 (f) (21USC321 (f))

4) FDCA201 (ff) (21USC321 (ff))

5) FDCA403 (r)(6) (21USC343 (r)(6))

6) 21CFR101.93 (f)

7) 21CFR101.93 (g)(1)

8) 21CFR101.93 (g)(2)

Chapter 2　医薬品とは

> - 特定の疾患又は疾患群（class of disease）に影響を与える。
> - 特定の疾患又は疾患群の特徴的なサインや兆候に影響を与える。
> - 一般的でなく又は重大な危害を生じさせる可能性がある、自然状態や過程に関する異常な状態に影響を及ぼす。
> - 製品名、製剤についての説明、"disease"の単語の使用、出版物又は参考文献の引用、写真・装飾・シンボル等により、疾患に影響を与える。
> - 疾患の診断、治療、予防等をすることを目的とした製品群に属する。
> - 疾患の治療法となる製品の代替品となる。
> - 疾患の診断、治療、予防等を目的とした特定の治療法や薬物作用を主張する。
> - 疾患や疾患の媒介物質に対する身体の反応に影響する。
> - 疾患の治療に関連して、疾患に該当する有害事象を治療、予防、緩和する
> - その他、疾患への影響を示唆する

　また、Structure/Function Claim と Disease Claim の具体的な例は、それぞれ以下のとおりである。

Structure/Function Claim	Disease Claim
"Calcium builds strong bones" "Fiber maintains bowel regularity" "Antioxidants maintain cell integrity" "Helps promote digestion" "Helps to maintain cholesterol levels that are already within the normal range" "Maintains healthy lung function" "For the relief of occasional sleeplessness"	"Promotes low blood pressure" "Maintain normal bone density in post-menopausal women" "Maintains healthy lungs in smokers" "Lowers cholesterol" "Promotes general well-being during the cold and flu season" "Helps to reduce difficulty falling asleep"

12

2　Health Claim

「Food」は、一定の場合に、Health Claim[9]と呼ばれる、栄養素や食品と病気や症状等の関係性（疾病リスクの低減等）を表示することが認められる。Health Claim には、3種類あり、それぞれ NLEA Authorized ヘルスクレーム、限定的（Qualified）ヘルスクレーム、FDAMA ヘルスクレームと呼ばれる。

NLEA Authorized ヘルスクレームは、The Nutrition Labeling and Education Act of 1990（NLEA）に基づくもので、所定の要件を満たし、規則で定められた場合に表示が認められる。FDA は、一般的に、申請を受けたヘルスクレームにつき、Significant Scientific Agreement（SSA）standard を用いて、科学的文献等に基づき審査を行う[10]。2024年6月時点で承認を受けている NLEA Authorized ヘルスクレームは、以下のとおりである[11]。

21CFR 101.72	カルシウム、ビタミン D と骨粗しょう症のリスク
21CFR 101.73	脂質（脂肪）とガンのリスク
21CFR 101.74	ナトリウムと高血圧のリスク
21CFR 101.75	飽和脂肪とコレステロールと冠状動脈性心疾患リスク
21CFR 101.76	繊維を含む穀物加工品、果実、野菜とガンのリスク
21CFR 101.77	繊維、特に可溶性繊維を含む果実、野菜、穀物加工品と冠状動脈性心疾患のリスク
21CFR 101.78	果実、野菜とガンのリスク
21CFR 101.79	葉酸と神経管障害のリスク

---

9)　21CFR101.14

10)　FDCA403（r）(1)(B)、403（r）(3)(B)（21USC343（r）(1)(B)、343（r）(3)(B)）

11)　https://www.fda.gov/food/food-labeling-nutrition/authorized-health-claims-meet-significant-scientific-agreement-ssa-standard

Chapter 2　医薬品とは

21CFR 101.80	食事由来の非う蝕性炭水化物甘味料と虫歯のリスク
21CFR 101.81	特定の食品に含まれる可溶性食物繊維と冠状動脈性心疾患リスク
21CFR 101.82	大豆タンパク質と冠動脈性心疾患リスク
21CFR 101.83	植物性ステロール／スタノールエステルと冠状動脈性心疾のリスク

　次に、NLEA に基づくヘルスクレームに含まれるものとして、Qualified ヘルスクレームがあり、これは、科学的根拠が SSA 基準を満たさないものの、一定の科学的根拠を有すると評価された場合に、FDA が食品表示におけるクレームの使用に関する執行裁量の範囲を概説する文書を発行することにより、限定文言（Qualifying language）（例："although the FDA has concluded that there is very limited scientific evidence for this claim"）を付したヘルスクレームが認められる制度である。例えば、"Scientific evidence suggests, but does not prove, that whole grains (three servings or 48 grams per day), as part of a low saturated fat, low cholesterol diet, may reduce the risk of diabetes mellitus type 2." といったクレームが認められており、ほかに認められている Qualified ヘルスクレームのリストは FDA のウェブサイトで参照可能である[12]。

　最後に、FDAMA ヘルスクレームは、米国科学アカデミー（National Academy of Sciences（NAS））を始めとする米国連邦政府の研究機関の権威ある声明（Authoritative Statement）に基づくヘルスクレームであり、根拠となる文書等を販売日の 120 日前までに FDA に提出し、販売日までの間に FDA からの通知がなかった場合、FDA は当該クレームに対して異議がないものとみなして、当該クレームを表示することができる[13]。実際に、いくつかの FDAMA ヘルスクレームの表示が認められている[14]。なお、このク

---

12)　Qualified Health Claims: Letters of Enforcement Discretion（https://www.fda.gov/food/food-labeling-nutrition/qualified-health-claims-letters-enforcement-discretion）

13)　FDCA403（r）（3）（C）（21USC343（r）（3）（C））

レームは、Conventional food でのみ使用が認められ、Dietary supplement
では使用が禁止されている。

3 医薬品と化粧品の区別

　化粧品とは、(1)身体を清潔にし、美化し、魅力を増し、容貌を変えるため
に、人体又はその一部に擦り付け、注ぎ、振りかけ、噴霧し、導入し、又は
他の方法で使用されることが目的とされている物、及び(2)そのような物品の
構成要素として使用することを目的とした物（石鹸を除く。）をいう[15]。

　上記の「目的」は、医薬品や医療機器の定義と同様に、客観的な目的を意
味し、これは物品に関する表現、デザイン、構成要素その他全ての関連する
事情により判断される。そして、物品が人体の構造又は機能に影響を与える
ことを目的とする場合には、化粧品としてだけでなく、医薬品としても規制
されることとなる（"dual classified"）。

　例えば、アンチエイジング、日焼け止め効果、皮膚の保護を謳った場合に
は医薬品とみなされる可能性が高い一方で、いわゆるメーキャップ効果のよ
うな物理的に容貌を変える旨の内容のクレームにとどまる場合や単に保湿や
皮膚をソフトにするといったクレームであれば化粧品の範囲におさまり、医
薬品とみなされない可能性が高い。ただし、医薬品の有効成分として認めら
れている成分が含まれている場合には、製造者によるクレームの内容に関わ
らず、医薬品とみなされる可能性がある。

　両者の区別については、製造者や販売者が責任を有することになるが、そ
の線引きは非常に難しい。一般的な区別の具体例は、以下の表のとおりであ
る。

---

14)　https://www.fda.gov/food/food-labeling-nutrition/fda-modernization-act-fdama-claims

15)　FDCA201(i)(21USC321(i))

Chapter 2　医薬品とは

医薬品	化粧品
日焼け止め	サンタン（日焼け用）
発汗抑制剤	デオドラント（体臭防止剤）
ふけ止めシャンプー	シャンプー
虫歯予防歯磨き粉	歯磨き粉
皮膚のピーリング（化学溶液を塗布して死んだ皮膚細胞を取り除く製剤）	皮膚の角質除去剤
抗菌肉炎口内洗浄液	口内洗浄液
抗菌抗感染症石鹸	抗菌防臭石鹸
抗にきび剤	にきびを隠すためのスキンプロダクト
しわ除去用製品	皮膚の保湿液
唇の荒れに効く製品	唇に潤いをもたらすリップクリーム

Expert Insights

バイデン政権のインフレ抑制法

✒ 阿部幸生（JETRO New York）

　米国における医療制度改革は、過去に遡れば、オバマ大統領率いる民主党政権によって、2010年に成立した医療保険改革法（Patient Protection and Affordable Care Act）がある。この法律が成立してから施行に至るまで紆余曲折があったが、同じような展開になっているのが、2022年8月に成立したバイデン大統領によるインフレ抑制法（Inflation Reduction Act）である。

　インフレ抑制法の主な内容は、医療制度改革のほか、気候変動対策、エネルギー安全保障強化、税制改革で構成されている。このうち、医療制度改革については、メディケアにおける医薬品の価格交渉や、インスリンの患者自己負担の緩和等が規定されている。インフレ抑制法は2023年1月から施行され、同年8月には、発効一周年を記念してバイデン大統領の声明が発表された。この声明では、医療制度改革に関して、(1)無保険率が歴史的にも低い水準になり、約1,500万人の国民が保険料を年間平均800ドル節約できていること、(2)メディケア加入の高齢者のインスリン注射について、月額400ドルかかっていた費用が、上限を設けたことで月額35ドルに引き下げられたこと、(3)メディケア加入者のワクチン接種を無償化したこと、(4)メディケア加入者の処方薬費の上限を2025年から年間2,000ドルとすること等、インフレ抑制法によって多大な医療費が削減されたと述べられている。翌年に大統領選挙を控えたバイデン政権としては、アメリカ国民の家計節約に貢献したことを具体的な数値でもってアピールした形である。

　米国の製薬企業にとって、インフレ抑制法のメディケア薬価交渉プログラム（Medicare Drug Price Negotiation Program）による薬価抑制のインパクトは大きい。米国製薬業界団体の調査によると処方薬売上シェアの約3割がメディケアで占めている。バイデン政権は2023年8月にこのプログラムの対象となる10品目を公表した。この10品目の医薬品を製造する製薬企業は、政府（CMS）にデータを提出し、このデータを基にして新しい価格（Maximum Fair Price）が検討される。2024年2月までに政府は製薬企業に新価格案を提示するが、往々にして製薬企業は反論し、同年8月まで交渉が継続される。交渉を経た同年9月に、政府は新価格を公表する。この価格が適用されるのは2026年からであり、

Chapter 2　医薬品とは

2027 年には新たに 15 品目、2028 年にはメディケア・パート B とパート D から
各 15 品目、2029 年からはメディケア・パート B とパート D から各 20 品目を上
限として対象拡大される。

インフレ抑制法が成立する以前から、米国の製薬企業は法案の成立を阻止する
べくロビー活動を続けてきた。その活動が失敗に終わるや否や、メディケア薬価
交渉プログラムの対象 10 品目が公表される前に、この法律による薬価交渉が合
衆国憲法違反であるとしてバイデン政権を訴える企業が相次いだ。違憲訴訟の主
な論点は、憲法修正第 5 条（政府が正当な補償なしに公共のために私有財産を取
り上げることの禁止）である。特許を取得した医薬品は製薬企業の私有財産であ
る中、インフレ抑制法による薬価交渉が医薬品の価格を強制的に下げる仕組みに
なっているので、憲法違反であると主張している。訴訟を起こした製薬企業は、
最終的に最高裁へ持ち込むことを目指しているので、全米各地の裁判所で訴訟を
起こしている。各地の裁判所の判決が矛盾を来たした結果、最高裁の判決を仰ぐ
という戦略である。一部の訴訟では、薬価交渉自体を差し止めるための訴訟が起
きていたが、棄却されている。

こうした訴訟に対して、バイデン大統領は「はっきりさせておこう。ビッグファー
マの懐を潤すためだけに、アメリカ人が命を救う処方箋に、先進国のどこよりも高
い支払いを強いられる理由はない。」と述べた。保健福祉省のベセラ長官も「製
薬企業はメディケアの薬価交渉を妨害しようとしているが、私たちは負けない」と
続く。バイデン政権は製薬業界と闘うスタンスを崩す気配はない。

新価格の発効が 2026 年 1 月ということは、2024 年 9 月に新価格が公表され
てから 1 年以上もあることになる。これは政府が違憲訴訟を織り込んでいるから
であるが、アメリカにいる弁護士の間でも、結果がどうなるかは最高裁の判決ま
で分からないという意見が多い。新価格が公表されたとしても、米国の製薬業界
は反対の主張を繰り返すだろう。2024 年は大統領選挙の年なので、バイデン政
権は不利な立場になるのかもしれない。

一方、この違憲訴訟に関する動き自体が、バイデン大統領にとっては政治的に
有利になるという見方もある。医療費削減は有権者にとって非常に関心の高いト
ピックであるため、仮に大統領選挙の途中段階で悪い結果が出たとしても、バイ
デン大統領が話題にしたいことに国民の焦点を集めることができるからである。

バイデン大統領にしても、トランプ前大統領にしても、製薬業界に対抗するス
タンスは共通しており、仮にトランプ大統領が政権の座に返り咲いたとしても、米

国の製薬業界の未来が明るいとは言えなさそうである。

Chapter 3

医薬品規制の基礎

1 "new drug" の定義

FDCA201 (p) ,21USC321 (p)

The term "new drug" means—

(1) Any drug (except a new animal drug or an animal feed bearing or containing a new animal drug) the composition of which is such that such drug is not generally recognized, among experts qualified by scientific training and experience to evaluate the safety and effectiveness of drugs, as safe and effective for use under the conditions prescribed, recommended, or suggested in the labeling thereof, except that such a drug not so recognized shall not be deemed to be a "new drug" if at any time prior to the enactment of this Act it was subject to the Food and Drugs Act of June 30, 1906, as amended, and if at such time its labeling contained the same representations concerning the conditions of its use; or

(2) Any drug (except a new animal drug or an animal feed bearing or containing a new animal drug) the composition of which is such that such drug, as a result of investigations to determine its safety and effectiveness for use under such conditions, has become so recognized, but which has not, otherwise than in such investigations, been used to a material extent or for a material time under such conditions.

　"drug" の定義は Chapter 2 で説明したとおりであるが、"drug" の中でも上記のとおり定義される "new drug" に該当する場合には、FDA から販売承認を得た場合を除き、州際通商に導入し、又は導入のために運搬してはならない[1]。

---

1) FDCA505 (a) (21USC355 (a)), FDCA301 (d) (21USC331 (d))

1 "new drug" の定義

　また、販売承認取得の事実は "new drug" 該当性に影響を与えないため、FDA から承認された医薬品であっても、以下のいずれかの例外に該当する場合を除き、依然として "new drug" の定義に含まれ、FDA による販売承認後規制の対象となる。なお、"new drug" 該当性の判断は、FDA が行うものであり、裁判所が case-by-case に決めるべきでないと考えられている。

● The generally recognized as safe and effective（GRAS/GRAE）
● The grandfather clause

　1つ目の例外の GRAS/GRAE に該当するための要件は、とても厳格であり、医薬品の販売承認の要件を超えるものである。"generally recognized" を立証するためには、一定の条件下での使用が安全かつ有効であることを示す実質的な証拠が必要であり、それが認められたとしても、その医薬品が、非研究的な条件下で、重要な範囲又は重要な期間にわたって使用されていない場合には、例外要件を満たさないとされている。
　なお、GRAS/GRAE に該当するための要件を整理すると、以下のとおりとなる[2]。
　①　新薬の承認基準に合致し又はそれを超え、当該医薬品が安全かつ有効であることを示す、adequate and well-controlled clinical studies があること
　②　それらの研究が、科学的文献による実質的な裏付けを有すること
　③　その医薬品がラベルされた使用方法において安全かつ有効であることについて、適格な専門家内でコンセンサスがあること
　2つ目の例外に関し、1938 年法成立以前に上市されていた医薬品で、同法成立以前と同様の使用条件に関する表示がラベルに記載されているものは、"new drug" に該当しないとされている。また、1962 年の改正では、1938 年以降に市販された一部の医薬品を対象として、1962 年以降に組成や表示に変更がなく、1962 年改正施行日の前日において一定の条件を満たす場合

---

2)　Weinberger v. Bentex, 412 US 645, 652 (1973)、Tri-Bio Laboratories, 836 F.2d at 141-142, Undetermined Quantities of Various Articles of Drug Equidantin Nitrofurantoin Suspension, 675 F.2d at 1001.

には、その医薬品は有効性の要件が免除されるとした。しかしながら、これらの例外の適用範囲は裁判所により非常に狭く解されており、また、現在市販されている製品は大抵以前のバージョンと異なる部分があるため、これらの grandfather clause が適用される製品は極めて限定的である。

2 "new drug" 上市までのプロセス

"new drug" が上市するまでの基本的な流れは、以下の図のとおりである。医薬品の開発から販売までにかかる期間としては一般的に 10 年以上、コストは 10 億円以上かかるといわれている。

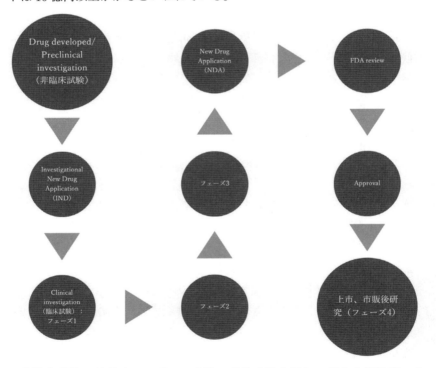

非臨床試験の目的は、ラボでの実験や動物実験を通して得た化学物質の人体への潜在的な効果を特定するとともに、当該物質を使用して臨床試験を行うことが合理的に安全であると証明するために十分な証拠を収集すること

ある。非臨床試験の実施に当たっては、Good Laboratory Practice（GLP）規制[3]に従う必要があるものの、臨床試験と異なり、事前のFDAへの通知等の手続は不要である。

GLP規制は、FDA規制製品（医薬品やバイオ医薬品を含む。）の販売承認のサポートを目的とした非臨床試験に関連したラボ実験や施設に適用され、ラボ試験実務に関する人的資源、施設、備品、オペレーションなどの観点から最低限の要件を定めている。また、非臨床試験は、FDAの査察・監督の対象になるほか、GLP規制違反が明らかになった際には、制裁（試験施設の使用停止、当該施設で得た研究結果の無効化等）の対象にもなり得るため、GLP規制を正確に理解したうえで、当該規制を遵守する体制を構築することが重要である。

非臨床試験の次のステップは臨床試験であるが、その前にInvestigational New Drug Application（IND）のプロセスを経る必要があり、その申請はスポンサーによって行われる。FDAは、INDプロセスにおいて、スポンサーが非臨床試験を通じて収集したデータの妥当性だけでなく、データの収集方法の適切性を評価し、申請された臨床試験を実施することが合理的に安全といえるかを判断する。人体に与える実際の効果や毒性の程度等が特に重要な観点となる。IND申請に関する詳細は、Chapter 4で説明する。

なお、上記のとおり、未承認医薬品の州際通商への導入等は法令で禁止されているが、当該医薬品が適切にラベリングされ、送達が記録され、受領証が保管されており、また、当該医薬品の臨床試験を実施する目的である場合には、上記規制の適用が免除され、合法的に未承認医薬品を州際通商に導入等することができる[4]。もっとも、当該臨床試験の継続が安全でなく、公共の利益に反し、又は当該未承認医薬品が科学的な試験以外の目的で使用されている場合には、FDAは当該未承認医薬品の州際通商を禁止することがある。

---

3) 21CFR58
4) 21CFR312.1(a)

Chapter 3　医薬品規制の基礎

Expert Insights

✒ 藤本鉄男（アストラゼネカ（グローバル・コマーシャル部門））

　私はアストラゼネカ本社のグローバル・コマーシャル部門に所属しており、薬剤が各国で上市・市場化される前段階の世界的な製品戦略を策定しています。様々な仕事のひとつに、薬剤の効果・安全性、並びに患者さんに対する付加価値に関する訴求ポイントをある程度絞って、世界共通の製品メッセージを策定することを担います。

　国によって治療環境や医薬品販売規制は様々で、各国のコマーシャル（商業）部門がグローバル戦略・メッセージを基に柔軟に調整・対応していく必要がありますが、その前段階から各国と連携し各々のニーズを鑑みて策定することが求められます。US は一般的に世界で最初に新薬が承認されることから、FDA の承認内容や US 添付文書記載事項は他国にも影響力があります。例えば承認された適応症の文言表現、US 添付文書に掲載されている試験結果を基に伝える製品メッセージは世界的に重要となります。次に、医薬品の情報伝達活動は主に治療を担う医師・コメディカルが対象となりますが、加えて保険償還機構（Payer）も多くの国において重要なステークホルダーとなります。国家予算や費用対効果の考え方から、承認される薬剤が必ずしも保険償還されるとは限らないためです。よって経済的観点からも該当薬剤がどのように治療領域に貢献できるかを検討する必要があります。

　所属するグローバル部門は、様々な国から専門性が異なる人々で成っており、日々学びが多く刺激に事欠きません。私の周りでは、北米、ヨーロッパ、南米、インド、中国と出身国・地域は様々、バックグラウンドも製薬業界に加えて、コンサルティング・金融業界、元臨床医、NPO 患者団体など多様性が浸透しており、様々な価値観を持ったチームメンバーと患者さんへ貢献するという共通した目的を持って働いています。

Chapter 4

IND申請及び臨床試験に関する規制

1 各用語の定義と責任内容

"clinical investigation"（臨床試験）とは、被験者（ヒト）に医薬品を投与、調剤又は使用（医療行為の過程における市販薬の使用等を除く）する実験をいう[1]。この臨床試験の定義には、販売承認申請を目的とするか否かを問わず、介入研究（interventional study/clinical trials）は含まれるが、非介入研究／観察研究（non-interventional study/observational study）は含まれない。

"sponsor"（スポンサー）とは、臨床試験を開始し、当該臨床試験につき責任を有する者をいい、個人、製薬企業、政府機関、学術機関、民間団体等の組織がスポンサーになり得る[2]。

スポンサーは、一般的に以下の事項につき責任を有する[3]。

- 適格性のある試験実施者の選択
- 試験実施者が臨床試験を適切に実施するために必要な情報の提供
- 臨床試験に対する適切な監督の確保
- 臨床試験がINDにおける試験計画及びプロトコルに従って実施されていることの確保
- 臨床試験に関して効果的なINDの維持
- FDA及び全ての試験実施者が新規の重大な有害事象又はリスクに関する情報を速やかに受領することの確保
- その他の義務[4]

---

1) 21CFR312.3(b)
2) 21CFR312.3(b)
3) 21CFR312.50

Chapter 4　IND申請及び臨床試験に関する規制

　"investigator"（試験実施者）とは、臨床試験を実際に実施する個人をいい、試験をチームで行う場合には、そのチームの責任者（臨床試験責任医師）を意味する[5]。

　試験実施者は、一般的に以下の事項につき責任を有する[6]。

- ・　臨床試験が、署名された試験実施者のステートメント（Form 1572）、試験計画及び適用される規制に従って実施されていることの確保
- ・　被験者の権利、安全及び福祉の保護
- ・　臨床試験下での医薬品の管理
- ・　21CFR50 に従ってインフォームドコンセントが適切に取得されることの確保
- ・　IRB 審査、承認及び報告が、21CFR56 に従って実施されていることの確保
- ・　その他の義務[7]

　"sponsor-investigators"とは、臨床試験を開始するとともに、実施する個人であって、その直接の指示の下に試験薬が投与又は調剤される者をいい、スポンサーと試験実施者に適用される双方の規制を遵守することが求められる[8]。

2　IND申請

(1)　IND申請の内容と手続

　Chapter 3 で説明したとおり、非臨床試験において、当該物質を使用して臨床試験を行うことが合理的に安全であると証明するために十分な証拠を収集した後は、次のステップである臨床試験を実施するための手続を経る必要があるが、臨床試験においては、非臨床試験と異なり、被験者の健康と安全

---

4)　21CFR312.53-59
5)　21CFR312.3(b)
6)　21CFR312.60
7)　21CFR312.60-69
8)　21CFR312.3(b)

性を確保するとともに、試験データの有用性と誠実性を確保する必要性が高いため、非臨床試験に比して、FDA による積極的な監督が及ぶこととなる。

具体的には、臨床試験を開始する際、スポンサーは、FDA に対して、IND 申請書を提出しなければならず[9]、そこから 30 日間は原則として臨床試験を開始することができない。

臨床試験の開始前に IND 申請の審査を行う主な目的は、臨床試験の全てのフェーズにおいて被験者の安全性及び権利保護を確保し、フェーズ 2 及びフェーズ 3 における臨床試験の質が試験薬の有効性及び安全性を評価するのに適切であることを確保することにある[10]。

そのため、IND 申請では、試験薬それ自体に関する情報だけでなく、申請した臨床試験に関する詳細な情報を提供する必要がある。

すなわち、スポンサーは、試験薬の化学組成、構造、剤形、投与経路だけでなく、試験薬の製造及び管理方法等を説明した情報を申請資料に含まなければならない。また、スポンサーは、各フェーズによって異なる様々なレベルの研究プロトコルを提出しなければならないところ、それらのプロトコル内において、試験の目的、試験実施者の氏名や資格、患者の選別基準、試験デザイン、方法論及び試験の測定基準等を特定しなければならない。さらに、詳細な試験計画の内容や試験を監督する責任者及び契約先の試験機関を記載しなければならない。そして、臨床試験を Institutional Review Board（IRB）（臨床試験審査委員会）[11]の管理下で実施することや、インフォームドコンセントに関するルールをはじめとした、適用されるルールや規制に従うことについて、スポンサーのコミットメントを含まなければならない。

具体的に、上記を含め、IND に記載すべき主な情報は、以下のとおりである[12]。

---

9) 21CFR312.20

10) 21CFR312.22 (a)

11) IRB とは、ヒトを対象とする生物医学的研究の審査、開始の承認、定期的な審査の実施のために、組織によって正式に指名された委員会その他のグループと定義される（21CFR56.102 (g)）。Independent Ethics Committee（IEC）（臨床試験に関与する被験者の権利、安全及び健康を保護する責任を有し、かつ当該保護を確保するために適切に構成された審査パネル）の一種である（21CFR312.3）。

Chapter 4　IND申請及び臨床試験に関する規制

A.	Required Forms	✓　Form FDA 1571 IND application ✓　Form FDA 1572 Statement of Investigator ✓　Form FDA 3674 Certification of Compliance, under 42 U.S.C. 282 (j) (5)(B), with Requirements of ClinicalTrials.gov Data Bank	21CFR312.23 (a)(1), 21CFR312.53 (c)
B.	Introductory Statement and General Investigational Plan	✓　Introductory Statement には、試験薬の名称、全ての有効成分、薬理学的クラス、構造式、剤形、投与経路及び臨床試験の目的、並びにアメリカ国外のものを含む過去に当該試験薬を用いたヒトを対象とする試験等での経験の簡潔な要約を記載しなければならない。 ✓　General Investigational Plan では、申請した臨床試験をサポートする理論的根拠（使用量、スケジュール、患者数を含む）、試験対象となる適応症、試験薬を評価する方法、試験期間、翌年の試験計画、毒物学に基づいて予測されるリスク等を要約しなければならない。	21CFR312.23 (a)(3)
C.	Investigator's Brochure	✓　原則として、試験実施者に対して、試験薬の情報等を含む試験実施者用のパンフレットを交付しなければならない。	21CFR312.23 (a)(5), 21CFR312.55
D.	Protocols	✓　フェーズ1に関してはプロトコルのアウトラインの提出で許容されるが、フェーズ2・フェーズ3に関しては臨床試験の全ての事項を網羅した詳細なプロトコルを提出する必要がある。	21CFR312.23 (a)(6)

---

12)　21CFR312.23

E.	Chemistry, Manufacturing, and Control Information	✓ 提出が求められる CMC 情報の量は試験のフェーズや試験期間、剤形等によって異なる。	21CFR312.23 (a)(7)
F.	Pharmacology and Toxicology Information	✓ 当該臨床試験を実施することが合理的に安全であると結論付けた根拠となる、試験薬の薬理学的及び毒物学的研究に関する十分な情報を提供しなければならない。	21CFR312.23 (a)(8)
G.	Previous Human Experience with the Investigational Drug	✓ アメリカ国内又は国外で過去に当該試験薬の販売又は試験を行ったことがある場合には、申請した臨床試験の安全性に関する詳細な情報を提供しなければならない。	21CFR312.23 (a)(9)
H.	Other Important Information	✓ 試験薬が向精神薬である場合又は乱用のおそれがある場合、関連する臨床試験及び経験等についての情報を提出しなければならない。 ✓ 試験薬が放射性医薬品である場合、ヒトに投与した場合の全身及び重要臓器への放射線吸収線量を合理的に計算できるような動物実験又はヒト実験の十分なデータを提出しなければならない。	21CFR312.23 (a)(10)(ⅰ)‑(ⅲ)

　そして、スポンサーが IND 申請後 30 日以内に FDA から通知を受けなければ、当該 IND は自動的に有効となり、IRB 承認を取得した後で、臨床試験を開始することができる。他方で、FDA が申請に関する問題点を発見し、又は追加の情報が必要であると判断した場合には、"Clinical hold" を命じることができ、その場合、当該問題が解決するまでの間、当該申請に係る臨床試験を開始することができない[13]。

Chapter 4　IND申請及び臨床試験に関する規制

(2)　IND申請が不要なケース

　一定の要件を満たす場合には、INDの申請義務が免除される。

　まず、市販されている医薬品の臨床試験は、以下の全ての基準を満たす場合、IND申請が不要となる[14]。なお、この例外は、当該製品に表示される剤形、投与量及び対象患者集団と、完全に同一の方法で使用することを試験実施者に求めるものではなく、（当該表示に従った使用時のものより）リスクを増大させない方法での変更であれば許容される[15]。

　✓　当該医薬品がアメリカで適法に販売されていること

　✓　本試験が、新たな適応症の追加や医薬品表示（処方薬の場合は医薬品広告）の重大な変更をサポートすることを意図したものでないこと

　✓　本試験が、投与経路、投与量、対象患者集団その他の医薬品の使用に関連するリスクを著しく増加させる（又はリスクの許容性を低下させる）要因に関与しないこと

　✓　本試験が、IRB要件及びインフォームドコンセント要件を遵守して行われること

　✓　本試験が、医薬品の広告宣伝を意図したものでないなど、21CFR 312.7の要件を遵守して行われること

　次に、ヒトを対象とする bioavailability/bioequivalence（BA/BE）研究は、以下の全ての条件を満たす場合には、IND申請が不要となる[16]。

　✓　当該医薬品が新規化合物を含まず[17]、研究において放射性標識製剤及び細胞毒性製剤を使用しないこと。

　✓　投与量（単回投与量又は1日総投与量）が、承認された医薬品の表示に記載された用量を超えないこと

　✓　本試験が、IRB要件及びインフォームドコンセント要件を遵守して行

---

13)　21CFR312.42

14)　21CFR312.2 (b)

15)　Final rule: New Drug, Antibiotic, and Biologic Drug Product Regulations (52FR 8798 at 8801, March 19, 1987)

16)　21CFR320.31 (b), (d)

17)　21CFR314.108

われること

✓　スポンサーが、試験品サンプルの保管[18]及び安全性報告[19]の要件を満たしていること

なお、放射性医薬品は、一定の要件を満たす場合、GRAS/GRAE に該当し、IND の申請なしに、一定の研究に使用することができる[20]。

上記の要件の詳細や検討事項等の詳細は、FDA 発行のガイダンスを参照されたい[21]。

3　臨床試験

(1)　概　　要

上記のとおり、IND 申請をパスし、IRB の承認を得た場合には、臨床試験を開始することができる。臨床試験には 3 つのフェーズがあり、各フェーズの特徴は以下のとおりである。

	フェーズ 1	フェーズ 2	フェーズ 3
被験者数	20〜80 名	200〜300 名	3,000〜5,000 名
目的	医薬品の代謝と薬理作用や、使用量を増やすことによる副作用の確認	対象疾患に対する有効性、リスク・副作用、最適な使用量の範囲等の確認	FDA の承認基準を満たす有効性及び安全性の確認
備考	人に初めて使用するフェーズであり、基本的には健康な人に使用する	患者に初めて使用するフェーズ	Pivotal Trial（医薬品の有効性及び安全性を証明するための重要な試験）

---

18)　21CFR320.31 (d)(1)

19)　21CFR320.31 (d)(3)

20)　21CFR361.1

21)　Investigational New Drug Applications (INDs) — Determining Whether Human Research Studies Can Be Conducted Without an IND（https://www.fda.gov/media/79386/download）

Chapter 4　IND申請及び臨床試験に関する規制

(2)　スペシャルプロトコルアセスメント

　スポンサーは、通常、フェーズ2終了時に、FDAとの間でフェーズ3においてスポンサーが取り組まなければならない特定の規制や科学的な懸念について議論をすることになる。また、スポンサーは、FDA側の責任者との会議の開催をリクエストすることができ、そこで臨床研究の内容について拘束力を有する合意をすることがある。この合意の内容は、スペシャルプロトコルアセスメント（SPA）と呼ばれるプロセスに従って決まる。

　SPAとは、スポンサーが販売承認取得に当たって必要な各要件に適切に対応するために、臨床試験等の計画及び規模感に関してFDAと合意するためのプロセスを意味する[22]。このプロセスを通じて、スポンサーは、FDAに対して、がん原性試験、最終製品の安定性試験及び主要なフェーズ3試験のプロトコルについて相談でき、また、プロトコルの設計、主要評価項目、試験の遂行、データ解析、効能効果及び用法用量等、多くの事項についてFDAからコメントを得ることができる。ただし、SPA合意が締結されたとしても、FDAから販売承認を受けられることは保証されておらず、また、合意に基づいた臨床試験結果が承認を取得するために適切なものであることを保証するものでもないことに留意が必要である。

　SPAの手続としては、スポンサーがFDAに対して文書にてリクエストを提出し、FDAがこれに応じ、その後両者の間で合意が成立した場合には、FDAが合意書を作成し、行政記録の一部として登録するものとされている。合意成立後は、スポンサーの文書による同意がある場合又はFDA担当部署のdirectorが試験開始後に安全性及び有効性の判断に必要不可欠な重大な科学的な問題を特定した場合を除き、一方当事者による内容の変更は認められない[23]。なお、SPAプロセスは、医薬品又はバイオ医薬品にのみ適用されるものであり、医療機器に関する販売承認申請については適用されない。

---

22)　Special Protocol Assessment（https://www.fda.gov/media/97618/download）
23)　FDCA505(b)(5)(C)（21USC355(b)(5)(C)）

3　臨床試験

(3)　臨床試験に適用される規制の概要

　臨床試験に適用される主な規制は、FDCAに基づくGood Clinical Practices（GCP）[24]規制である[25]。GCPとは、臨床試験の計画、実施、モニタリング、監査、記録、分析及び報告に関する国際的な倫理的かつ科学的な品質基準であり、臨床試験によって得られたデータや報告結果が信頼できる正確なものであること並びに被験者の権利、安全及び福祉が保護されていることを保証するものであると定義されている[26]。**Chapter 4及びChapter 6**で説明するIND及びExpanded Access等もGCP規制の一部を構成するが、その他具体的な規制内容は以下で説明する。なお、当該規制の適用対象は、医薬品の販売承認申請を目的とする臨床試験に限られない。

ア　インフォームドコンセント規制とIRB規制

　臨床試験規制において特に重要なのが、インフォームドコンセント規制とIRB規制である。

　インフォームドコンセント規制[27]は、臨床試験に参加している被験者が、その内容を完全に理解し、任意に同意したうえで参加することを保証している。潜在的な被験者は、臨床試験に参加する意思決定をする前に、試験によるリスクや見込まれる利益、代替となる治療方法に関して知らされなければならない。また、当該同意は、被験者が試験への参加の有無を検討するのに十分な時間を与えたうえで、書面で取得しなければならない。そして、被験者に対し、過失行為に対する法的主張や請求の放棄を強制することはできない。他方で、被験者が生命を脅かす状態にあり、当該時点で利用可能な治療法の有効性等が証明されていない場合、同意取得が困難な場合又は同意取得を義務付けることが潜在的な被験者の利益に反する場合等一定の要件を満た

---

24)　https://www.fda.gov/science-research/clinical-trials-and-human-subject-protection/regulations-good-clinical-practice-and-clinical-trials
25)　なお、GCP規制のほかに、連邦政府の助成金を受ける施設における人を対象とする研究に適用される、National Research Actに基づく「Common Rule」と呼ばれる研究対象者保護規則がある。
26)　21CFR312.120(a)(i)
27)　21CFR50

33

Chapter 4 IND申請及び臨床試験に関する規制

す場合には、インフォームドコンセントの要件が免除される[28]。なお、FDA は、インフォームドコンセントプロセスにおいて患者に提供すべき情報内容及び簡潔で潜在的な被験者が理解しやすい文言を提供する方法等に関する推奨事項を示したガイダンスを公表している[29]。

IRB 規制[30]は、被験者の権利保護並びに厳格な科学及び医療基準の維持のため、IRB による臨床試験の審査・監督を義務付けている。IRB は、試験機関や NPO 等から指名された委員会であり、人を対象とする生物医学的な研究を審査、承認及び監督することを目的とし、申請された臨床試験の承認可否の判断だけでなく、その後の臨床試験の継続的なモニタリングも行う。IRB にはいくつか種類があり、例えば、大学等のアカデミックな組織で組成されたアカデミック IRB、臨床試験の実施施設で組成された IRB、試験を実施する組織外で運営されている独立 IRB などがある。独立 IRB は、IRB を組成する義務を負うことを望まない試験実施者のための IRB として稼働することが想定されていたが、今では自身の IRB を保有する多くの試験機関も独立 IRB に一定の業務を委託しており、特に複数の研究施設で試験を実施する際に活用されることが多い。IND 規制の対象となる臨床試験は、当該試験が IRB により審査及び承認され、継続審査の対象とならない限り、開始することができない[31]。

イ　安全性関連情報の共有

スポンサーは、被験者の安全性を確保する責任を有するとともに、FDA に対する試験の進捗報告や安全性に関するインシデントの情報共有について責任を負う。すなわち、スポンサーは、取得した情報が、以下の報告対象となる情報に該当すると判断した場合、FDA 及び当該試験に参加している全ての試験実施者に対して、可能な限り速やかに（ただし、規則で定める期間

---

28)　21CFR50.22, 50.23, 50.24

29)　Key Information and Facilitating Understanding in Informed Consent（https://www.fda.gov/media/176663/download）

30)　21CFR56

31)　21CFR56.103（a）

34

（7暦日又は15暦日）内に）、通知しなければならない[32]。

✓ serious[33]かつ unexpected[34]な、全ての疑わしい adverse reaction[35]

✓ IND の下で実施されたか否か、またスポンサーが実施したか否かを問わず、疫学研究、複数の研究のプール解析、又は臨床研究から得られた情報で、薬剤に曝露されたヒトにおける重大なリスクを示唆するもの

✓ スポンサーが実施したか否かを問わず、動物実験又は in vitro 試験から得られた情報で、変異原性、催奇形性、発がん性の報告や、予想されるヒトへの曝露量又はそれに近い量での重大な臓器毒性の報告など、薬剤に曝露されたヒトにおける重大なリスクを示唆するもの

✓ 試験実施計画書又は試験実施者用パンフレットに記載されたものより、重篤な副作用が疑われる割合が臨床的に重要な増加を示した場合

なお、スポンサーは、上記の基準に該当しない有害事象を含め、臨床試験に関する進捗等について、毎年、IND の効力発生記念日から60日以内に、簡易な年間報告にて FDA に報告しなければならない[36]。

有害事象が FDA に対する報告義務の対象に含まれるかを判断するための参考チャートは、以下のとおりである。

---

32) 21CFR312.32（c）
33) 死亡、生命を脅かす事象、入院若しくは既存の入院の延長、通常の生活機能を遂行する能力の持続的若しくは重大な不能若しくは実質的な障害、又は先天異常／出生異常などの結果を引き起こす有害事象が "serious" と評価される（21CFR312.32（a））。
34) （ⅰ）試験薬概要書に記載されていない場合、又は観察された特異度若しくは重篤度に記載されていない場合、（ⅱ）（試験薬概要書が要求されていない場合若しくは入手できない場合）一般的な試験計画書又は当該申請書のほかの箇所に記載されているリスク情報と一致しない場合に、"unexpected" といえる（21CFR312.32（a））。
35) "adverse reaction" とは、医薬品が引き起こした（医薬品との因果関係がある）"adverse event" を意味し（要証拠）、"suspected adverse reaction" とは、医薬品が引き起こした "adverse event" である合理的な可能性のある（要証拠）"adverse event" をいう（21CFR312.32（a））。"adverse event" とは、医薬品との関連性の有無に関わらず、ヒトへの医薬品の使用に関連する好ましくない医療上の出来事をいい（21CFR312.32（a））、これには試験薬、活性対照薬又はプラセボの使用に一時的に関連する好ましくない徴候、症状又は臨床結果を含む。
36) 21CFR312.33

Chapter 4 IND申請及び臨床試験に関する規制

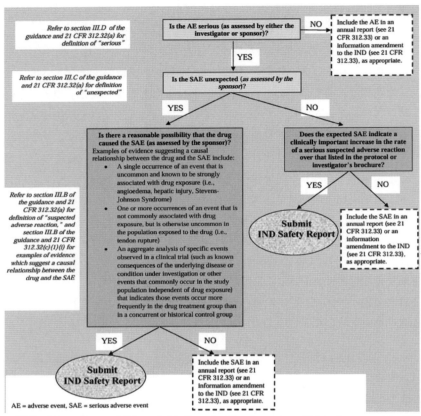

(出典：Sponsor Responsibilities— Safety Reporting Requirements and Safety Assessment for IND and Bioavailability/Bioequivalence Studies (https://www.fda.gov/media/150356/download))

ウ 適切な試験の実施及び進捗の監督

スポンサーは、上記のほか、適切な試験実施者の選定、試験実施計画（プロトコル）、試験の実施及び進捗の適切な監督[37]、記録の保管、試験薬の輸送や取扱いについても責任を負っている。規制上、試験の監督はスポンサーの義務として定められているものの、詳細な内容は定められていないところ、

---

37) 21CFR312.50

FDA は、ガイダンスにおいて、スポンサーは risk-based approach を採用し、臨床試験が進むにつれてモニタリング計画を修正等するなど、特定の臨床試験の潜在的なリスクに適合した対応をとることを推奨している[38]。

試験の監督に関し、昨今データモニタリング委員会（Data Monitoring Committee）を活用するケースが増加している。データモニタリング委員会とは、専門性を有する個人で構成される委員会であり、進行中の臨床試験の中で蓄積される安全性及び有効性に関するデータを定期的に確認し、スポンサーに対して、当該試験の継続、修正又は停止等に関して助言を与える役割を有する。データモニタリング委員会の利用は、一定の例外的なケースを除いて[39]、法的な義務ではないが、企業がスポンサーとなる臨床試験においてデータモニタリング委員会の利用が増加していることを受け、ICH（医薬品規制調和国際会議）は、ガイダンスにおいて、データモニタリング委員会の設立及び運営を営む中間解析の適切な実施に関する推奨事項を提供している[40]。また、FDA も、データモニタリング委員会の利用に関するガイダンスを発行し、データモニタリング委員会の利用を強く推奨するのは、試験対象者が重篤な罹患又は死亡のリスクがある場合又は試験薬が重篤な予期せぬ有害事象を引き起こす可能性がある場合であって、全てのケースにおいて実用的であるわけではないとの見解を示している[41]。

エ　その他の規制

スポンサーは、所定の期限までに、比較臨床試験（フェーズ 1 以外）に関する要約や試験結果等（臨床試験の基礎情報、被験者情報、アウトカム情報だけでなく、安全性関連情報及び試験計画書等も含まれる。）を特定のデータベース（ClinicalTrials.gov[42]）に登録することが求められているほか、臨床試験登録

---

38)　A Risk-Based Approach to Monitoring of Clinical Investigations Questions and Answers（https://www.fda.gov/regulatory-information/search-fda-guidance-documents/risk-based-approach-monitoring-clinical-investigations-questions-and-answers）

39)　21CFR50.24 (a)(7)(iv)

40)　E9 Statistical Principles for Clinical Trials（https://www.fda.gov/media/71336/download）

41)　Use of Data Monitoring Committees in Clinical Trials（https://www.fda.gov/media/176107/download）

Chapter 4　IND申請及び臨床試験に関する規制

情報のアップデートや臨床試験完了後の要約結果の提出についても当該デー
タベース上で行う必要がある[43]。当該データベースは公開されているため、
臨床試験に関する詳細な情報が公開されることになる。

　また、Controlled Substances Act（CSA）に定める規制物質に該当する物
質（Marijuana 等）を原料の一部とする試験薬の臨床試験は、CSA の規制に
従って実施する必要があり、規制物質に関する製造や臨床試験の実施等の管
理について主に責任を有している The Drug Enforcement Administration
（DEA、麻薬取締局）の監督を受けることになる。

　オ　CRO に対する義務の移転

　スポンサーは、CRO に対して、自身が負う義務の全部又は一部を移転す
ることができるが、その旨を書面で明記しなければならない。一部の義務を
移転する場合には、当該義務の内容を書面で明記しなければならない一方で、
全部の義務を移転する場合には、単に全ての義務を移転する旨の記載で足り
る。文書による記載が不足又は不十分である場合には、移転していないもの
とみなされる[44]。義務の移転を受けた CRO は、適用される規制を遵守しな
ければならず、違反した際には規制措置の対象となる[45]。

　カ　違反時の制裁等

　上記を含む臨床試験に関する規制については、FDA から定期又は不定期
に査察を受けることになり、不遵守が発覚した場合には、一時的な試験停止、
試験の中止、Warning Letter、研究結果の使用禁止、試験実施者の資格停
止、IND の効力喪失、NDA の取消し等の行政処分、刑事・民事処分等の対
象になるおそれがある。

---

42)　ClinicalTrials.gov は、FDA と NIH が共同で、米国国立医学図書館（National Library of
　　Medicine）を通じて、世界中で実施された臨床試験に関する情報を提供する公的なデータベー
　　スである（https://clinicaltrials.gov/）。ただし、掲載されている研究の全てが FDA によって規
　　制又は評価されているわけではない。
43)　PHSA402(j)(42USC282(j)), 42CFR11
44)　21CFR312.52(a)
45)　21CFR312.52(b)

具体的には、被験者が病気又は傷害の不合理かつ重大なリスクにさらされ、若しくはその可能性がある場合、知識や経験の面で不適格な試験実施者が起用されている場合、研究計画書（プロトコル）に欠陥等があった場合、INDに含まれる情報が当該試験の被験者に対するリスクを評価するに当たって不十分である場合、その他INDや特定の臨床試験に重大な欠陥がある場合には、"Clinical hold" が命じられることがあり、その場合、FDAの同意があるまで、臨床試験を再開することができない[46]。

　なお、試験実施者が資格停止になった場合、スポンサーは、試験実施者の違反により臨床試験全体の実行可能性が影響を受けないことの証明が求められる。

キ　Multiregional Clinical Trials

　医薬品開発のグローバル化が進む昨今においては、Multiregional Clinical Trials（MRCT）[47]から得られたデータが、医薬品の販売承認プロセスにおける主要なエビデンスとして、世界中の国と地域の規制当局から受け入れられることが重要になっているところ、ICHは、MRCTの受容性を高めるために、ガイダンスにて、MRCTのプランニングとデザインの一般原則等を示している[48]。

---

46)　21CFR312.42

47)　MRCTとは、1つのプロトコルの下、複数の地域で実施される臨床試験を意味する。

48)　E17 General Principles for Planning and Design of Multi-Regional Clinical Trials（https://www.fda.gov/media/99974/download）

Chapter 5

New Drug Application（NDA）から承認までのプロセス

1　NDA申請

　臨床試験が完了した後は、販売承認取得のための申請である New Drug Application（NDA）の準備に入ることになるが、通常その準備には FDA スタッフとの間で実施されるプレ NDA 会議（Pre-NDA meetings）[1] も含まれており、そこでは申請者が提出するデータに漏れが生じないように、NDA に先立って申請予定者が FDA サイドとの間で協議することができる。

　NDA において、申請者は、FDA に対し、FDA が当該医薬品の安全性及び有効性等について評価を行うために必要な情報を提供しなければならない。NDA に含むべき内容としては、例えば、①非臨床試験のデータ、②対人の薬物動態試験やバイオアベイラビリティのデータ、③臨床試験のデータ、④当該医薬品の製造方法の説明、⑤製剤及び原薬の説明、⑥使用特許のリスト、⑦ラベリングの内容等が含まれる[2]。また、申請者は、新薬のベネフィットとリスクのプレゼンテーションを含む申請のサマリーとともに、様々な規制に関する認証を示さなければならない。

　NDA プロセスにおいて、まず、申請者は、当該医薬品が、ラベリングに記載された使用条件下で使用する限りにおいて安全であることを示すために、合理的に適用可能な方法による十分な試験結果を提供しなければならない[3]。

　また、当該医薬品が、その添付文書案に規定、推奨又は示唆されている使用条件下で、その医薬品が主張又は表明している効果をもたらすことを示す

---

1)　21CFR312.47(b)(2)

2)　21CFR314

3)　FDCA505(d)(1)(21USC355(d)(1))

ために、substantial evidence を提供しなければならない[4]。

"substantial evidence" とは、当該医薬品の有効性を評価するための科学的訓練及び経験を有する専門家による臨床試験を含む、"adequate and well-controlled" investigations から成る証拠であって、当該専門家が、当該医薬品のラベル案に規定、推奨又は示唆されている使用条件下において、当該医薬品が意図又は表明されている効果を有すると公正にかつ責任を持って結論付けることができるものをいう[5]。この要件の趣旨は、当該医薬品の効果を、病気の経過における自然発生的な変化やプラシーボ効果等のほかの影響と区別し、正確に評価することにある[6]。"adequate and well-controlled" investigations の基準は、21CFR314.126(b)に規定されているところ、この基準は、医療従事者の印象それ自体、詳細でない報告又は個人的な証言のみによって充足されることはない。

なお、FDA は、2つの "adequate and well-controlled" 臨床試験が実施されていない場合でも、1つの "adequate and well-controlled" 試験と confirmatory evidence によって得られたデータが、当該医薬品の有効性を証明するのに十分であると判断した場合には、それらのデータ及び証拠をもって、"substantial evidence" を構成するとみなすことができる[7]。FDA 発行のガイダンスによれば、この confirmatory evidence には、疾患モデル動物[8]、リアルワールドデータ／エビデンス又は試験薬の expanded access use から得られた証拠が含まれ得るとされている[9]。

---

4) FDCA505(d)(5)(21USC355(d)(5))。なお、この "substantial evidence" 基準は、承認基準だけでなく、ラベリング及び宣伝広告においても同様に適用される（21CFR202.1(e)(4)(ii)(b)）。

5) FDCA505(d)(21USC355(d))

6) 21CFR314.126(a)

7) FDCA505(d)(21USC355(d))

8) 疾患モデル動物とは、人の病気に類似した疾患を呈するように人為的に操作された実験動物を意味する。

9) Demonstrating Substantial Evidence of Effectiveness Based on One Adequate and Well-Controlled Clinical Investigation and Confirmatory Evidence (https://www.fda.gov/regulatory-information/search-fda-guidance-documents/demonstrating-substantial-evidence-effectiveness-based-one-adequate-and-well-controlled-clinical)

Chapter 5　New Drug Application（NDA）から承認までのプロセス

2　REMS

　FDA は、NDA プロセスにおいて、Risk Evaluation and Mitigation Strategy（REMS）[10]　が必要であると判断した場合[11]、申請者に対して、1 つ以上の REMS を求めることができる。また、NDA プロセスにおいて REMS なしに承認された場合であっても、その後 FDA が新規の安全性情報（new safety information）[12]を覚知し、当該医薬品のベネフィットがリスクを上回ることを保証するために REMS が必要であると判断した場合にも、REMS が求められる[13]。

　REMS が求められる製品には、先天性異常のリスクがあるものとして認識されているものや、オピオイドの乱用、中毒、過剰摂取のリスクがあるものが含まれるところ、REMS の適用対象の有無等は、当該医薬品の使用が見込まれる想定人口、治療すべき疾患又は病状の重大性、当該疾患又は病状に関して当該医薬品使用により想定される利益、想定又は実際の治療期間、既知又は潜在的な有害事象の重篤度・発生率、当該医薬品が新規分子化合物であるか否か等の要素を考慮したうえで判断される[14]。

　この REMS プログラムは、製品に関する特定の重大リスクに焦点を当てており、リスク管理や、関連する有害事象の頻度や重症度を低減することを目的とした、医師や患者に対する情報提供及び教育等の様々な戦略を含むことができ、具体的には、以下のものが含まれる。

10）　FDCA505-1（a）（21USC355-1（a））
11）　FDA's Application of Statutory Factors in Determining When a REMS Is Necessary（https://www.fda.gov/media/100307/download）
12）　FDCA505-1（b）(3)（21USC355-1（b）(3)）
13）　FDCA505-1（a）(2)（21USC355-1（a）(2)）
14）　FDCA505-1（a）(1)（21USC355-1（a）(1)）

42

> - 　戦略評価
> - 　患者向けの情報（Medication Guide、Patient Package Insert）の作成及び提供[15]
> - 　HCPs 向けのコミュニケーションプラン（HCPs へのレター、HCPs への情報の伝達を含む。）の策定及び実施[16]
> - 　Packaging and safe disposal technologies[17]
> - 　Elements to Assure Safe Use（ETASU）の策定及び実装 [18]
> 　※例は以下のとおり。
> - 　当該医薬品を処方する医療従事者が、特定のトレーニングや経験があり、又は特に認証を受けていること
> - 　当該医薬品を調剤する薬局等が特に認証を受けていること
> - 　当該医薬品の調剤場所を、病院等一定のヘルスケア施設に限定すること
> - 　当該医薬品を調剤する際に、ラボ試験結果等の安全使用条件のエビデンス等を提供すること
> - 　当該医薬品を使用する各患者をモニタリングや登録制度の対象とすること

　また、REMS が ETASU を含む場合、Implementation System を求められることがある。Implementation System では、当該 ETASU 事項を適切に履行しているかを監督、評価及び改善するのための措置を講じることが求められ[19]、例えば、患者に登録を促すための REMS に特化したウェブサイトやコールセンターの設置、認証を受けたヘルスケア施設のデータベースの開設等が求められる。また、REMS は、1 つ以上のゴールを設定しなければならないところ、ETASU を含む REMS は、当該医薬品のラベルに掲載される重大なリスクを緩和するための 1 つ以上のゴールを設定しなければならない[20]。

　そして、申請者は、承認された REMS に定めるタイムラインに従って、

---

15) FDCA505-1 (e)(2)。いずれも patient labeling の一種であり、処方薬の使用に当たって患者が知るべき情報が掲載される。

16) FDCA505-1 (e)(3)(21USC355-1 (e)(3))

17) FDCA505-1 (e)(4)(21USC355-1 (e)(4))

18) FDCA505-1 (f)(21USC355-1 (f))

19) FDCA505-1 (f)(4)(21USC355-1 (f)(4))

20) FDCA505-1 (f)(3)(21USC355-1 (f)(3))

Chapter 5　New Drug Application（NDA）から承認までのプロセス

REMS 評価[21)]を提出しなければならない[22)]。また、販売承認保有者が新規の適応症につき supplemental NDA を提出する場合、又は FDA が承認された REMS の内容を変更するべきか否かを決定するために REMS 評価が必要と判断した場合には、REMS 評価の提出が求められる[23)]。

申請者は、REMS に変更点がある場合、いつでも変更申請を提出することができる[24)]。また、FDA は、REMS の変更が必要であると判断した場合、いつでも申請者に対して変更申請を提出することを求めることができる[25)]。

なお、これまでに計 310 以上の REMS が承認されており、2024 年 6 月時点ではそのうち 70 が実施されている[26)]。

その他、REMS に関する詳細な情報については、各ガイダンス及び REMS Document Technical Conformance Guide を参照されたい[27)]。

3　NDAの承認基準

NDA の承認基準は、大要以下のとおりである[28)]。

(1)　申請された用途における安全性[29)]と有効性が確保されていること

FDA は、benefit-risk assessment アプローチを採用しており、当該医薬品によるベネフィットがリスクを上回るかという点が重要な承認基準となる。

---

21)　REMS Assessment: Planning and Reporting（https://www.fda.gov/media/119790/download）

22)　FDCA505-1 (d)（21USC355-1 (d)）

23)　FDCA505-1 (g)(2)（21USC355-1 (g)(2)）。なお、義務的な評価の提出に加えて、スポンサーはいつでも承認された REMS の評価を任意に提出することができる（FDCA505-1 (g)(1)）。

24)　FDCA505-1 (g)(4)(A)（21USC355-1 (g)(4)(A)）, Risk Evaluation and Mitigation Strategies: Modifications and Revisions（https://www.fda.gov/media/128651/download）

25)　FDCA505-1 (g)(4)(B)（21USC355-1 (g)(4)(B)）

26)　Approved Risk Evaluation and Mitigation Strategies（REMS）（REMS @ FDA）、REMS Public Dashboard（https://fis.fda.gov/sense/app/ca606d81-3f9b-4480-9e47-8a8649da6470/sheet/6840df68-c772-45f1-bc4f-39d8b04cbfc1/state/analysis）（https://www.accessdata.fda.gov/scripts/cder/rems/index.cfm）

27)　https://www.fda.gov/regulatory-information/search-fda-guidance-documents/rems-document-technical-conformance-guide

28)　FDCA505 (d)（21USC355 (d)）, 21CFR 314.125

ベネフィット・リスク評価においては、スポンサーが提出した安全性及び有効性に関する証拠の徹底的な評価と、データギャップの徹底的な理解が必要となる。また、治療又は予防の対象となる疾患の性質と重症度、その疾患に対するほかの利用可能な治療法のベネフィットとリスク、医薬品のベネフィットがリスクを上回ることを保証するために必要と考えられるリスク管理ツールなど、複雑な一連の要素を慎重に検討することが求められる[30]。

(2) 製造方法や品質管理が適切であること

製造、包装、原薬や完成品の保管に用いられる方法、管理及び施設に関しては、cGMP を遵守しなければならず[31]、医薬品の純度、品質、有効成分含有量及びバイオアベイラビリティを適切に維持しなければならない。FDAによる承認前査察では、まさにこれらの要件充足性の確認が行われる。

(3) ラベリングが適切であること

ラベリングに関しては、適用法令及び規制で求められる要件を満たす必要があり、虚偽又は誤解を招く表示は禁止される。通常は、このラベリングのレビューが承認プロセスの最後のステップとなる。

4 NDAの承認プロセス

(1) プロセスの内容及びタイムライン

FDA は、NDA 申請の受領後（≠ filing）60 日以内に、申請が適切になされているかを審査し[32]、審査の結果、適切に申請されていると判断した場合

---

29) 一定の状況下においては、当該製剤が関連基準を満たすか否かを判断するに当たって、製剤の乱用や誤用のリスク等や特定薬物への二次曝露による健康被害の可能性等の、追加のリスクや潜在的な害も考慮することがある。なお、安全性は完全なものである必要はない。

30) Benefit-Risk Assessment for New Drug and Biological Products（https://www.fda.gov/regulatory-information/search-fda-guidance-documents/benefit-risk-assessment-new-drug-and-biological-products）

31) FDCA501(a)(2)(B)（21USC351(a)(2)(B)）

32) 21CFR314.101(a)

45

Chapter 5　New Drug Application（NDA）から承認までのプロセス

には、申請者に対して Filing letter を発行し、当該申請を正式に受理（filing）したうえで審査を開始する旨を通知する。また、受理した場合において、申請審査に当たって問題点が発見された場合には、申請受理後 74 日以内に申請者に通知しなければならないところ、FDA 内部の Filing Meeting で特定された全ての問題点のうち、Filing letter で記載しなかった問題点については、Deficiencies Identified（Day 74）Letter により申請者に通知される[33]。

そして、FDA は、申請者との間で追加審査期間に関する合意をした場合を除き、申請受理後（filing）180 日以内に[34]、承認可否の判断をしなければならないところ、この 180 日のカウントは filing 時点から始まり[35]、この 180 日の期間は、「review clock」や「filing clock」と呼ばれる。

Filing 後は、Mid-Cycle Communication、Late-Cycle Meeting 等において、FDA サイドと直接コミュニケーションをとることができ、そこで審査のステータス等について情報を得たり、議論することができる。具体的には、Mid-Cycle Communication は、通常審査品目において概ね申請後 5 か月頃に FDA 内部で実施される Mid-Cycle Meeting から 2 週間以内に行われ、申請者と FDA 審査チームが最新の審査ステータスについて議論する。また、Late-Cycle Meeting は、審査終盤に行われ、FDA と申請者とで、主要な不備事項、REMS の必要性その他のリスクマネジメント事項、主要なラベリングに関する問題、市販後研究その他の事項を議論する場となる。なお、新規化合物又は主要な適応症に関する申請においては、90 Day 会議（ninety-day conference）の実施をリクエストすることができ、通常は電話会議にて、FDA サイドと審査の進捗及びステータスの議論をし、不足事項に関して FDA から助言を受けることができる[36]。

そのほかにも、FDA との関係では、Safety Update Report、Pre-Approval

---

33)　SOPP 8401: Administrative Processing of Original Biologics License Applications（BLA）and New Drug Applications（NDA）（https://www.fda.gov/media/85659/download）

34)　21CFR314.101（f）

35)　21CFR314.101（a）（2）

36)　21CFR314.102（c）

46

Inspection（PAI）、Labeling meeting、Advisory Committee meeting 等 の対応が求められる。具体的には、申請者は、申請提出後 4 か月以内に、FDA に対して、対象となる医薬品の安全性に関する最新の情報（120-Day Safety Update と呼ばれる）を提供しなければならない[37]。また、PAI は、最も重要なイベントの一つであり、実施される場合には、FDA の専門家チームが製造施設を訪問し、製造能力等 について確認を行う。Advisory Committee meeting の詳細は後述のとおりである。なお、上記以外においても、申請者─FDA 間の連携は密に行われ、申請者は審査の進捗状況を充分に把握することが可能である[38]。

　FDA は、上記のプロセスを経たうえで、承認基準を満たしていると判断した場合には、申請者に対し、承認通知（approval letter）を送り[39]、他方で、現時点で承認基準を満たしていないと判断した場合には、承認を得るために必要な事項（現時点で十分でないと判断された事項）を記載した「Complete Response Letter（CRL）」を送る[40]。また、CRL を受領した申請者から求めがあった場合には、申請者に対して FDA の担当審査官との会議（end-of-review conference）の機会を提供しなければならない[41]。そこでは、申請者が将来的に承認を受けるために取るべきステップの内容ついて議論することになるほか、審査担当部署に対して再考を求めることもでき、申請者にとって非常に重要な機会である。実務上、ストレートに承認を取得できるケースは比較的少なく、CRL を受領することが多いため、CRL で指摘された不備事項に対して適切に対応していくことが重要である。

　なお、販売承認の要件は満たしているものの、特許権や独占権[42]が理由で販売承認することができない場合には、暫定的な承認となり、"tentative approval letter" が送られることとなる[43]。

37）　21CFR314.50 (d)(5)(vi)(b)
38）　21CFR314.102(a)
39）　21CFR314.105
40）　21CFR314.110
41）　21CFR314.102(d)
42）　Orphan drug exclusivity は、通常の NDA 申請もブロック対象となる。
43）　21CFR314.105(a)

Chapter 5　New Drug Application（NDA）から承認までのプロセス

【NDA Review Timeline】

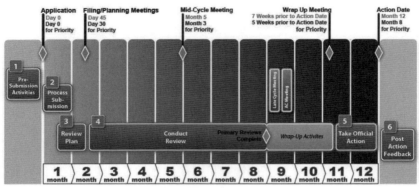

（出典：NDA at the FDA（https://www.fda.gov/media/105012/download））

(2)　Advisory Committee

　NDAの審査は、FDAのCenter for Drug Evaluation and Research（CDER）によってなされるが、FDAは、これに加えて、外部の専門家で構成される諮問委員会（expert advisory committees（ACs））の意見を求めることができる。

　諮問委員会には、当該医薬品の試験内容や申請されたラベリングのレビュー及び医薬品の承認審査に関する問題点やポリシーに対する助言の提供が求められる。また、FDA側から提起された特定の質問に対して回答するだけでなく、承認すべきか否か（承認をサポートするための追加の試験の要否）を検討することが求められる。FDAは、一般的に、新薬が治療上重要である場合や、承認審査に当たって複雑な科学的データの評価が求められるケースにおいて、諮問委員会を活用するが、審査対象の医薬品が新規化学物質である場合には、原則として諮問委員会の意見を求めなければならない[44]。

　諮問委員会のメンバーは、主に研究や臨床試験に詳しい専門家で構成されるが、消費者サイドの代表者、製薬企業の代表者のほか、最低2人は当該医薬品の使用が想定されている疾患や病状に関する専門家を含まなければならない。適格性に関しては、Federal conflict of interest lawsに加えて、

---

44)　FDCA505(s)(21USC355(s))

Government-wide standards of ethical conduct regulations が適用されるため、Federal conflict of interest laws において経済的な利益の観点での適格性に問題がなかったとしても、諮問委員会の課題に関して公平性を欠いていると思われるような利害関係等を有している場合（"appearance issue"）には、諮問委員としての適格性を欠くと判断される可能性がある[45]。諮問委員会の一般的な人数は 9〜15 名程度であるが、委員会ごとに様々である。

　また、適応症の種類に応じて、様々な分野ごとに諮問委員会が設けられており、例えば、Oncologic Drugs Advisory Committee[46]、Pulmonary-Allergy Drugs Advisory Committee[47]、Cardiovascular and Renal Drugs Advisory Committee Meeting[48] などがある。

　各会議の様子は例外事由に該当しない限り公開され[49]、また、諮問委員に提供される資料は公開されなければならず、Freedom of Information Act（FOIA）に基づく情報公開請求の対象となる[50]。各会議のスケジュール、会議動画（YouTube）のリンク等は、FDA のウェブサイトにて掲載されている[51]。

　なお、FDA は、諮問委員会に加えて、新薬の承認審査に関する特定の問題点について外部の専門家に相談することもできる。ただし、これらの諮問委員会や外部専門家の意見は、FDA を拘束するものではないため、FDA は当該意見に反する判断をすることも可能である。

---

45)　5CFR2635.502(a)-(e)。なお、参加の可否については最終的には FDA が判断する。

46)　https://www.fda.gov/advisory-committees/human-drug-advisory-committees/oncologic-drugs-advisory-committee

47)　https://www.fda.gov/advisory-committees/human-drug-advisory-committees/pulmonary-allergy-drugs-advisory-committee

48)　https://www.fda.gov/advisory-committees/human-drug-advisory-committees/cardiovascular-and-renal-drugs-advisory-committee

49)　5USC552b(b),(c)

50)　5USC.App.2. 10,11

51)　https://www.fda.gov/advisory-committees/advisory-committee-calendar

Chapter 5　New Drug Application（NDA）から承認までのプロセス

(3)　情報の取扱い

　FDA は、Approval letter を送るまでの間、申請の存在自体及び申請の内容を秘密情報として取り扱うため、それらが公開されることは原則としてなく、また、NDA の承認後も、営業秘密等を含む資料については、原則として非公開である。

　他方で、FDA は、新薬の承認後 48 時間以内に、重要な問題点とその解決方法等が記載されたサマリーをウェブサイトにて公表しなければならないほか[52]、承認後 30 日以内には、新薬の Action package[53]を公表しなければならない[54]。なお、承認が認められなかったケースや申請が撤回されたケースは公表されないほか、承認手続のステータスについても原則として非公表である。

　承認済みの医薬品の情報は、Drugs@FDA のウェブサイトで検索することができる[55]。同サイトには、米国でヒトへの使用が承認されたバイオ医薬品を含む医薬品に関する情報が含まれているが、CBER（Center for Biologics Evaluation and Research）が管轄する FDA 承認製品（例えば、ワクチン、アレルギー製剤、血液及び血液製剤、血漿誘導体、細胞及び遺伝子治療製剤）に関する情報は含まれていない。

　そして、Drug and Biologic Approval and IND Activity Reports[56]では、承認審査に関する年ごとの実績が掲載されており、承認された新薬の審査期間及び品目数、迅速承認された品目一覧、IND の件数をはじめとして、多岐にわたるデータが公開されている。

5　コンプリートレスポンスレター（CRL）受領後の対応

　申請者は、CRL 受領後、FDA の担当審査官とのミーティング（End-of-

---

52)　FDCA505 (1)(2)(B) (21USC355 (1)(2)(B))

53)　FDCA505 (1)(2)(C) (21USC355 (1)(2)(C))

54)　FDCA505 (1)(2)(A) (21USC355 (1)(2)(A))

55)　https://www.accessdata.fda.gov/scripts/cder/daf/index.cfm

56)　https://www.fda.gov/drugs/how-drugs-are-developed-and-approved/drug-and-biologic-approval-and-ind-activity-reports

5 コンプリートレスポンスレター（CRL）受領後の対応

Review Conference）の内容を踏まえて、指摘事項に対応したうえで申請を再提出するか、申請を取り下げるか[57]、又は承認が認められなかった理由に関する質疑のためのヒアリング（formal evidentiary public hearing）の機会を求めることになる。

なお、コンプリートレスポンスレターの発出後1年以内にいずれのアクションも実行しなかった場合には、申請者が期間延長のリクエストをしない限り、申請を取り下げたとみなされることになる。

コンプリートレスポンスレター受領後の申請の再提出[58]には、クラス1とクラス2の2つのカテゴリーがある。

クラス1は、比較的マイナーな情報を提供するケースである。例えば、印刷された最終版のラベリング、ドラフト版のラベリング、安全性又は安定性のアップデート、市販後研究のコミットメント、分析法バリデーションデータ、最終出荷試験、過去提出データの再分析に関するデータなどがこれに該当する。クラス1の再提出を行った場合、新たに2か月の審査サイクルが始まることを申請者が合意したものとみなされる。

一方、クラス2で提出される情報には、諮問委員会へのプレゼンテーションに必要な事項等が含まれる。クラス2の再提出を行った場合は、新たに6か月の審査サイクルが始まることを申請者が合意したものとみなされる。

また、審査の途中で、新たな臨床上の安全性報告、過去提出データの再分析、大幅に変更されたREMS等、"major amendment"を提出する場合には、さらに審査期間が延長されることになる。

そして、CDER（及びCBER）は、部署レベルでは解決できないCDER等とスポンサー間における科学的及び/又は医学的な紛争を解決するための制度として、紛争解決プロセス制度（Formal Dispute Resolution（FDR））を設けており、スポンサー[59]は当該制度に基づきFDAのレギュラトリーアク

57）　一度取り下げた後の再申請も可能である。

58）　21CFR314.110

59）　FDRはスポンサーのための制度であるため、スポンサー以外は利用することができない。非スポンサー向けには、内部的なFDA審査を要求することができる別のメカニズムを提供しているが（21CFR10.75（c）、当該審査を実施するかはFDAの裁量によるため、珍しい状況である場合を除き、非スポンサーの要求を拒否することが多い。

Chapter 5　New Drug Application（NDA）から承認までのプロセス

ションに対して appeal することができる[60]。

　FDR リクエスト（FDRR）の対象となるのは、コンプリートレスポンス[61]、全部又は一部の IND clinical hold、breakthrough therapy designation の拒否、販売名審査の拒否、ANDA の受領拒否といった、レギュラトリーアクションのみであり、会議内での FDA によるレコメンデーションやアドバイス等は、FDRR の対象外である[62]。また、新しいデータや情報に基づき FDRR を行うのは認められず、仮にそれらのデータや情報により問題を解決できると考えるのであれば、NDA の再申請を行うのが適切である。

　なお、FDA は、スポンサーに対し、FDRR を行う前に、審査部門又は判断をしたオフィスに対して再検討を要請することを推奨している。

6　User fee

　NDA に関して申請者が FDA に支払う手数料（User fees）には 2 つのカテゴリーがある。1 つは Application fees で、これは申請者が NDA 等の申請を行う際に支払う費用である。ただし、関連子会社の従業員を含む総従業員数によっては、初回のみ手数料の支払が免除となる可能性がある。もう 1 つは Program fees で、これは FDA の判断待ちの申請者が毎年支払う費用である。

　The Prescription Drug User Fee Act（PDUFA）に基づいて策定される Performance goals によれば、通常審査品目の申請であればその 90% を Filing date から 10 か月内に最終判断をすること、優先審査品目（Priority Review 指定）の申請であればその 90% を Filing date から 6 か月以内に判断

---

60)　21CFR10.75, 312.48（c）, 314.103（c）

61)　過去の裁判例では、コンプリートレスポンスレターは、承認を拒否する旨の命令ではなく、むしろ検討過程における暫定的な性質を有する決定であり、最終的な機関決定（final agency action）ではないため、訴訟で争うことはできないとされている（Nostrum Laboratories v. U.S. Food and Drug Administration（D.C. Cir. June 3, 2022））。

62)　Formal Dispute Resolution: Sponsor Appeals Above the Division Level（https://www.fda.gov/regulatory-information/search-fda-guidance-documents/formal-dispute-resolution-sponsor-appeals-above-division-level-guidance-industry-and-review-staff）

6 User fee

することを目標として掲げている[63]。Priority Review 指定については
Chapter 7 で詳述する。なお、PDUFA の適用対象となる製品に関する審査
においては、内容やタイミングに応じて各種会議（Type A～D、INTERACT）
の機会が用意されており、開発段階を含め、必要に応じて FDA サイドと協
議（対面会議、ビデオ会議、電話会議及び書面でのやりとりといった方法が用意さ
れている）することができる[64]。

　2023 年 7 月に公表された 2024 Prescription Drug User Fee Act（PDUFA）
によると、処方薬の PDUFA Application fee が前年度に比べて劇的に（約
25%）増額し、臨床データを必要とする申請は $4,048,695、臨床データを必
要としない申請は $2,024,348 となった。また、Program fee もやや値上げさ
れ、$416,734 となった。

---

63)　PDUFA VII Commitment Letter（PDUFA Reauthorization Performance Goals and Procedures Fiscal Years 2023 through 2027）（https://www.fda.gov/media/151712/download?attachment）

64)　Formal Meetings Between the FDA and Sponsors or Applicants of PDUFA Products（https://www.fda.gov/media/172311/download）

Chapter 6

試験薬（未承認薬）の使用
（Expanded access program）

1 Expanded access プログラム

Expanded access[1]とは、（主に臨床試験から得られる）医薬品等に関する情報の取得ではなく、患者の疾患又は病状の診断、観察又は治療を目的として、試験薬（未承認薬）を使用することを意味する[2]。治療が必要な患者が、当該試験薬を用いる臨床試験を受けられない、又は（当該試験薬が一定の用途で承認済みであったとしても）承認条件等により、当該試験薬の使用を受けられないといったケースで適用の有無が問題となる。

このプログラムは、以下の全て（共通要件）を満たす場合に適用される可能性があり、適用される場合、対象の患者は試験薬を用いた治療等を受けることができる[3]。

① 治療対象の患者が、重篤な又は直ちに生命を脅かす疾患又は病状であり、これを診断、観察若しくは治療するための同等又は満足のいく代替療法がない場合

② 患者にもたらす潜在的なベネフィットによりリスクが正当化され、当該リスクが治療対象となる疾患又は病状との関連において不合理でない場合

③ リクエストされた試験薬の提供が、販売承認をサポートし得る臨床試

---

1) Compassionate use や preapproval access といったフレーズも患者の治療目的での未承認薬使用の文脈で時折使用されるが、FDA 規制においては使用されていない。

2) Expanded Access to Investigational Drugs for Treatment Use: Questions and Answers （https://www.fda.gov/media/162793/download）

3) 21CFR312.300, 312.305(a)

験の開始、実施若しくは完了の妨げにならない場合

Expanded access プログラムは、FDA の現行の規制下では、対象となる患者集団の規模感等によって、以下の3つのカテゴリーに分けられる。以下の2でそれぞれについて簡単に説明する。

---

① Expanded access for individual patients, including for emergency use[4]
　－　Individual patient expanded access IND or protocol
　－　emergency use or non-emergency use
② Expanded access for intermediate-size patient populations[5]
　－　Intermediate-size patient population expanded access IND or protocol
③ Expanded access for widespread treatment use through a treatment IND or treatment protocol[6]
　－　Treatment IND or protocol

このプログラムでは、expanded access のために直接的に試験薬の投与又は調剤を指示する医師を試験実施者とみなし[7]、expanded access IND 又は protocol を提出する個人又は法人をスポンサーとみなし[8]、その両方を行う医師を sponsor-investigator とみなしており[9]、これらはそれぞれ 21CFR 312 の subpart D に定める責任を負う[10]。また、通常の IND の要件の多く（インフォームドコンセント、IRB 規制等）は、expanded access の IND にも適用される。

Expanded access プロトコルの提出は、提出者が既存の有効な IND を有する場合に限り認められ、一般的には製薬企業又は医薬品を開発しているスポンサーの下で既存の IND を有する製造業者がスポンサーとなる。既存の IND を有する場合には、新規の IND ではなく、プロトコルの提出が推奨されている。他方で、既存の有効な IND を有しない場合、又は有するものの、

---

4)　21CFR312.310
5)　21CFR312.315
6)　21CFR312.320
7)　21CFR312.305(c)(1)
8)　21CFR312.305(c)(2)
9)　21CFR312.305(c)(3)
10)　21CFR312.305(c)(4),(5)

Chapter 6　試験薬（未承認薬）の使用（Expanded access program）

当該 IND のスポンサーが expanded access のスポンサーになることを求めていない場合には、通常は新規の expanded access IND が提出されることになる。

　そして、1つ以上の重篤な疾患又は病状の診断、観察又は治療に用いられる1つ以上の試験薬の製造者又は販売者は、expanded access ポリシーを、一般にアクセス可能なウェブサイトに掲載するなどして、公開し、容易に閲覧可能にすることが求められる[11]。当該ポリシーには、試験薬の使用リクエストをする際の連絡先、リクエストをする際の手続内容並びに当該リクエストに対する評価及び対応を行う際の一般的な基準を含む所定の情報を含めなければならない[12]。また、expanded access ポリシーは、当該試験薬に関するフェーズ2若しくはフェーズ3の試験の開始時又は当該薬が fast track、breakthrough 若しくは regenerative advanced therapy の指定を受けてから15日以内の、いずれか早い時点までに公開しなければならない[13]。スポンサーが expanded access を提供するかはあくまでもスポンサーの任意によるものであり、ポリシーの公開が試験薬へのアクセスを保証するものでないことに留意が必要である[14]。

2　Expanded accessの種類

(1)　Individual patient expanded access

　上記の共通要件のほか、以下の両方の要件を満たす場合は、臨床試験外での試験薬の使用、又は REMS により利用場面を制限されている承認薬の使用が可能となる[15]。

　A）対象患者の主治医が、当該薬剤によって起こり得るリスクが、疾患又は病状によって起こり得るリスクよりも大きくないと判断した場合

---

11)　FDCA561A (b) (21USC360bbb-0 (b))

12)　FDCA561A (c) (21USC360bbb-0 (c))

13)　FDCA561A (f) (21USC360bbb-0 (f))

14)　FDCA561A (d) (21USC360bbb-0 (d))

15)　21CFR312.310 (a)

B）患者がほかの IND 又はプロトコルにおいて当該薬剤を取得すること
　ができない場合

　また、Individual patient expanded access には、Emergency Use と非緊
急のものがある。すなわち、expanded access のリクエストをする前に患者
を治療する必要がある緊急状況においては、Emergency Use として、電話
その他の迅速にコミュニケーションが可能な方法により FDA の適切な審査
部門にリクエストすることができ、FDA はその電話等において使用許可を
与えることができる。この場合、リクエストをした医師は、当該試験薬の使
用等が expanded access の要件を満たすことを説明しなければならず、ま
た、FDA が使用許可を最初に与えた日から 15 営業日以内に正規の申請書
を提出することに同意することが条件となる[16]。

　また、非緊急の Individual patient expanded access のリクエストは、治
療を始める前に事前の IRB 審査及び承認を受けることが必要であるが[17]、
緊急の場合には、事前の IRB 審査は不要で、治療の開始から 5 営業日以内
に IRB に通知すれば足りる[18]。

(2) Intermediate-Size Patient Population Expanded Access（Intermediate IND or protocol）

　上記の共通要件に加えて、以下の両方の要件を満たす場合に、Intermediate
IND 又は protocol にて、試験薬の使用が可能となる[19]。

A）当該薬剤の投与を受けると予想されるおおよその患者数を対象とした
　当該薬剤の臨床試験を正当化するための、想定される使用用量及び使用
　期間において当該薬が安全であることを示す十分な証拠があること

B）当該薬剤の有効性に関して少なくとも予備的な臨床証拠があるか、又
　は想定される患者集団において expanded access の使用が合理的な選
　択肢となるために当該薬剤にもっともらしい薬理学効果があること

16）　21CFR312.310 (d)(2)

17）　21CFR312.305 (c)(4), 21CFR56.103

18）　21CFR56.104 (c)

19）　21CFR312.315 (b)

Chapter 6　試験薬（未承認薬）の使用（Expanded access program）

(3)　Treatment IND or protocol

　上記の共通要件に加えて、以下の全ての要件を満たす場合に、Treatment IND 又は protocol を適用することができる[20]。

　　A）当該薬剤が、（当該 expanded access の用途にて）販売申請をサポートするためにデザインされた IND の下、対照試験が行われており、又は当該薬剤の全ての臨床試験が完了していること

　　B）スポンサーが適正手続に基づいて積極的に当該薬剤の（当該 expanded access の用途における）販売承認の取得を求めていること

　　C）当該 expanded access の使用が重篤な疾患又は病状に対するものである場合、当該 expanded access の用途をサポートするのに十分な安全性及び有効性に関する臨床上のエビデンスがあること[21]、又は当該 expanded access の使用が直ちに生命を脅かす疾患又は病状に対するものである場合、利用可能な科学的エビデンスが、全体として、当該用途に対して当該薬剤が有効である可能性があり、患者を不合理かつ重篤な疾病又は傷害のリスクにさらすことがないと結論付けるに当たって合理的な根拠を提供すること[22]。

　当該薬剤がその expanded access の用途での販売のために開発されている場合には、Treatment IND 又は protocol の方法でのみ、expanded access が認められ得る。

　なお、当該薬剤について実施されている臨床試験に参加できる患者は、この方法での expanded access の対象とならない。

(4)　Right to try

　Right to try とは、終末期の患者が安全性試験を完了した試験薬にアクセスできる権利を意味する。2018 年に、いわゆる Right to Try Act[23]により、

---

20)　21CFR312.320 (a)

21)　このエビデンスは、通常、フェーズ 3 の試験データで構成されるが、完了したフェーズ 2 の説得力のある試験データで構成することも可能である。

22)　このエビデンスは、通常、フェーズ 2 又はフェーズ 3 の試験データから構成されるが、より予備的な臨床上のエビデンスに基づくことも可能である。

一定の場合には FDA の関与なしに試験薬の使用を可能とする規定（right to try）が定められた[24]。

　患者が試験薬を受け取るためには、当該患者が、(a)生命を脅かす疾患や病状であると診断されること、(b)承認された治療法を使い果たし、適格な医師によって認証された適格な薬剤等を使用する臨床試験に参加することができないこと、及び(c)試験薬の使用に関して、文書によるインフォームドコンセントを医師に対して提供することが必要である[25]。

　また、適格な試験薬は、以下の要件を全て満たす必要がある[26]。

A）フェーズ１の安全性を検証する臨床試験が完了していること

B）FDA からほかの用途に関しても承認を受けていないこと

C）販売承認の申請中であるか、又は販売承認をサポートする有効性に関する主要な根拠を形成することを意図した臨床試験内で試験中であり、かつ active の IND の対象であること

D）積極的な開発又は製造が進行中であり、製造業者によって中止されておらず、FDA から clinical hold が出されていないこと

　この Right to Try は、Treatment IND その他 expanded access プログラムの代替的な手法であるが、IND に関連するいくつかの FDA 規制（ラベリング規制、プロモーション規制等）は適用される。

　以上の要件を満たせば、患者は、医師及び当該医薬品を開発している製薬企業の協力を得て、FDA の関与なしに、合法的に試験薬を使用することができる。もっとも、この Right to Try Act は、薬剤の製造者又はスポンサーに対して、患者に対して当該薬剤へのアクセスを提供することを義務付けておらず、FDA も、これを強制することはできない。

　なお、FDA は、製造者が FDA に対して当該データを考慮するよう要求した場合、又は FDA が、当該データが当該製剤の安全性や有効性を評価す

23）　"Trickett Wendler, Frank Mongiello, Jordan McLinn, and Matthew Bellina Right to Try Act of 2017"

24）　FDCA561B（21USC360bbb-0a）

25）　FDCA561B(a)(1)（21USC360bbb-0a(a)(1)）

26）　FDCA561B(a)(2)（21USC360bbb-0a(a)(2)）

Chapter 6　試験薬（未承認薬）の使用（Expanded access program）

るに当たって重要であると判断した場合を除き、Right to try により得た
データを当該製剤の評価に用いることができない[27]。

---

27)　FDCA561B (c)(1)（21USC360bbb-0a (c)(1)）

Expert Insights

✒ 木田芳樹（President & CEO, Nobelpharma America, LLC
　　　　／ノーベルファーマ株式会社　執行役員）

　ノーベルファーマの米国進出は、全く初めてで現地会社を設立し、自社新製品を発売するという、とてもユニークなパターンだと思います。典型的なアプローチは駐在事務所での情報収集やライセンス活動から始まり、臨床開発を目指して米国子会社を設立、開発の進捗に伴いパートナリング或いは自社販売の選択、承認申請に合わせて販売組織の立上げとステップワイズに展開していきます。弊社が販売を開始した製品は希少疾患を対象とした医薬品で、パートナー会社と利益分配するほどの市場規模はなく、先方の販売製品群の一つとして扱われるとコントロールできなくなることを危惧し、事業性や進出方法を検討した結果、自社単独での米国展開という意思決定がなされました。

　ゼロベースから立上げが始まり、最初は出張ベースでの現地オフィスの場所選び、米国子会社の登記、組織設計と米国人スタッフの採用と社内外の多くの協力を得ながら何とか準備を進め、2022年3月に承認取得、8月に販売開始となりました。

　今（2024年5月時点）までの経験からアメリカで医薬品ビジネスを行ううえで重要と思われる点を挙げますと、米国特有の市場環境への理解、レギュレーションとコンプライアンスへの対応、患者団体との連携になります。

　まず、米国の医療提供体制と保険償還は非常に難解です。医師から自社製品の処方箋が出ても、すぐに売上に繋がるわけではありません。様々な医療機関において特化した医療従事者がサービスを提供している中、保険償還体制は日本と比べるとはるかに複雑です。ペイヤーと言われる保険会社や各州のMedicaid、連邦のMedicareのほかに薬剤給付管理のPBMやGroup Purchase Organization等、数多くのStake holdersが存在し、かつフォーミュラリーへの掲載やPrior Authorization要否などの薬剤給付も一筋縄ではいきません。また、価格体系も複雑でWholesalerへの割引以外に、ペイヤーへのリベートもあります。これらに対処するためコンサルタントやエージェンシーを活用しますが、その活動内容や提案を理解したうえでマネジメントしていかなければなりません。

61

Chapter 6　試験薬（未承認薬）の使用（Expanded access program）

　次にレギュレーションとコンプライアンスです。販売会社としての GxP に限らず、物流に関係する DSCSA(Drug Supply Chain Security Act）への対応、広告や販促資材等を OPDP(Office of Prescription Drug Promotion）へ事前提出（Form 2253）、患者個人情報を保護するための HIPAA(Health Insurance Portability and Accountability Act）の遵守、企業と医療従事者間の透明性規則である Sunshine Act などレギュレーションは多岐に渡ります。また、自社 Commercial Team と Medical Affairs Team 間の Fire Wall をどのように設定しバランスをとるかも重要な判断になります。在米国企業としてハラスメントやダイバーシティ対応は必須です。

　最後に米国患者団体です。弊社が協力関係にある団体は非常にパワフルで活発に活動しており、疾患啓発活動だけでなく患者・家族間の連携やセミナー、寄付や助成金を用いての疾患研究基金の提供、行政へのロビー活動等を行っています。承認申請前から彼らとコンタクトを取り、米国での Unmet Needs と Patient Journey の理解、治療の拠点となる施設や KOL の特定、承認取得への後押し等、情報提供だけでなく色々なサポートを頂いてきました。販売開始後は、新しい治療法を患者・家族・医療従事者へ普及するという観点からサポートを得ており、我々も各種イベントへのスポンサーや参加を通じてコミュニティの一員として貢献、Win-Win の関係を継続しています。

　本紙面に書き足らない或いは書けない困難や苦労はありますが、世界一の医薬品市場であり他市場への波及効果も考えると米国展開にチャレンジする価値は十二分にあります。

62

Chapter 7

医薬品早期審査制度
（Expedited programs）の活用

Chapter 4 及び Chapter 5 で紹介したとおり、販売承認を取得するまでに
は相当の時間がかかるが、特に深刻な病気を患う患者が少しでも早く医薬品
を使用できるように、いくつかの特別な制度が設けられている。

以下で紹介する各制度においては、要件が一部重複していることもあり
（例えば、Breakthrough Therapy としての指定要件を充足する医薬品は、Fast-
Track 指定の要件も満たす。）、多くのケースで 2 つ以上の Expedited programs
が適用されている。また、以下の各制度が適用されたとしても、承認基準や
エビデンスの採用基準等は変わらないことに留意すべきである。

1 Fast Track

Fast-Track の指定は、有効な治療法がない（unmet medical needs）、重篤
な又は生命を脅かす疾患若しくは病状に対処できる可能性のある医薬品等及
び QIDP（Qualified Infectious Disease Product）として指定された医薬品[1]が
対象となる[2]。後述の Breakthrough Therapy 指定と異なり、preliminary
clinical evidence が不要であるため、Breakthrough Therapy 指定よりも早
い段階で Fast Track 指定のリクエストがなされるのが一般的である。

スポンサーは、Fast Track 指定を求める場合、FDA に対して、Fast
Track 指定のリクエストをする必要がある。当該リクエストは、制度上は
IND 提出時又はそれ以降で、販売承認を取得する前であればいつでも可能

---

1) FDCA505E(d)(21USC355f(d))。重篤な又は生命を脅かす感染症を治療する目的の抗菌薬・
抗真菌薬で一定の要件に該当する医薬品等が、QIDP に該当する（FDCA505E(g)(21USC355f
(g)))。
2) FDCA506(b)(1)(21USC356(b)(1))

Chapter 7　医薬品早期審査制度（Expedited programs）の活用

であるが[3]、FDA は、遅くともプレ NDA ミーティングの日までに Fast Track 指定のリクエストを行うことを推奨している。FDA は、リクエストの受領後 60 日以内に審査しなければならない。

　スポンサーは、Fast Track の指定を受けた場合、指定なしの場合よりも高い頻度で FDA の審査チームとコミュニケーションをとることができ、NDA 提出前の各タイミングにおいて FDA との会議を実施することができる。具体的には、必要に応じて、プレ IND 会議（pre-investigational new drug（IND）meetings）[4]、フェーズ 1 終了時会議（end-of-phase 1 meetings）[5]及びフェーズ 2 終了時会議（end-of-phase 2 meetings）[6]が行われ、そこでは、試験計画、承認取得に必要な安全性の程度、用量反応関係、バイオマーカーの利用等に関する議論がなされる。その結果、承認が遅れる要因となる臨床試験に係るデザインの選択やデータ提出に関する問題を回避しやすくなり、早期に承認を取得できる可能性が高まる。ただし、Breakthrough Therapy 指定を受けた製品と比べると、FDA によるコミットメントレベルは劣るため、その効果は限定的である。

　また、通常の NDA であれば、全ての申請資料が提出された後に FDA の審査が始まるが、Fast Track 指定を受けている場合には、スポンサーは、全てのセクションの完成を待たずに、完成したセクションから徐々に FDA に提出することができ、FDA は、提出された部分から審査を開始することができる（Rolling Review と呼ばれる。）[7]。ただし、このローリング審査プロセスは、スポンサーが提出した臨床データの予備的な評価を実施し、当該医薬品の効果が認められる可能性があると FDA が判断した後に開始される。

　なお、FDA は、当該医薬品が医療ニーズに対する取組みを行っていない場合、又は実施している試験において、対象疾患の治療に効果があることが示されず、医療ニーズを満たさない場合には、当該医薬品の Fast Track 指

---

3)　FDCA506 (b)(2)（21USC356 (b)(2)）

4)　21CFR312.82 (a)

5)　21CFR312.82 (b)

6)　21CFR312.47 (b)(1)

7)　FDCA506 (d)(1)（21USC356 (d)(1)）

定を取り消すことができる。

2　Breakthrough Therapy

　Breakthrough Therapy の指定は、Fast Track 指定と同様に、医薬品の効率的な開発及び迅速な審査を実現するために設けられた制度である。スポンサーは、対象の医薬品が重篤な又は生命を脅かす疾患若しくは病状の治療に用いるものであり、また、予備的な臨床上のエビデンス[8]が、1つ以上の臨床上の重要なエンドポイント（評価指標）[9]において当該医薬品が既存の治療法からの大幅な改善を実証し得ることを示唆する場合に、Breakthrough Therapy 指定を受けることができる[10]。ここで用いられる基準は医薬品承認で用いられるものとは異なり、当該基準を満たすために必要な臨床上のエビデンスは予備的なもので足りる。もっとも、Breakthrough Therapy 指定を受けた全ての製品において、指定時の予備的な臨床上のエビデンスによって示唆された治療法に対する大幅な改善効果を示すとは限らず、その後に得られた試験データにより上記の指定基準を満たさないと判断された場合には、FDA は当該指定を取り消すことができる。

　Breakthrough Therapy 指定のリクエストは、IND 申請時又はそれ以降であればいつでも行うことができるが[11]、遅くともフェーズ2終了時ミーティング（EOP2（end-of-phase 2））までに行うことが推奨されている。FDA は、リクエストの受領後 60 日以内に審査しなければならない[12]。

　当該指定を受けた場合、スポンサーは、Fast Track 指定と同様に、FDA との間で通常よりも多くの会議を実施することができ、製品開発に関して適

---

8)　一般的にはフェーズ1又はフェーズ2に由来するエビデンスが使用される。

9)　不可逆的罹患率、死亡率又は疾患の重篤な結果を示す症状に対する効果を測定するエンドポイントを意味する（Expedited Programs for Serious Conditions – Drugs and Biologics（https://www.fda.gov/media/86377/download））。エンドポイントとは、臨床試験において試験薬の有効性や安全性を評価するために用いられる指標・評価項目を意味する。

10)　FDCA506(a)(1)(21USC356(a)(1))

11)　FDCA506(a)(2)(21USC356(a)(2))

12)　FDCA506(a)(3)(A)(21USC356(a)(3)(A))

Chapter 7　医薬品早期審査制度（Expedited programs）の活用

時に助言を得たり、双方向のコミュニケーションをとることができ、結果として、迅速かつ効率的な臨床試験の実施が可能になる。また、FDA は、効率的な審査を促進するために、分野横断的な（cross-disciplinary）審査にシニアマネージャーその他の上層部を関与させることができるほか、当該審査チームに分野横断的なプロジェクトリーダーを任命することができ、FDA 内の審査チーム間だけでなくスポンサーとの間におけるサイエンス面でのリエゾンとしての役割も果たす[13]。また、Fast Track 指定と同様に、ローリング審査プロセスの対象になる。

　なお、FDA は、スポンサーに対して、公式のリクエストを行う前に、Preliminary Breakthrough Therapy Designation Request Advice のリクエストをすることを促している。このリクエストを行うと、15 分の電話会議が設定され、そこで、審査チームから公式のリクエストの提出時期等に関して拘束力のない助言を受けることができる。

3　Priority Review

　審査対象の医薬品が重篤な病状の治療に用いられるものであり、当該重篤な病状の治療、診断又は予防に関する安全性又は有効性において（既存の治療法があれば、それに比して）顕著な改善を提供する場合には、Priority Review の指定を受けることができる[14]。Standard Review の場合には、原則として Filing 後 10 か月以内に FDA の審査を受けることになるが、Priority Review 指定を受けた場合は、原則として Filing 後 6 か月以内に FDA の審査を受けることができる[15]。

　FDA は、申請者による明示的なリクエストの有無を問わず、全ての申請につき Priority Review 指定の対象となるかを検討することになるが、申請

---

13)　FDCA506(a)(3)B (21USC356(a)(3)B)

14)　CDER Manual of Policies & Procedures（MAPP）6020.3（https://www.fda.gov/media/72723/download）

15)　これに Filing 審査期間 60 日を加え、通常は 12 か月のところを、8 か月で審査を終えることとなる。

者において明示的に Priority Review 指定のリクエストをすることも可能である。FDA は、NDA 又は Efficacy supplement 受領後 60 日以内に審査しなければならない。

　また、上記要件充足性に関わらず、一定の場合には、Priority Review 指定を受けることができる。例えば、QIDP と指定された医薬品等は、Priority Review 指定の対象になるほか[16]、一定の熱帯病の治療・予防[17]に用いる医薬品、稀少小児疾患の治療[18]に用いる医薬品及び感染症危機対応医薬品等[19]（Material Threat Medical Countermeasure[20]）に係る NDA を提出するスポンサーは、Priority Review Voucher（PRV）付与の対象となり、当該 Voucher を保有するスポンサーが所定の User fee を支払うことにより、自動的に Priority Review 指定を受けることができる。また、小児の研究に関する報告に従った表示変更の申請は、自動的に Priority Review 指定を受けることができる[21]。

4　Accelerated Approval（迅速承認）

　迅速承認制度は、公衆衛生上の必要性が高く、臨床試験による臨床的有用

---

16)　FDCA524A（21USC360n-1）

17)　FDCA524（21USC360n）, Tropical Disease Priority Review Vouchers（https://www.fda.gov/regulatory-information/search-fda-guidance-documents/tropical-disease-priority-review-vouchers）

18)　FDCA529（21USC360ff）, Rare Pediatric Disease Priority Review Vouchers（https://www.fda.gov/regulatory-information/search-fda-guidance-documents/rare-pediatric-disease-priority-review-vouchers）。ただし、一定の事由に該当する場合を除き、2024 年 9 月 30 日以降に当該 PRV を受けることはできない。

19)　FDCA565A（21USC360bbb-4a）, Material Threat Medical Countermeasure Priority Review Vouchers（https://www.fda.gov/regulatory-information/search-fda-guidance-documents/material-threat-medical-countermeasure-priority-review-vouchers-draft-guidance-industry）

20)　医療対抗措置（MCMs）とは、化学・生物・放射線・核（CBRN）の脅威や新興感染症に関連した疾患や病状を診断、予防、治療することを目的とした医療製品であり、健康への悪影響や死亡をもたらす可能性があり、そのような CBRN 病原体に対する薬剤やバイオ医薬品の投与が引き起こし得る状態がもたらす危害を軽減、予防又は治療することを目的とした医療製品も含む。

21)　FDCA505A（21USC355a）

Chapter 7　医薬品早期審査制度（Expedited programs）の活用

性の実証を待つことが受け入れられない場合に、一定の治療法を利用可能な状態にすることを目的とした制度である。スポンサーは、当該医薬品が既存の治療法よりも意味のある治療効果をもたらすものであり[22]、また、重篤な又は生命を脅かす疾患若しくは病状に用いる医薬品であって、かつ、臨床上の有用性を予測できる合理的な可能性のあるサロゲート（代替）エンドポイント[23]において効果があることが確認できた場合、又は不可逆的罹患率と死亡率よりも早期に測定可能であり、不可逆的罹患率若しくは死亡率に対する効果又は臨床上の有用性を予測できる合理的な可能性のある臨床上のエンドポイント（"intermediate endpoint" と呼ばれる。）において効果があることが確認できた場合に、迅速承認を受けることができる[24]。これらの判断においては、疾患又は病状の重症度、稀少度、有病率、代替治療法の有無等が考慮される。

　この制度は、HIV/AIDS 危機の際に発展したという経緯もあり、多くはHIV/AIDS やオンコロジー領域等の、疾病経過が長く、臨床上の有用性を測定するのに長い時間がかかる疾病の医薬品において活用されている。もっとも、それ以外の領域の医薬品における適用実績は 50 件を下回るものの、近年は神経疾患領域においても活用されており、例えば、Duchenne 型筋ジストロフィー病やアルツハイマー病の製剤において迅速承認の実績がある。

　スポンサーは、迅速承認取得後も、適切かつ十分に管理された市販後臨床試験を実施することが求められるところ[25]、これらの検証的試験（post-approval confirmatory study）は、一般的に、FDA との間でその要件について議論しつつ、臨床上の有用性を直接的に測ることができる臨床上のエンドポイントの評価・検討を行うことになるが、適正手続の下、臨床上の有用性の検証結果をできる限り早く判断するために、速やかに実施しなければならない[26]。また、スポンサーは、迅速承認取得後 180 日以内に、当該試験

---

22)　21CFR314.500

23)　サロゲートエンドポイントとは、短期間で観察可能な暫定的な評価項目（血圧、血糖値等）を意味する。

24)　FDCA506(c)(1)(A)（21USC356(c)(1)(C)）

25)　FDCA506(c)(2)(A)（21USC356(c)(2)(A)）

4 Accelerated Approval（迅速承認）

の進捗状況等を記載した報告書を提出しなければならず、その後も試験が終
了又は完了するまでの間、180 日ごとに当該報告書を提出しなければならな
い[27]。なお、当該報告書の内容は FDA のウェブサイトにて公開される。

　そして、迅速承認が付与された製品のプロモーション資料は、FDA への
事前提出が必要となる（迅速承認後、本承認前の審査期間中、本承認後 120 日以
内に公表等を予定している全てのプロモーショナルマテリアルの写しを FDA に提
出しなければならず、また、120 日経過後に公表等を予定しているものについては、
公開予定日の 30 日前までに FDA に提出しなければならない。）[28]。

　なお、迅速承認は、例えば、スポンサーの研究において、不可逆的罹患率
と死亡率に対する当該薬剤の効果の確認ができなかった場合、当該製品が安
全でない又は効果的でないと判断された場合等には、取り消される。

【各 Expedited programs のまとめ】

制度名	Fast Track	Breakthrough Therapy	Priority Review	Accelerated Approval
制度の性質	指定	指定	指定	承認方法（approval pathway）
時期	IND 提出時又はそれ以降（推奨：遅くともプレ NDA 会議時）	IND 提出時又はそれ以降（推奨：遅くともフェーズ 2 終了時会議まで）	NDA 提出時又は Efficacy supplement（効能・用法用量・投与形態等の変更申請）提出時	公式の提出プロセスはなし。通常、スポンサーが開発中に FDA の審査部門との間で適用の可能性を議論する。

---

26)　FDCA506 (c)(3)(A)（21USC356 (c)(3)(A)）、21CFR314.510
27)　FDCA506B (a)(2)（21USC356b (a)(2)）
28)　21CFR314.550

69

Chapter 7　医薬品早期審査制度（Expedited programs）の活用

要件	1. 重篤な又は生命を脅かす疾患若しくは病状を対象とする製品であり、unmet medical need を満たす可能性があること 又は 2. QIDP（qualified infectious disease product）と指定されている医薬品であること	1. 重篤な又は生命を脅かす疾患又は病状を対象とする製品であること 及び 2. 予備的な臨床データにより、当該薬剤が、臨床上の重要なエンドポイント（評価指標）において、既存の治療法からの大幅な改善を実証し得ることが示されていること	1. 重篤な病状を対象とする製品であること 及び 2. 安全性又は有効性に関して既存の治療法から顕著な改善点があること 又は 小児研究の報告に従ったLabeling change の申請 又は QIDP と指定されている医薬品であること 又は 申請者がPriority Review Voucher を有していること	1. 重篤な疾患又は病状を対象とする製品であること 及び 2. 既存の治療法に比べて意味のある治療効果をもたらすこと 及び 3. 臨床上の有用性を予測できる合理的な可能性のあるサロゲート（代替）エンドポイント、又は不可逆的罹患率若しくは死亡率よりも早期に測定可能であり、不可逆的罹患率若しくは死亡率に対する効果、又は臨床的有用性を予測できる合理的な可能性がある臨床上のエンドポイント（中間エンドポイント）に対する効果を示す医薬品であること。
データタイプ	臨床前データで足りる	臨床データが必要	―	サロゲート又は中間エンドポイントにおける臨床データが必要

　なお、近年のデータを見ると、全申請のうち約70％が1つ以上の expedited program の適用を受けており、他方で、4つ全ての適用を受けている医薬品は存在しない。また、First-in-class の承認は、平均2個の expedited program の適用を受けているが、non-first-in-class の場合は平均1.18個の expedited program の適用を受けている。

Expert Insights

加藤文彦（日本新薬株式会社（法務部））
※ 2023 年 1 月～2023 年 12 月
：Morgan Lewis & Bockius LLP Washington D.C. office で研修

　私は、現在の会社の社内弁護士になる以前は、特許庁で医薬品の特許を審査する仕事をしていました。医薬品業界において、特許の独占権は極めて重要です。例えば、年間売上が 10 億ドルのブロックバスターの場合、たった一日の排他期間の違いが、約 270 万ドルの売上に直結します。

　特許は、属地主義といって、特許が存在する国、地域においてしか、権利を行使することができません。したがって、アメリカでは、アメリカの特許を取得し、アメリカの特許制度に基づいた管理を行う必要があり、一方、日本では、日本の特許を取得し、日本の制度に基づいた管理を行う必要があります。例えば、アメリカで既に特許査定が出た特許出願と同じ内容が日本で審査されている場合に、人情としては、アメリカで特許になっているから日本でも特許になって当然だろうと思いたいところですが（実際に、そのような主張も少なからずあります。）、上記属地主義に観点から、基本的には、他国での権利の成立に関わらず、日本の特許制度の要件に沿った審査が粛々となされます。

　もっとも、審査官は他国の審査経過もチェックしたうえで、参考文献なども確認し、審査をするわけなので、審査に不慣れな新人審査官は、「アメリカやヨーロッパでも特許になっているし、特許にしてしまおう」とか、アメリカ特許庁やヨーロッパ特許庁での拒絶理由通知などをそのまま翻訳して、拒絶理由通知書を作ったりという誘惑に駆られることがありますが、そんなことをすれば、上司から怒られること間違いなしです。仮に、結果が同じになるとしても、きちんと日本の制度に従った審査を行う必要があります。逆にいえば、アメリカでビジネスを行う際には、早い段階からアメリカの特許制度に詳しい専門家とチームを組み特許戦略を考える必要があります。

Chapter 8

医薬品の市販後規制

　市販前の審査のみでは精査できる範囲に限界があり、医薬品の安全性及び有効性を十分に検証することが現実的に難しいケースが存在し、また、諸般の事情により製造工程等が変更する可能性もあるため、国民の安全を確保するためには、これらに対応する販売承認後の規制が重要となる。以下では、市販後規制の中でも特に重要な点に絞って解説する。

1　変更に伴う手続

　販売承認取得後に、当該医薬品の安全性又は有効性等に影響を与える変更が生じた場合には、一定の手続を経なければならない[1]。手続の内容は、変更内容に応じて異なり、以下のとおり3つのカテゴリーに分類される。

Type	Description	Submission/Notification Required
Major change	製品の安全性又は有効性に関連し、製品の同一性、強度、品質、純度又は効力に悪影響を及ぼす可能性が相当程度ある、製品、製造工程、品質管理、設備、施設又は担当者の変更	Prior approval supplement (PAS)

---

1)　CFR314.70(a)(1)(i), 314.97(a)

Moderate change	製品の安全性又は有効性に関連し、製品の同一性、強度、品質、純度又は効力に悪影響を及ぼす可能性が一定程度ある、製品、製造工程、品質管理、設備、施設又は担当者の変更	Changes Being Effected（CBE）Supplement – CBE-30/CBE-0
Minor change	製品の安全性又は有効性に関連し、製品の同一性、強度、品質、純度又は効力に悪影響を及ぼす可能性が極めて低い、製品、製造工程、品質管理、設備、施設、担当者又は表示の変更	Documented in an annual report

　1つ目は、Prior Approval Supplement（PAS）と呼ばれる手続であり[2]、スポンサーは、変更内容をNDAのSupplementとしてFDAに提出しなければならず、当該Supplementに対するFDA承認を得るまでは、当該変更を実施することはできない。対象となる変更は、安全性や有効性に関する要素である、医薬品の同一性、品質、純度又は効力に悪影響を与える可能性が相当程度高い、当該医薬品、製造工程、品質管理、設備、施設又は担当者の変更である。例えば、製造に関しては、当該医薬品の質的・量的な製造工程又は承認された規格の変更、医薬品の無菌性保証に影響を及ぼす可能性のある変更、物理的若しくは化学的性質に影響を及ぼす可能性のある原薬の合成に関する変更等が当該手続の対象となる。

　2つ目は、"Change Being Effected" Supplementと呼ばれる手続であり[3]、スポンサーが変更内容のSupplementを提出する義務がある点は1つ目と同様であるが、FDAの承認前に当該変更を実施することができる点が異なる。対象となる変更は、医薬品のパフォーマンスへの悪影響が一定程度ある変更であり、さらに2つのサブカテゴリーに分類される。1つ目は、CBE-30と

2）　CFR314.70（b）
3）　CFR314.70（c）

Chapter 8　医薬品の市販後規制

呼ばれるものであり、Supplement の提出後 30 日間は当該変更を反映した医薬品を販売等することができない。例えば、医薬品の品質に影響を与えない容器栓システムの変更がこのカテゴリーに含まれる。2 つ目は、CBE-0 と呼ばれるものであり、Supplement が受領された後直ちに当該変更を反映した医薬品の販売が可能である。例えば、規格への追加、当該医薬品が有するとされる特性をより確実にするための方法又は管理の変更、禁忌、警告、使用上の注意又は有害反応を追加等するラベリング変更、安全性を高めるための用量又は投与情報の追加等、虚偽又は誤解を生じさせる情報の削除等がこのサブカテゴリーに含まれる。

　3 つ目は、医薬品のパフォーマンスへの悪影響が極めて小さい変更が対象となるものであり、当該変更については、FDA に対する個別のアクションは不要であるものの、スポンサーは、FDA に提出する年間報告[4]のリストに当該変更の内容を掲載しなければならない[5]。例えば、ラベリングのマイナーチェンジ、製品の色にのみ影響を与える成分の削除や減少、医薬品の容器や形の変更（容器栓システムの変更を除く。）等が当該手続の対象となる。

　なお、上記規制は、OTC 医薬品に対しても適用されるところ、処方薬かOTC 医薬品かで、"minor" か否かの判断が異なり得る点には注意が必要である。例えば、パッケージ又は容器のラベルのレイアウト変更は、消費者がラベルを理解し、OTC 医薬品を適切に自己選択し、使用する能力に影響を与える可能性があるため、OTC 医薬品においては "minor" でないと考えられている[6]。

2　Post-marketing Safety Labeling Changes（SLC）

　FDA は、医薬品のラベリングに含むべきと考えられる "new safety information" 又は効果の低下に関する情報を把握した場合、速やかに文書

---

4)　21CFR314.81（b）(2)

5)　CFR314.70（d）

6)　Annual Reportable Labeling Changes for NDAs and ANDAs for Nonprescription Drug Products（https://www.fda.gov/media/176915/download）

（notification letter）によって販売承認保有者等に対して通知しなければならない[7]。

"new safety information" とは、臨床試験、有害事象報告、市販後研究若しくは査読付き生物医学文献から得られた情報、市販後リスク特定分析システムから得られたデータ[8]、又は FDA が適切とみなすその他の科学的データであって、以下のいずれかに関する情報をいう[9]。具体的には、添付文書の禁忌、警告（Boxed warnings を含む）、使用上の注意、薬物相互作用又は有害反応[10]のセクションに記載される情報が含まれるが、これらに限られない[11]。

● 当該医薬品の販売承認後、REMS が義務付けられた後、又は承認された REMS の最後の評価後に、FDA が認識した（既存の情報の新たな分析に基づく場合も含む）医薬品の使用に関連する重大なリスク又は予期せぬ重大なリスク

● REMS の最後の評価以降に得られた REMS の有効性

そして、販売承認保有者等は、上記の通知受領後 30 日以内に、当該情報を反映した Labeling Supplement を提出するか、又は当該情報に対応するラベリング変更が不要であると考えている旨及びその詳細な理由を説明しなければならない[12]。

FDA は、速やかにこれらの内容を確認し、上記の supplement の内容又はラベリング変更を不要とする理由に対して同意しなかった場合は、販売承認保有者等との間で、ラベリング変更に関する合意に向けた議論を尽くし[13]、当該議論の終了後 15 日以内に、販売承認保有者等に対し、そのラベリング

---

7) FDCA505(o)(4)(A)（21USC355(o)(4)(A)）

8) FDCA505(k)（21USC355(k)）

9) FDCA505-1(b)(3)（21USC355-1(b)(3)）

10) 処方薬の表示に関して、"adverse reaction" とは、医薬品の薬理作用の一部として、又は予測不可能に生じるもので、医薬品の使用に合理的に関連する望ましくない作用をいい、当該医薬品と有害事象の発生との間に因果関係があると考えられるもののみが含まれる（21CFR201.57(c)(7), 201.80(g)）。

11) Safety Labeling Changes — Implementation of Section 505(o)(4) of the FD&C Act（https://www.fda.gov/media/116594/download）

12) FDCA505(o)(4)(B)（21USC355(o)(4)(B)）

Chapter 8　医薬品の市販後規制

の変更を要求する命令を出すことができる[14]。販売承認保有者等は、これに
従わなかった場合、法令違反とみなされ、執行措置の対象となる可能性があ
る[15]。

　なお、上記規制は、処方薬（販売されていないものも含む）に対して適用さ
れるものであり、OTC医薬品には適用されない[16]。

3　販売承認の取消し等

　FDAは販売承認を取り消す権限を有しており、例えば、新規の臨床研究
の結果、当該医薬品が安全でない又は有効でないと判断された場合、表示の
内容が虚偽又は誤解を生じさせる場合、その品質、強度、純度等が適切に確
保されていない場合、特許情報が適切に提出されていない場合、NDAに重
要な事実の虚偽記載があった場合等には、FDAは販売承認を取り消すこと
ができる[17]。FDAは、原則として、取消しの前に、申請者に対して通知の
上、ヒアリングの機会を与えなければならないが、"imminent hazard"があ
ると判断する場合には、HHSの権限において、申請を即座に中断し
（suspend）、申請者に対して迅速なヒアリングの機会を与えることができる[18]。
もっとも、実務上、販売承認が取り消されるケースは非常にまれである。

4　市販後研究・臨床研究 (Phase IV studies)

　FDAは、追加の安全性又は有効性に関するデータの収集、新しい用途等
の発見、多岐にわたる使用方法の条件下におけるラベルの指示の効果の判断
等のため、NDA申請者に対し、販売承認時等において、一定の要件を満た

---

13)　FDCA505 (o)(4)(C) (21USC355 (o)(4)(C))
14)　FDCA505 (o)(4)(E) (21USC355 (o)(4)(E))
15)　FDCA505 (o)(1) (21USC355 (o)(1))
16)　前掲注11)
17)　FDCA505 (e) (21USC355 (e)), 21CFR314.150
18)　FDCA505 (e) (21USC355 (e)), 21CFR314.150 (a)(1)

す場合にPost-marketing Requirement（PMR）として市販後研究（studies）及び臨床研究（clinical trials）の実施を義務付けることができるほか、承認前に申請者が同意した市販後研究及び臨床研究の実施を義務付けることができる（Post-marketing Commitment（PMC））[19]。これらは総称して、フェーズ4研究（Phase Ⅳ studies）と呼ばれる。

なお、2007年改正で、PMR制度が設けられるまでは、"studies"と"clinical trials"は同様の意味で用いられていたが、それ以降、少なくともフェーズ4研究に関しては、明確に異なる意味を持つ単語として用いられている。すなわち、臨床研究（clinical trials）とは、スポンサー又は試験実施者が、被験者（ヒト）に医薬品その他の介入を割り当てる方法を決定する将来に向けて実施される試験と定義され[20]、また、研究（studies）とは、臨床研究の定義に該当しないヒトを対象とした試験（観察研究等）、動物実験及びラボ実験を含むその他の全ての試験と定義される[21]。

また、PMRとPMCの違いについて、法令等で定める基準を満たす市販後研究及び臨床研究は、PMRとして法令等に基づき実施が義務付けられる一方で、当該基準を満たさない市販後研究及び臨床研究は、申請者がこの実施に同意した場合に限り、PMCとして実施が求められることになる。なお、これらのPMRやPMCに関する情報は、データベース上で公開されている[22]。

法令等に基づき義務付けられている市販後研究及び臨床研究は、例えば以下のものが含まれる。

① FDCA505（o）（3）（21USC355（o）（3））に基づき求められる、市販後研究及び臨床研究

② 迅速承認要件の下で承認された医薬品の臨床的有用性を証明するため

---

19) 21CFR312.85

20) 臨床研究（clinical trials）は、臨床試験（clinical investigation）（21CFR312.3（b））の一種である。

21) Postmarketing Studies and Clinical Trials—Implementation of Section 505（o）（3）of the Federal Food, Drug, and Cosmetic Act（https://www.fda.gov/media/131980/download）

22) https://www.accessdata.fda.gov/scripts/cder/pmc/index.cfm

Chapter 8　医薬品の市販後規制

の市販後研究及び臨床研究[23]。

③　FDCA505B（21USC355c）に基づき求められる、延期された小児科の研究[24]

④　Animal Efficacy Rule に基づいて承認された製品の使用時にヒトにおける安全性及び有効性を証明するために実施しなければならない、研究及び臨床研究[25]

上記①の概要は、以下のとおりである。

FDA は、NDA 承認時又は承認後において、"new safety information"[26]を認識した場合、販売承認保有者等に対して、当該承認の対象の医薬品に関する市販後研究及び臨床研究を実施することを、Post-marketing Requirements（PMR）として求めることができる[27]。

この制度の目的は、当該医薬品の使用に関連する既知の重大なリスク若しくは重大なリスクのシグナルを評価すること、又は入手可能なデータが重大なリスクの可能性を示している場合に予期せぬ重篤なリスクを特定することにある[28]。

そして、市販後研究は、有害事象報告[29]及び新規の安全性監視システム[30]のみでは上記の目的を満たすのに不十分であると判断された場合、市販後臨床研究は、市販後研究のみでは上記の目的を満たすのに不十分であると判断された場合に、求められる可能性がある[31]。また、販売承認保有者等は、これらの研究及び臨床研究の実施を求められた場合には、研究等のタイムテーブル、ステータス等の所定の情報を FDA に対して定期的に報告しなければならない[32]。

---

23)　21CFR314.510
24)　21CFR314.55（b）
25)　21CFR314.610（b）(1)
26)　定義は上記 2 を参照されたい。
27)　FDAC505（o）(3)（A）(21USC355（o）(3)（A))
28)　FDAC505（o）(3)（B）(21USC355（o）(3)（B))
29)　FDCA505（k）(1)(21USC355（k）(1))
30)　FDCA505（k）(3)(21USC355（k）(3))
31)　FDCA505（o）(3)（D）(21USC355（o）(3)（D))

なお、上記制度は、OTC 医薬品及び後発医薬品には適用されない。

5 cGMP

医薬品の製造者は、current Good Manufacturing Practice（cGMP）を遵守する責任を有し、これに違反して製造、加工、包装又は保管された医薬品は adulterated とみなされ[33]、押収、差押え及び刑事責任等の対象となる。

cGMP とは、医薬品等が適正に製造されることを確保するためのルールであり、その内容には、データインテグリティ[34]をはじめとした、原材料等の品質確保のための医薬品製造に対する監督及び管理の実施が含まれる[35]。

例えば、医薬品最終製品に適用される要件としては、以下のものが含まれる[36]。

- 品質管理部門の責任及び手順を文書化し、それらに従うこと[37]。
- 医薬品の製造、加工、包装又は管理に従事している者が、教育、研修、経験又はそれらの組み合わせにより、与えられた職務を遂行できるようにすること。このうち、研修は、従業員が行う特定の業務と、従業員の職務に関連する cGMP（cGMP 規制及びこれらの規制で要求されている手順書を含む。）について行うこと。cGMP に関する研修は、従業員が自らに適用される cGMP 要件を熟知していることを確保するために、適格性を有する個人によって、継続的に、十分な頻度で実施すること[38]。

---

32) FDCA505(o)(3)(E)(ii)(21USC355(o)(3)(E)(ii))
33) FDCA501(a)(2)(B)(21USC351(a)(2)(B))、21CFR210, 211
34) データインテグリティとは、データの完全性、一貫性及び正確性を意味し、これを満たすためには、帰属性があり、判読可能で、同時期に記録され、原本又は真正な写しであり、正確である必要がある（Data Integrity and Compliance With CGMP（https://www.fda.gov/files/drugs/published/Data-Integrity-and-Compliance-With-Current-Good-Manufacturing-Practice-Guidance-for-Industry.pdf））。
35) FDCA501（21USC351）
36) 21CFR210, 211　なお、バイオ医薬品については追加の要件が定められている（21CFR600-680）。
37) 21CFR211.22(d)
38) 21CFR211.25(a)

Chapter 8 医薬品の市販後規制

　− 　バックアップデータが正確かつ完全であり、改竄、不注意による削除
又は紛失から保護されていること[39]。行動内容は実行時に文書で記録し、施
設管理が科学的に妥当であること[40]。

【cGMP の項目一覧表】

Sub-System	Subpart
General Provisions	Subpart A
Organization and Personnel	Subpart B
Buildings and Facilities	Subpart C
Equipment	Subpart D
Control of Components and Drug Product Containers and Closures	Subpart E
Production and Process Controls	Subpart F
Packaging and Labeling Control	Subpart G
Holding and Distribution	Subpart H
Laboratory Controls	Subpart I
Record and Reports	Subpart J
Returned and Salvaged Drug Products	Subpart K

　また、cGMP 要件を充足するためには品質システム（Quality System）の
実施が求められるところ、FDA は、以下の項目による包括的品質システム
モデルを示している[41]。

39）　21CFR211.68
40）　21CFR211.100, 160
41）　Quality Systems Approach to Pharmaceutical CGMP Regulations（https://www.fda.gov/
　　　media/71023/download）

5　cGMP

```
┌─────────────────────────────────┐   ┌─────────────────────────────────┐
│  Management Responsibilities    │   │         Resources               │
│  Leadership、Structure、         │   │  General Arrangements、Develop   │
│  Build Quality System、          │   │  Personnel、Facilities and       │
│  Establish Policies、            │   │  Equipment、Control Outsourced   │
│  System Review                  │   │  Operations                     │
└─────────────────────────────────┘   └─────────────────────────────────┘
┌─────────────────────────────────┐   ┌─────────────────────────────────┐
│   Manufacturing Operations      │   │     Evaluation Activities       │
│  Design and Develop Product and │   │  Analyze Data for Trends、       │
│  Processes、Examine Inputs、      │   │  Conduct Internal Audits、Risk   │
│  Perform and Monitor            │   │  Assessment、Corrective Action、  │
│  Operations、Address            │   │  Preventive Action、Promote      │
│  Nonconformities                │   │  Improvement                    │
└─────────────────────────────────┘   └─────────────────────────────────┘
```

　なお、原薬（Active Pharmaceutical Ingredients（API））は、法定の cGMP の適用対象外であり、現状 API に適用される拘束力のある cGMP 規制は存在しないが、ICH は、ガイダンスを発行し、API の製造等において FDA が期待するプラクティスの内容を示している[42]。

　また、FDA は、実務上、オーナー[43]が医薬品の製造に当たってその全部又は一部を外部の製造業者（contract facility＝受託施設[44]）に委託していることを認識しており、規則及びガイダンス等によって、以下のような遵守事項や留意点を示している。

　－　オーナーの品質管理部門は、受託施設によって製造された医薬品（最終的な出荷を含む）を承認又は拒否する法的責任を負う[45]。

　－　オーナーと受託施設間で締結する品質契約（quality agreement）にお

---

42)　Q7 Good Manufacturing Practice Guidance for Active Pharmaceutical Ingredients（https://www.fda.gov/media/71518/download）

43)　原薬、工程途上の物質、医薬品最終製品の製造者を意味する。

44)　オーナーに代わって製造作業を行う者を意味する。なお、受託施設も、サブコントラクターを使用する場合には、オーナーとなり得る。

45)　21CFR200.10（b）、211.22（a）

Chapter 8　医薬品の市販後規制

いて、品質管理その他の遂行事項をオーナー又は受託施設のいずれかに割り当てたとしても、また、cGMP要件遵守の責任に関して特に明記したか否かに関わらず、オーナー又は受託施設に適用されるcGMPを遵守する責任は免除されない[46]。

－　品質契約において、各当事者が提供する材料又は役務の内容、品質規格及び両者間のコミュニケーション方法等を明確に定めることが求められる[47]。

－　受託施設が特定の作業につきcGMPを遵守していることを確認するために、オーナーは受託施設を査察し、評価することが推奨される[48]。

－　オーナーは、外部委託した業務の管理及び購入した資材の品質を保証するためのプロセスが整っていることを確保する最終的な責任を負っており、そのプロセスには以下の重要な活動が含まれる[49]。

　　・　受託施設候補の適正さ及び能力を、外部委託前に評価すること
　　・　製造責任及び品質関連の活動に関するコミュニケーションプロセスを文書にて定義すること
　　・　受託施設のパフォーマンスを監督及び審査したうえで、必要な改善点を特定し、実行させること
　　・　原料や材料が、合意に基づくサプライチェーンにおける承認済みの供給源から提供されていることを確認するために、それらの入荷を監督すること

－　受託施設は、法令上のcGMP要件だけでなく、オーナーの品質管理部門が課した要件も遵守することが求められる[50]。

---

46)　Contract Manufacturing Arrangements for Drugs: Quality Agreements（https://www.fda.gov/media/86193/download）
47)　前掲注41)
48)　前掲注42)
49)　Q10 Pharmaceutical Quality System（https://www.fda.gov/media/71553/download）
50)　21CFR210.2(b)、21CFR211.22(a)

6 REMS

NDA の際の REMS 要件については Chapter 5 で説明したとおりであるが、REMS は、販売承認後の医薬品の既知又は潜在的な重大リスクを管理するための安全性確保措置としても機能するため、REMS への遵守（変更申請、REMS 評価及びその提出等を含む）は販売承認取得後も求められ、これに違反した場合には misbranding とみなされ[51]、押収、差押え及び刑事責任等の対象となる。

7 Pharmacovigilance

ファーマコビジランスとは、医薬品安全性監視などと訳されるものであり、法令上の定義はないものの、WHO では、医薬品の有害な作用又は医薬品に関連する諸問題の検出、評価、理解及び予防に関するサイエンスと活動と定義されている[52]。ファーマコビジランスは、販売承認取得後の有害事象その他の製品問題に関するデータ収集及び管理に係る活動を含む概念であるところ、承認前の臨床試験で全ての安全上の懸念点を検出することは不可能であるため、医薬品の安全使用の面で非常に重大な役割を有しており、特に近年は、臨床現場における販売承認後の医薬品の安全性をモニタリングする必要性や重要性に対する認識が向上しており、その結果、ファーマコビジランスの規律が徐々に医薬品規制の中心に位置付けられている。

FDA は、以下で説明するとおり販売承認保有者等に対して報告義務を課すとともに、MedWatch[53]を通じて医療従事者及び患者等からの安全性に関する報告を収集しているほか、Sentinel[54]にて、多くのデータ機関と提携し、

---

51) FDCA502（y）（21USC352（y））
52) https://www.who.int/teams/regulation-prequalification/regulation-and-safety/pharmacovigilance
53) https://www.fda.gov/safety/medwatch-fda-safety-information-and-adverse-event-reporting-program

Chapter 8　医薬品の市販後規制

電子カルテ、保険請求及びレジストリ等を含む公的及び私的なソースから得た情報の分析をしており、受動的な監視システムを有するだけでなく、能動的な安全性監視活動も行っている。

　ファーマコビジランスに関する報告義務の内容は、以下(1)～(4)のとおりであるが[55]、これらの報告内容は FDA により精査され、その結果、安全性に関する懸念がある場合には、ラベリング情報の変更、医薬品の使用制限（REMS）、FDA のウェブサイト上での新たな安全性情報の公衆への発信、販売承認の取消し[56]等の規制措置につながる可能性がある。

　販売承認保有者、製造者、包装者及び販売者等（以下「販売承認保有者等」という。）は、情報源及び取得方法等を問わず、FDA に対する報告義務の対象に含まれるか否かを判断するために、全ての adverse drug experience をレビューしなければならない。"adverse drug experience"（有害事象）とは、販売承認取得後にヒトに対する医薬品の使用に関連して生じた全ての有害事象を意味し、それが医薬品に起因するか否かを問わず、専門的診療での使用、（意図的か否かを問わず）医薬品の過剰摂取・乱用、休薬等によって生じた有害事象が含まれる[57]。

　また、販売承認保有者は、全ての有害事象の記録を 10 年間保管しなければならない[58]。さらに、報告義務を負う販売承認保有者等は、市販後有害事象の調査、情報の受領、評価及び報告に関する手続を文書にて定めなければならない[59]。

　なお、販売承認保有者等が報告した内容並びに消費者又は医療従事者等が任意に報告した有害事象の内容は、FDA の Adverse Event Reporting

---

54)　https://www.fda.gov/safety/fdas-sentinel-initiative

55)　詳細は、以下のガイダンスを参照されたい。Postmarketing Safety Reporting for Human Drug and Biological Products Including Vaccines（https://www.fda.gov/media/73593/download）, Postmarketing Adverse Event Reporting for Nonprescription Human Drug Products Marketed Without an Approved Application（https://www.fda.gov/media/77193/download）

56)　FDCA505(e)（21USC355(e)）

57)　FDCA505-1(b)(1)（21USC355-1(b)(1)）、21CFR 314.80(b)

58)　21CFR314.80(j)

59)　21CFR314.80(b)

7　Pharmacovigilance

System（FAERS）を通じて、閲覧することが可能である[60]。

(1)　15-Day "Alert Report"

　医薬品の販売承認保有者等は、予測できない重篤な有害事象を認識した場合、それが生じた場所（国内外）や承認薬か否かを問わず、できるだけ早く、遅くとも当該情報の受領後 15 日（暦日）以内に、FDA に対して報告しなければならない[61]。"重篤な" 有害事象とは、死亡、生命を脅かす事象、入院若しくは入院の延長、又は永続的若しくは重大な障害等を生じさせる事象をいい、"予測できない" 有害事象とは、現行の表示に表れていない事象をいい、これには、添付文書に記載された事象と症状的及び病態生理学的に関連しているものの、重症度や特異性が高いために異なる事象と評価されるものも含まれる[62]。

　また、販売承認保有者等は、上記の 15-Day "Alert Report" の対象となる有害事象について、速やかに包括的なフォローアップ調査を実施しなければならず、新規情報又は FDA から要求された情報を受領した場合には、15 日以内に、FDA に対して、フォローアップ報告を提出しなければならない[63]。なお、新規情報が検出されていない場合であっても、実施した調査の内容を記録することが求められている[64]。

　これらの義務は、医薬品のラベルに製造業者、包装業者又は販売業者として名前が記載されている、販売承認保有者以外の者に対しても適用されるが、FDA に対する重複報告を避けるため、販売承認保有者以外の者は、販売承認保有者に対して、当該情報の受領日から 5 日以内に提出することにより、義務を果たしたことになる[65]。

---

60)　FAERS Public Dashboard（https://fis.fda.gov/sense/app/95239e26-e0be-42d9-a960-9a5f7f1c25ee/sheet/7a47a261-d58b-4203-a8aa-6d3021737452/state/analysis）
61)　21CFR314.80(c)(1)(ⅰ)
62)　21CFR314.80(a)
63)　21CFR314.80(c)(1)(ⅱ)
64)　21CFR314.80(c)(1)(ⅱ)
65)　21CFR314.80(c)(1)(ⅲ)

Chapter 8　医薬品の市販後規制

(2)　Periodic Adverse Experience Report

　販売承認保有者は、販売承認取得後の最初の3年間、上記の15-Day Alert Reports の対象にならない全ての有害事象について、四半期に1度、FDA に対して報告しなければならない[66]。3年経過後は、年に1度報告書を提出しなければならない。この報告書には、概要、利用可能な情報の分析、15-Day Alert Reports の分析及び直近の有害事象の報告の受領後に実施された措置の説明を含まなければならない。

(3)　Field Alerts Report（FAR）

　販売承認保有者は、取得した情報が、製造上の問題や差し迫った公衆衛生リスクに関するものである場合、当該情報の受領後3営業日以内に、対象の施設を管轄する FDA の地方オフィスに対して、Field Alerts Report を行う必要がある[67]。当該報告は、電話その他の迅速にコミュニケーションがとれる手段により提供され、また、その後速やかに文書（"NDA-Field Alert Report"）によるフォローアップが求められる。

　当該報告の対象となる具体例としては、医薬品又はその表示を他の物品と取り違える事故に関する情報のほか、細菌学的汚染、頒布された医薬品の著しい化学的、物理的な変化若しくは劣化、又は頒布された医薬品の1つ以上のバッチが申請書に定められた仕様を満たさないことに関する情報等がこれに含まれる。

(4)　Annual Reports

　販売承認保有者は、毎年、販売承認記念日の60日後までに、FDA に対して年間報告書を提出しなければならない[68]。この報告には、販売承認を保有している医薬品の安全性、有効性又はラベリングに影響を与える全ての新規情報の要約のほか、その新規情報を受けて実施した措置又は今後実施する措置の内容（ラベリングの変更や新しい臨床研究の実施等）を含まなければな

---

[66]　21CFR314.80(c)(2)
[67]　21CFR314.81(b)(1)(i)(ii), 314.98
[68]　21CFR314.81(b)(2)

らない。上記のとおり、様々なファーマコビジランスに係る報告義務が設けられているが、ファーマコビジランスの目的との関係では、年間報告書が最も包括的でかつ明快な文書である。

なお、上記はいずれも処方薬に関する制度であるが、OTC モノグラフ医薬品についても、ラベルに表記されている製造者、包装者又は販売者は、重篤な有害事象に係る情報を受領した場合、当該情報の受領後 15 営業日以内に、FDA に対して報告しなければならない[69]。

8　施設登録、リスト提出、製造量及び製造中止等の報告

アメリカ国内で医薬品の製造を行う施設及びアメリカ国外でアメリカに輸出する医薬品の製造を行う施設は FDA に登録する必要があり[70]、また、その登録者は当該施設で製造した全ての医薬品のリストを FDA に提出する必要がある[71]。これに違反して製造された製品は、misbranded とみなされる[72]。

そして、上記の登録をしている者は、当該製造者により製造されている各医薬品の製造量を毎年 FDA に報告しなければならないところ[73]、この報告義務は、サプライチェーンにおける各登録者が負うものであることに留意が必要である[74]。なお、当該報告義務に基づいて提出した情報は、一般的に営業秘密（CCI）とみなされ[75]、FDA の公表規制及び FOIA に基づく公表が免除される[76]。

さらに、医薬品最終製品の製造者等は、永続的に製造を中止する場合、あ

---

69)　FDCA760 (21USC379aa), 21CFR329.100
70)　FDCA510(b), (c), (d), (i) (21USC360(b), (c), (d), (i)), 21CFR207.17
71)　FDCA510(j)(1) (21USC360(j)(1)), 21CFR207.41
72)　FDCA502(o) (21USC352(o))
73)　FDCA510(j)(3) (21USC360(j)(3))
74)　Reporting Amount of Listed Drugs and Biological Products Under Section 510(j)(3) of the FD&C Act（https://www.fda.gov/media/175933/download）
75)　21CFR20.61
76)　5USC552(b)(4)

Chapter 8　医薬品の市販後規制

る製品の製造を一時的に中断し、それがアメリカにおける当該製品の供給に重大な支障をきたす可能性がある場合、原薬の製造を永続的に中止する場合、又はある原薬の製造を一時的に中断し、それが原薬の供給に重大な支障をきたす可能性がある場合には、FDA に対して通知しなければならない[77]。なお、販売ステータスの報告[78]又は Field Alert Report[79]によって上記製造中止・中断等の報告要件を充足することはできない[80]。

---

77)　FDCA506C（21USC356c）

78)　FDCA506I（21USC356i）

79)　21CFR314.81

80)　Notifying FDA of a Discontinuance or Interruption in Manufacturing of Finished Products or Active Pharmaceutical Ingredients Under Section 506C of the FD&C Act（https://www.fda.gov/media/166837/download）

1　OTC医薬品とOTCモノグラフ

Chapter 9

OTC医薬品規制

1　OTC医薬品とOTCモノグラフ

(1)　処方薬と非処方薬

医薬品は、処方薬（prescription drug）と非処方薬（non-prescription drug）に分類される。

処方薬とは、人が使用することを目的とする医薬品であって、その毒性若しくは有害な影響を及ぼす可能性、又はその使用方法若しくはその使用に必要な付随的措置を理由として、その医薬品を投与することを法律で許可された医師の監督下にある場合を除き、使用することが安全でないもの、又は販売承認により、その医薬品を投与することを法律で許可された医師の監督下での使用に限定されているものをいう[1]。そのため、処方薬は、基本的に医療従事者の介入なし（処方箋を発行せず）に販売等することができず、また、処方薬を販売するためには、販売前にNDAプロセスを通じてFDAから販売承認を取得する必要がある。

一方、非処方薬（OTC医薬品）は、消費者に対して医療従事者の介入なし（処方箋の発行なし）に販売等が可能であり、一般人により安全かつ効果的に使用され、乱用のおそれが低いものがこれに該当し得る。

(2)　OTC医薬品の販売方法

OTC医薬品を適法に販売する方法としては、①NDAプロセスを通じて販売承認を取得したうえで販売する方法と、②OTC Monograph（OTCモノ

---

1)　FDCA503(b)(1)(21USC353(b)(1))

89

Chapter 9　OTC医薬品規制

グラフ）に準拠した内容で販売する方法の２つがある。

①に関して、OTC 医薬品についても、処方薬と同様に、NDA プロセス
を通じて販売承認を取得することができるが、NDA プロセスは時間とコス
トがかかる。

一方、②の OTC モノグラフとは、有効成分[2]その他の条件（用法用量、
有効成分の組み合わせ、効能効果、警告、適切な使用方法、表示内容等）を定め
たもので、いわばレシピとしての機能を有するものである。すなわち、特定
の薬効分類における OTC 医薬品は、OTC モノグラフで定められた所定の
条件に該当する限り、その用途において "generally recognized as safe and
effective"（GRAS/GRAE）と判断され、FDA から販売承認を取得せずに販
売等をすることができる（この方法により販売される非処方薬は、OTC モノグ
ラフ医薬品と呼ばれる。）。特定の医薬品に対して承認判断を行う NDA 販売承
認プロセスと異なり、OTC モノグラフのプロセスは有効成分の安全性と有
効性にフォーカスしており、特定の医薬品ごとの判断が不要である。そのた
め、大半の OTC 医薬品は、②の方法を通じて販売されている。

なお、OTC モノグラフの内容は、FDA のウェブサイトにて閲覧可能で
ある[3]。以下は OTC モノグラフの目次例である。

---

2)　有効成分とは、疾病の診断、治癒、緩和、治療若しくは予防において薬理活性その他の直接
　　的効果をもたらすこと、又はヒトの身体の構造若しくは機能に影響を及ぼすことを意図する成
　　分をいう（21CFR201.66(b)(2)）。
3)　OTC MONOGRAPHS @ FDA（https://dps.fda.gov/omuf）

1 OTC医薬品とOTCモノグラフ

Over-the-Counter (OTC) Monograph M012:
Cold, Cough, Allergy, Bronchodilator, and Antiasthmatic Drug Products for Over-the-
Counter Human Use
(Posted October 14, 2022)[1]

Part A—General Provisions

Sec.
M012.1 Scope
M012.3 Definitions

Part B—Active Ingredients

M012.12 Antihistamine active ingredients
M012.14 Antitussive active ingredients
M012.16 Bronchodilator active ingredients
M012.18 Expectorant active ingredient
M012.20 Nasal decongestant active ingredients
M012.40 Permitted combinations of active ingredients

Part C—Labeling

M012.70 Labeling of OTC drug products containing ingredients that are used for treating
　　　　　concurrent symptoms (in either a single-ingredient or combination drug product)
M012.72 Labeling of antihistamine drug products
M012.74 Labeling of antitussive drug products
M012.76 Labeling of bronchodilator drug products
M012.78 Labeling of expectorant drug products
M012.80 Labeling of nasal decongestant drug products
M012.85 Labeling of permitted combinations of active ingredients

Part D—Professional Use

M012.90 Professional labeling

Part E—Exemption from prescription requirements

M012.100 Exemption from prescription requirements

⑶　OTC モノグラフの発行

　OTC モノグラフは、FDA が行政命令を発することにより効力が発生し、これにより、医薬品、医薬品群又は医薬品の組み合わせが GRAS/GRAE に該当するための条件が設定される[4]。

　この点、会社は、FDA に対し、当該行政命令の発行をリクエストするこ

---

4)　FDCA505G⒝⑴(B)（21USC355h⒝⑴(B)）

91

Chapter 9　OTC医薬品規制

とができ[5]、このリクエストは、"OTC monograph order request（OMOR）"[6]
と呼ばれる。

　OMOR には 2 つのタイプがあり[7]、1 つ目は、Tier 1 OMOR と呼ばれる
もので、次で説明する Tier 2 OMOR に該当しないものが対象となる[8]。例
えば、モノグラフへの新規の有効成分、適応症又はモノグラフ薬効分類の追
加等のリクエストが含まれる。

　2 つ目は、Tier 2 OMOR と呼ばれ、以下を内容とするリクエストが対象
となる[9]。

- Drug Facts Label（DFL）に記載されている情報の順序の変更
- DFL の "Other Information" セクションへの情報の追加
- （dosage form のマイナーチェンジに合致する）DFL の "Direction for Use" セクションの変更
- 特定の最終版モノグラフ内の特定の有効成分の濃度又は用量の標準化
- 標準化団体の命名法に合わせるための成分命名法の変更
- 21CFR330.1 に準拠した互換性のある用語の追加

Tier 1 OMOR と Tier 2 OMOR のいずれに該当するかによって、リクエ
ストにかかる費用が異なるところ、FY 2024 OMOR Fee Rates は、Tier 2
OMOR が $107,494 で、Tier 1 OMOR が約 5 倍の $537,471 となっている[10]。

　また、行政命令のプロセスは、会社等からのリスクエストだけでなく、
FDA が自ら開始することができるところ、それぞれのプロセスの流れは以
下のとおりである。

---

5)　FDCA505G（b）（5）（B）（21USC355h（b）（5）（B））
6)　FDCA744L（7）（21USC379j-71（7））、FDCA505G（b）（5）（21USC355h（b）（5））
7)　FDCA744L（21USC379j-71）
8)　FDCA744L（8）（21USC379j-71（8））
9)　FDCA744L（9）（21USC379j-71（9））
10)　https://www.fda.gov/industry/fda-user-fee-programs/over-counter-monograph-drug-user-fee-program-omufa

1　OTC医薬品とOTCモノグラフ

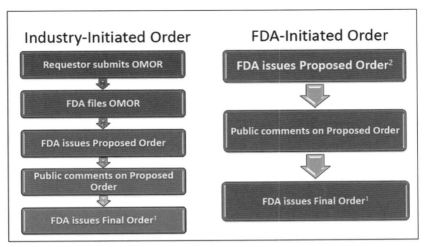

（出典：FDA Regulation of Over-the-Counter（OTC）Drugs: Overview and Issues for Congress（https://sgp.fas.org/crs/misc/R46985.pdf））

　そして、Tier 1 OMOR に基づき、新規の有効成分の追加や（新たなヒトデータ試験が行政命令の発行に不可欠である）使用条件の変更に関するモノグラフ変更の最終行政命令が出された場合、当該リクエストをした者又はそのライセンシー等は、原則として18か月の市場独占権を得ることができ[11]、同期間中、他社は同一の医薬品を販売することができなくなる。

(4)　OTC医薬品規制違反

　OTCモノグラフ医薬品がFDAによる販売承認を得ずして販売可能であるのは、モノグラフの条件を遵守する限りにおいてGRAS/GRAEとみなされるためであり、モノグラフで設定された条件を遵守しなかった場合には、GRAS/GRAEとみなされず、"new drug"に該当し[12]、FDAからの販売承認を取得しない限り販売等を行うことができない[13]。

　また、OTC医薬品は、FDCA505G（21USC355h）に定める各規定に違反し

---

11)　FDCA505G (b)(5)(C) (21USC355h (b)(5)(C))
12)　FDCA505G (a)(5) (21USC355h (a)(5))
13)　FDCA505 (a) (21USC355 (a))

Chapter 9　OTC医薬品規制

た場合や、所定の費用を支払っていない施設で製造等がなされた場合には、misbranded とみなされる[14]。

2　RX-to-OTC switch

　元々処方薬である医薬品であっても、所定の手続を経ることにより OTC 医薬品にスイッチすることができ、スイッチした限りにおいては OTC 医薬品として販売することができる。具体的には、スポンサーは、FDA に対して、特定の医薬品につき販売ステータスの変更（処方薬→非処方薬）を求めることでき、その可否は NDA プロセスを通じて審査される。この販売ステータスの変更は、Prescription-to-Nonprescription switch（RX-to-OTC switch）と呼ばれる。

　RX-to-OTC switch には 2 種類あり、1 つは full switch と呼ばれ、もう 1 つは partial switch と呼ばれる。full switch とは、販売承認保有者が当該医薬品全体を非処方薬に変更することを求めるケースである。手続としては、販売承認保有者が承認済み NDA 又は 505(b)(2)申請に対する "efficacy supplement" を提出することにより開始し、変更完了後は、非処方薬としてのみ利用可能となる。他方で、partial switch とは、販売承認保有者がいくつかの使用条件を部分的に非処方薬に変更する（それ以外は処方薬のまま）ケースである。手続としては、販売承認保有者が新規の NDA を提出することにより開始し、変更完了後は、同じ医薬品であっても、使用条件ごとに処方薬か非処方薬かが異なることになる。

　販売承認保有者は、NDA 又は efficacy supplement 提出に当たって、非処方薬としての使用が安全であることを証明する有効性及び安全性データのほか、消費者が当該医薬品を安全かつ有効に使用する方法を医療従事者の監督なしに理解できることを証明するデータを含まなければならず、また、市販後安全性監視データについても提供しなければならない。

　なお、NDA 又は efficacy supplement の内容が、当該申請者等により実

---

14)　FDCA502(ee)（21USC352(ee)）

94

施された新規臨床試験に基づくデータを根拠とした医薬品の変更に関するものであり、当該データが新たに販売承認を得るための本質的な要素である場合には、申請者は、スイッチ後の OTC 医薬品に関し、行政命令発行日から3年間の市場独占権を得ることができる。

Column
CBD製品に対する規制

大麻植物（Cannabis plant）は、Δ9-テトラヒドロカンナビノール（Δ9-THC）やカンナビジオール（CBD）等のカンナビノイドを含む、様々な生物活性化合物を含む。

アメリカでは、The 2018 Farm Bill の成立によって、"hemp" の定義が定められると同時に、"hemp" が "marijuana" の定義から除外された。すなわち、"marijuana" とは、大麻草の全ての部分（成長しているか否かを問わない）、その種子、その植物の一部から抽出された樹脂、及びその植物、種子若しくは樹脂のあらゆる化合物、製造物、塩、誘導体、混合物、調製物と定義されており[15]、"hemp" に該当する場合又は成熟した茎、当該茎から生産された繊維等のごく少量のΔ9-THC が含まれる植物のポーションはこれに該当しない旨が定められ、また、"hemp" とは、大麻草の植物及びその植物のあらゆる部分（種子、全ての派生物、抽出物、カンナビノイド、異性体、酸、塩、異性体の塩を含む）であって、乾燥重量基準でΔ9-THC 濃度が 0.3%以下のものを意味する[16]。

FDA は、cannabis や cannabis 由来の化合物に対して特別の規制を設けておらず、これが上記の "hemp" に該当するか否かに関わらず、ほかの FDA 規制製品にも適用される既存の規制で対応している。

すなわち、IND 及び NDA 等所定のプロセスにより FDA から販売承認を取得すれば、THC や CBD を含む製品を医薬品として市場で販売することは可能であり、実際に THC や CBD を含む薬剤が医薬品として承認されているケースもある（例：Epidiolex、Marinol、Syndros）。他方で、承認を取得することなく、医薬品的な効能効果を謳った場合には、未承認医薬品とみなされ、法令違反となる。

---

15) 21USC802 ⒃ ⒜
16) 7USC1639o ⑴

Chapter 9　OTC医薬品規制

　また、hemp 由来の CBD を OTC 医薬品の有効成分として使用することを認め
た OTC モノグラフは現状存在しないため、CBD を有効成分とする製品を OTC
医薬品として販売することは認められない。そして、いくつかの hemp の種（THC
や CBD をほとんど含まない）由来の食品成分を、FDA が GRAS/GRAE として
認めたケースはあるが、THC や CBD は、上記のとおり承認された医薬品の有効
成分であるため、food や Dietary Supplement に含めることはできない[17]。さら
に、化粧品との関係においては、hemp 由来成分を禁止する規制はないものの、
ラベルに規定された使用条件下等において、使用者に有害な影響を及ぼす可能性
のある「毒物又は劇物」（any poisonous or deleterious substance）が含まれ
ている場合には、その化粧品は adulterated とみなされる[18]。そのため、化粧品
の安全性の責任は販売会社等が負うこととなり、化粧品に使用されている各成分
は、販売前に適切に安全性が実証されていなければならず、又は安全性が定かで
ないことを示す警告表示を含まなければならないため、やはり CBD を使用するリ
スクはある。

　もっとも、現実としては、CBD を含む製品は大量に市場に流通しており、消費
者が簡単に入手できる状況にある。FDA は、特に、脆弱な人々を対象に悪質か
つ根拠のない医薬品のクレームをする CBD 製品をターゲットにして、積極的に執
行措置を行っており、2018〜2021 年の間に、CBD 製品を対象にした Warning
Letter を約 50 通発行している。この CBD 市場は、FDA が特に規制に注力して
いる分野の一つであるといえる。

---

17)　FDCA201（ff）(3)(B)（21USC321（ff）(3)(B)）
18)　FDCA601(a)（21USC361(a)）

96

Chapter 10

ジェネリック医薬品規制と
パテントリンケージ

　いわゆるハッチ・ワックスマン法[1]の制定により、後発医薬品（ジェネリック医薬品）に関する法定の承認プロセスが確立し、低価格の後発医薬品へのアクセスが拡大した。また、同法により、特許期間の延長制度及び独占権制度が創設され、医薬品開発に対する新たなインセンティブが生み出され、さらには、パテントリンケージ制度が明文化されたことにより、後発医薬品の安定供給の確保及び先発品特許との公正な調整が図られるようになるなど、後発医薬品ビジネスに関する重要な制度改革が実行された。

1　ANDA

　後発医薬品は、NDAプロセスに比して極めて簡便な手続である、Abbreviated New Drug Application（ANDA）プロセスにより、販売承認を取得することができる。

　ANDAプロセスにおいて販売承認を取得するためには、原則として臨床試験が不要である一方で、当該医薬品の有効成分が、ANDAで申請した使用条件において、すでにFDAから承認を受けていること及び先発品の承認の基本的な部分に変更がないことなどが必要であるため、後発医薬品の製造者等は、FDAに対し、原則として以下の資料等を含むANDAを提出する

---

1)　正式名称は、The Drug Price Competition and Patent Term Restoration Act of 1984。なお、Chapter 22.1 で紹介する、バイオ医薬品の後発品については、ハッチ・ワックスマン法とは別に、Biologics Price Competition and Innovation Act of 2009（BPCIA）において、バイオシミラーのための簡略化された申請制度（Abbreviated Biologics License Application（aBLA））と、パテント・ダンスと呼ばれるバイオシミラーと先発品のメーカー間の調整プロセスに関する規定がある。

Chapter 10　ジェネリック医薬品規制とパテントリンケージ

必要がある[2]。

● 　申請した医薬品の使用条件が、参照薬（Reference Listed Drug（RLD））（先発品）[3]において過去に承認されていることを示す情報
● 　申請した医薬品の有効成分、投与経路、剤形及び有効成分含量が、参照薬のものと同じであることの証明
● 　申請した医薬品と参照薬が生物学的に同等であることの証明
● 　申請した医薬品のラベリングが、参照薬のものと同じであることを示す情報
● 　申請した医薬品の原料リスト、組成の説明、製造方法、施設及び管理の説明
● 　申請した医薬品の製品それ自体とラベリングのサンプル
● 　パテントリンケージ制度に基づき提出が求められる参照薬の特許に関する証明

　上記のうち、生物学的同等性の要件は特に重要であり、これを満たす場合に後発医薬品が先発品と同様に有効かつ安全であるとの推定が生じる。生物学的同等性（bioequivalence）とは、適切にデザインされた試験において、同様の条件下で同一モル量を投与した場合に、医薬品同等物又は医薬品代替物の有効成分若しくは活性部位が薬物作用部位で利用可能となる速度及び程度に有意差がないことをいう[4]。この要件に関して、申請者は、生物学的同等性を示す研究の結果その他の生物学的同等性を裏付ける事実を、ANDA にて提出する必要がある。例えば、経口薬の場合には、服用後の血液のレベルが同一のレンジにおさまること、注射薬の場合には、通常は有効成分と用量が同一であることを証明できる資料を提出することになる。

　もっとも、後発医薬品は必ずしも参照薬の完全なるコピー品である必要はないところ、有効成分、投与経路、剤形又は有効成分含量が参照薬と一部異なる後発医薬品の販売承認を求める場合、申請者は、ANDA に先立って、ANDA 適合性請願（suitability petition）を提出しなければならない。そして、

---

2)　FDCA505 (j)(2)(A) (21USC355 (j)(2)(A))、21CFR314.94、21CFR320.21 (b)

3)　21CFR314.3 (b)

4)　21CFR314.3 (b)

98

FDA がこれを承認した場合に、当該申請者は、"petitioned ANDA" を提出することができる[5]。

この petitioned ANDA は、以下のいずれかに該当しない限り（すなわち、安全性及び有効性を確立するための研究が不要であると判断した場合）、原則として承認されるが、承認されなかった場合には、後述する 505(b)(2)申請を検討することが考えられる。

① 当該医薬品又はその有効成分、投与経路、剤形若しくは有効成分含量が参照薬と異なる場合で、その安全性及び有効性を証明するための試験の実施が必要である場合[6]

② 参照薬と異なる点が有効成分である場合で、適合性請願の対象となる医薬品がコンビネーション製品でない場合[7]

③ 参照薬と異なる点が有効成分であり、適合性請願の対象となる医薬品がコンビネーション製品である場合で、一定の要件を満たす場合[8]

④ 新たな安全性又は有効性の問題に対処するために大幅な表示変更を必要とするほど、参照薬からの変更のいずれかが製品の安全又は有効な使用を危うくする場合[9]

⑤ FDA が、参照薬が安全性若しくは有効性を理由として販売中止となったと判断した場合、又は参照薬が自主的に販売中止となり、その中止が安全性又は有効性を理由とするものか否かを FDA が判断していない場合[10]

⑥ 適合性請願における変更点につき、NDA プロセスにおいて販売承認されている場合[11]

審査の結果、ANDA が販売承認要件を充足している場合であっても、特許権や独占権を理由として最終的な販売承認を取得できない場合、FDA は、

---

5) FDCA505(j)(2)(C)（21USC355(j)(2)(C)）、21CFR314.93

6) FDCA505(j)(2)(A),(C)(i)（21USC355(j)(2)(A),(C)(i)）,21CFR314.93(e)(1)(i)

7) 21CFR314.93(e)(1)ii

8) 21CFR314.93(e)(1)(iii)

9) 21CFR314.93(e)(1)(iv)

10) 21CFR314.93(e)(1)(v)

11) 21CFR314.93(e)(1)(vi)

Chapter 10　ジェネリック医薬品規制とパテントリンケージ

暫定的な承認（tentative approval）を与えることができるところ、対象と
なった医薬品は、その時点では有効な承認を有していない未承認医薬品とし
て扱われ、FDA が追加の申請の審査を終えた後に承認されることとなる[12]。

　なお、ANDA 申請者は、当該申請にて承認を求める使用方法（適応症その
他の使用条件）が、参照薬の使用方法に関する特許の範囲外である場合、先
発品の使用方法に関する特許が ANDA 申請に係る適応症その他の使用条件
をクレームしていない旨を説明した陳述書（"section viii statement"）を提出
することができる[13]。

2　オレンジブック

　FDA は、全ての承認済み医薬品のリストを公表する義務がある[14]。この
公表リストは、一般的に「オレンジブック」（正式名称：Approved Drug
Products with Therapeutic Equivalence Evaluations）[15] と呼ばれ、後発医薬品
の承認申請（ANDA）プロセスにおいて重要な意味を有する。オレンジブッ
クに掲載されている具体的な情報としては、有効成分、投与経路、剤形及び
有効成分含量等の基本的な情報、特許情報（特許番号や存続期間満了日のほか、
物質特許、製剤特許、用途特許等の特許の種類に関する情報も含まれる。）[16] 及び
独占権に関する情報等がある。また、オレンジブックは、特定の医薬品が承
認されていることのほか、当該データベースの更新時点で掲載されている医
薬品が有効性又は安全性の問題により市場から撤去されていないことを示す
ものであり、上記 ANDA は、参照薬とした医薬品が申請時にオレンジブッ
クに掲載されている場合に限り提出できるとされている。なお、珍しいケー
スではあるが、仮に FDA が参照薬の販売承認を取り消した場合[17]、審査中

---

12)　FDCA505 (j)(5)(B)(iv)(II)(dd)(21USC355 (j)(5)(B)(iv)(II)(dd)), 21CFR314.105 (d)

13)　FDCA505 (j)(2)(A)(viii)(21USC355 (j)(2)(A)(viii)), 21CFR314.94 (a)(12)(iii)(A)

14)　FDCA505 (j)(7)(A)(iii)(21USC355 (j)(7)(A)(iii)), 21CFR314.53 (e)

15)　オレンジブックは FDA のウェブサイトにて閲覧可能である（https://www.accessdata.fda.
gov/scripts/cder/ob/index.cfm）。

16)　FDCA505 (b)(1)(A)(viii)(21USC355 (b)(1)(A)(viii)), 21CFR314.53 (b)(1)

17)　FDCA505 (e)(21USC355 (e))

100

2 オレンジブック

のANDAは承認不可となり、過去の取得済みのANDAの販売承認も取り消されることになる。

【掲載例】

AGAMREE (VAMOROLONE)
40MG/ML
Marketing Status: Prescription

Active Ingredient: VAMOROLONE
Proprietary Name: AGAMREE
Dosage Form; Route of Administration: SUSPENSION; ORAL
Strength: 40MG/ML
Reference Listed Drug: Yes
Reference Standard: Yes
TE Code:
Application Number: N215239
Product Number: 001
Approval Date: Oct 26, 2023
Applicant Holder Full Name: CATALYST PHARMACEUTICALS INC
Marketing Status: Prescription
Patent and Exclusivity Information

Patent Data

Product No	Patent No	Patent Expiration	Drug Substance	Drug Product	Patent Use Code	Delist Requested	Submission Date
001	8334279	05/28/2029			U-3747		11/21/2023
001	10857161	05/28/2029		DP	U-3747		11/21/2023
001	11382922	07/16/2040	DS	DP			11/21/2023
001	11471471	03/17/2040			U-3747		11/21/2023
001	11690853	03/07/2033			U-3747		11/21/2023
001	11833159	05/28/2029		DP			12/18/2023

Exclusivity Data

Product No	Exclusivity Code	Exclusivity Expiration
001	NCE	10/26/2028
001	ODE-450	10/26/2030

NDA申請者は、FDAに対して、NDA申請時に、オレンジブックに掲載される特許情報[18]を提出しなければならず[19]、また、NDA申請後承認前に発行された特許に関する情報は、発行日から30日以内に提出しなければならない[20]。さらには、NDA又はsupplemental NDAにおける承認取得後

---

18) 対象となる特許は物質特許、製剤特許及び用途特許であり、米国特許に限られる。他方で、製造方法、容器・包装、代謝物又は中間体のみをクレームする特許に関する情報はこれに含まれず、オレンジブックの掲載対象外である（21CFR314.53(b)(1)）。

19) FDCA505(b)(1)(A)(viii)（21USC355(b)(1)(A)(viii)）, 21CFR314.53(d)(1)

20) 21CFR314.53(d)(1)

101

Chapter 10　ジェネリック医薬品規制とパテントリンケージ

（承認後に生じた特許については特許発生日後）30 日以内にも、同様に特許情報を提出しなければならず、FDA からその不備を指摘された場合には、その通知から 15 日以内に修正版を提出しなければならない[21]。なお、承認前については Form 3542a を、承認後は Form 3542 をそれぞれ用いて提出しなければならない[22]。

　そして、販売承認保有者は、オレンジブックの特許情報が法令に従って正確に掲載されていることにつき責任を負うところ、連邦規則は、特許情報の提出者に対し、以下の文言にて、規則に遵守していることの証明を行うことを求めている[23]。

"The undersigned declares that this is an accurate and complete submission of patent information for the NDA, amendment, or supplement approved under section 505 of the Federal Food, Drug, and Cosmetic Act. This time-sensitive patent information or response to a request under 21 CFR 314.53(f)(1) is submitted pursuant to 21 CFR 314.53. I attest that I am familiar with 21 CFR 314.53 and this submission complies with the requirements of the regulation. I verify under penalty of perjury that the foregoing is true and correct."

　なお、後述のとおり、オレンジブックに掲載されている特許に関連して、ANDA 訴訟が生じた場合、自動的に、後発医薬品の承認手続が原則 30 か月間停止するところ、これはその後の判決結果如何に関わらず（ただし、後発医薬品サイドが勝訴した場合にはその時点まで）生じる効果である。そのため、先発品企業としては、少しでも後発医薬品の参入を遅らせるために、当該制度を不適切に利用する動機がある一方で、掲載情報の正確性は後述のパテントリンケージ制度の生命線であり、不適切な特許情報の掲載は、後発医薬品の参入を不当に妨害し、ひいては患者の安価な処方薬へのアクセスの機会を減らすことになり、ヘルスケアシステムのコストを増大させる重大なリスク

---

21)　FDCA505(c)(2)(21USC355(c)(2))、21CFR314.53(c)(2)(ii)

22)　21CFR314.53(c)(1)、(2)

23)　21CFR314.53(c)(2)(ii)(R)

102

を有する。

この点に関し、FTC が 2023 年 9 月に発行した policy statement[24]によれば、オレンジブックに法定の掲載基準を満たさない特許情報を掲載する行為は、the Federal Trade Commission Act Section 5 に 違 反 す る "unfair method of competition" に該当する可能性があるため[25]、FTC は、販売承認保有者や責任を有する個人が当該条項に違反して不適切に特許を掲載していないか、精査する意向を示している。また、当該行為は、違法な独占化行為（monopolization）にも該当し得るため、政府や民間の執行者から強制的に監視される可能性もあり、さらには、FTC が上記の証明違反と判断すれば、U.S. Department of Justice（DOJ）に情報が共有され、さらなる捜査の対象になるため、販売承認保有者は、不正確な特許情報の掲載に係るリスクの重大性を十分に認識しておくべきである。

3　パテントリンケージ制度

米国のパテントリンケージ制度の特徴は、ハッチ・ワックスマン法の下で先発品メーカーの ANDA 申請者に対する特許訴訟が法制度として確立されている点にある。すなわち、米国では、上記のように、先発医薬品に関する特許情報を公開する制度があり、そして、後発医薬品の承認申請者がまずこの公開情報に基づいて該当懸案特許を侵害しない旨等を先発医薬品の特許権者等に対して通知し、その後先発品・後発品メーカーという当事者同士で必要に応じて（司法判断を介して）紛争解決を図る、という一連のプロセスが法律によって規定されている。

具体的には、まず、ANDA 申請者は、申請に当たって、障害特許がない

---

24)　Federal Trade Commission Statement Concerning Brand Drug Manufacturers' Improper Listing of Patents in the Orange Book（https://www.ftc.gov/system/files/ftc_gov/pdf/p239900orangebookpolicystatement092023.pdf）

25)　Fed. Trade Comm'n, Policy Statement Regarding the Scope of Unfair Methods of Competition Under Section 5 of the Federal Trade Commission Act（Nov. 10, 2022），（https://www.ftc.gov/system/files/ftc_gov/pdf/P221202Section5PolicyStatement.pdf.）

Chapter 10 ジェネリック医薬品規制とパテントリンケージ

ことを証明するため、オレンジブックに掲載されている先発品を保護すると
される特許に関し、以下の4種類のいずれかの証明（certification）を付して
提出する必要がある[26]。

① 特許情報が提出されていないこと
② 特許の存続期間がすでに満了していること
③ 特許の存続期間満了後に市販予定であること
④ 特許が無効である、又は特許を侵害しないこと

上記①又は②の証明を付した場合、FDAによる審査が完了し次第、直ち
にANDAの販売承認の効力が生じる。また、③の証明を付した場合には、
ANDAにて指定された特許期間満了日をもって販売承認の効力が生じる。
他方で、上記④の証明は、パラグラフⅣ証明と呼ばれ、当該証明を付して申
請した場合には、先発品に係る特許権との調整が必要となる。

調整プロセスとして、まずは、ANDA申請者が、パラグラフⅣ証明付き
のANDA申請を行った後、FDAからパラグラフⅣ acknowledgment letter
を受領し[27]、当該letterの消印日から20日以内に、特許権者及び先発医薬
品の承認保有者に対してパラグラフⅣを含む証明を提出した旨を通知しなけ
ればならない[28]。当該通知（Notice Letter）には、掲載されている特許が無
効であること、又は当該特許が後発医薬品により侵害されないことに関する
ANDA申請者の見解を、詳細な事実と法的論拠に基づいて記載しなければ
ならない[29]。なお、NDA販売承認保有者情報はオレンジブックで、特許権
者情報はアメリカ特許庁（USPTO）のウェブサイトでそれぞれ確認するこ
とができる[30]。

そして、当該通知を受領した特許権者、代表者又は独占的特許ライセン
シー（以下「特許権者等」という。）は、ANDA申請者の申請内容が先発医薬
品に係る特許権を侵害すると判断した場合、ANDA申請者に対して侵害訴

---

26) FDCA505 (j)(2)(A)(vii) (21USC355 (j)(2)(A)(vii))

27) 21CFR314.95 (b)(2)、314.3 (b)

28) FDCA505 (j)(2)(B)(iii) (21CFR355 (j)(2)(B)(iii))、21CFR314.95 (a)、(b)(1)

29) FDCA505 (j)(2)(B)(iv (21CFR355 (j)(2)(B)(iv))、21CFR314.95

30) https://assignment.uspto.gov/patent/index.html#/patent/search

104

訟を提起することができる（ANDA 訴訟）。この訴訟提起は、上記通知受領後 45 日以内に行う必要があり、期間内に訴訟提起がなされなかった場合には、FDA は審査プロセスが完了し次第、直ちに承認の効力を発生させることになる。一方で、訴訟提起された場合には、原則として（最後の受領者が Notice Letter を受領した日から）30 か月間[31]、又は裁判所が命じた期間、自動的に後発医薬品の承認手続が停止する[32]。もっとも、当該期間満了前に後発医薬品メーカーが裁判で勝訴した場合にはその時点で手続停止の効力がなくなる。また、当事者からの不当遅延の申立てに応じて裁判所が当該期間を延長又は短縮した場合には、その内容に応じたタイムラインとなる。

そして、ANDA 申請者が敗訴した際に、当該申請者が控訴しない場合、当該申請者は、原則として上記③のパラグラフⅢに変更する旨の修正を提出しなければならない[33]。ただし、使用方法に関する特許について、ANDA申請者がその使用方法に関する承認を求めないとの判断をした場合には、section ⅷ statement を提出し、当該特許をカーブアウトしたうえで、ANDA プロセスを続行することも可能である。

なお、パラグラフⅣの申請者は、NDA 販売承認保有者及び特許権者への通知時、並びに当該通知に対する法的措置が起こされた時、判決時、控訴時等で、それぞれ一定期間内に FDA に対する通知、又は ANDA の修正等を行う必要がある[34]。

パラグラフⅣ証明は、いわば特許侵害の "artificial act" と考えられている。すなわち、仮に申請された後発医薬品の製造・販売行為等が先発品を保護する特許を侵害するものであったとしても、少なくとも当該後発医薬品に係る ANDA 申請の時点では製造・販売等の実施行為はないため、特許侵害状態は発生していない[35]。したがって、裁判所は、憲法上の制限により、将

---

31) 一定の場合には、通知受領後 30 か月ではなく、参照薬の承認後 7 年半の期間が承認手続停止期間になる（21CFR314.107(b)(3)(i)(B)）。

32) FDCA505(j)(5)(B)(iii)（21USC355(j)(5)(B)(iii)）、21CFR314.107(b)(3)(i)

33) 申請者が、特許権者から対象の特許に関してライセンスを取得した場合には、パラグラフⅣが維持されることになる（21CFR314.94(a)(12)(v)）。

34) 21CFR314.95(e), 314.107(f)(2), 314.107(e)(1),(2)

Chapter 10　ジェネリック医薬品規制とパテントリンケージ

来の侵害に対する助言的な意見と同等の判断を下すことはできない。しかし、ANDA申請を特許侵害行為と擬制することによって[36]、パラグラフⅣ証明が付された申請行為が司法判断の対象となり、後発医薬品の販売承認前に、先発品の特許の有効性及び後発医薬品による特許侵害の有無等について裁判所の判断を受けることができるものとされている。

パラグラフⅣ証明によるチャレンジは、コストがかかるほか、難易度も高い一方で、パラグラフⅣ証明を付した実質的に完全なANDAの最初の申請者（その特許に対する最初のチャレンジャー）には、その後の先発品メーカーによるANDA訴訟提起の有無に関わらず、180日の独占権（パラグラフⅣExclusivity）[37]が付与されるため、当該期間中は当該医薬品に係るANDA申請をブロックすることができる（当該申請は販売承認を取得することができない）といったベネフィットを受けることができる[38]。一方で、一定の場合、例えば、販売承認取得後所定期間内に後発医薬品を市場で販売することができなかった場合、パラグラフⅣ証明を付した全ての登録特許の存続期間が満了した場合等には、180日の独占権が喪失される[39]。

なお、仮に同一日に複数の申請がなされた場合には、同時に提出されたものとして扱われるため、複数の申請者間で独占権を共有することとなり、その結果、各申請者はそれぞれが180日間の独占権を行使することができる[40]。

もっとも、上記独占権の期間中であっても、"authorized generic"の販売をブロックすることはできない。すなわち、"authorized generic"とは、ラベルに販売名が記載されていない点を除き、先発品と全く同じ内容の医薬品

---

35)　なお、医薬品等の製造等を規制する連邦法（FDCA等）に基づく製品開発や情報提出に合理的に関連した使用のみを目的とする特許発明の実施は、特許侵害行為を構成しない（35USC271(e)(1)）。

36)　35USC271(e)(2)(A)

37)　起算点は、申請者が商業的に販売を開始した時点（上市日）であり、販売承認とは独立して起算する（FDCA505(j)(5)(B)(iv)(I)（21USC355(j)(5)(B)(iv)(I)））。

38)　FDCA505(j)(5)(B)(iv)（21USC355(j)(5)(B)(iv)),21CFR314.107(c)

39)　FDCA505(j)(5)(D)（21USC355(j)(5)(D)）

40)　同一日に複数の申請がなされた場合の詳細は以下のFDA発行のガイダンスを参照されたい。180-Day Exclusivity When Multiple ANDAs Are Submitted on the Same Day（https://www.fda.gov/media/71304/download）

をいうところ、通常の後発医薬品と異なり、先発品と不活性成分を含め全く同一の成分を有するため、NDA 及び ANDA の申請なしに販売することが可能であり、そのため、ANDA 申請をブロックすることができる効果を有するにすぎない独占権によって "authorized generic" の販売を止めることはできない。一般的には、先発品メーカー又はそこからライセンスを得た企業により販売されるため、通常の後発医薬品を販売する企業との間で競合となるケースが多い。なお、NDA 販売承認保有者が "authorized generic" を販売する際は FDA に通知することが求められているところ、"authorized generic" として収載されている件数は、1,000 件を超えている[41]。

4　505(b)(2)申請

　ハッチ・ワックスマン法は、上記の ANDA プロセスを成文化するとともに、"505(b)(2) application"（505(b)(2)申請）と呼ばれる、NDA の新しいカテゴリーを設けた。これは、通常の NDA と同様に安全性及び有効性に関するエビデンスが必要とされるものの、申請者が使用（参照）する権利を有しない試験データに基づいて NDA の申請を行うことができるという点で、通常の NDA と大きく異なる制度である[42]。また、この申請において依拠できるデータとしては、独自に取得した試験データや公開されている試験データだけでなく、（一定の制限はあるものの）FDA が過去に取得した承認薬の安全性及び有効性に関する非公表データも含まれる。この制度により、承認薬の特許権や独占権を保護しつつ、既知の事実を証明するための試験（重複試験）を回避し、最低限の追加試験による販売承認申請が可能となり、医薬品開発のイノベーション促進に大きな影響を与えている。

　実際に活用が想定されるのは、既存の承認薬に新規の適応症又は投与剤形等を追加するために追加の試験が必要な医薬品（"follow-on" バージョン）の販売承認を求めるケースや、ANDA プロセスの適合性請願（suitability

---

41)　https://www.fda.gov/media/77725/download?attachment

42)　21CFR314.3(b)

Chapter 10　ジェネリック医薬品規制とパテントリンケージ

petition）にて先発品と重大な違いがあると判断され、ANDA 申請は認められなかったものの、当該先発品に係る過去の研究結果に依拠することにより、申請対象の医薬品の安全性及び有効性を一部証明可能なケース[43]などが考えられる。

　他方で、以下に該当する場合には、505（b）(2)申請は認められない。

● 　申請対象の医薬品が承認薬と同一であり、ANDA プロセスにおいて販売承認を得ることができる場合[44]

● 　申請対象の医薬品と承認薬との唯一の相違点が、有効成分が吸収される量又は作用部位にて利用可能となる量が承認薬より少ないことである場合

● 　申請対象の医薬品と承認薬との唯一の相違点が、有効成分が吸収される速度又は作用部位にて利用可能となる速度が意図せず承認薬より遅いことである場合

また、販売承認を取得するに当たって必要な全ての情報につき、申請者が使用（参照）する権限を有する場合には、例えその申請者が研究を実施していない場合であっても、505（b）(2)申請ではなく、通常の NDA 申請（505（b）(1)申請)[45]を行ったものとみなされる。

　505（b）(2)申請に当たっては、承認薬と 505（b）(2)申請に係る医薬品との間にギャップがある場合（例えば、剤形が異なる等）、申請者は、そのギャップを解消するための十分な試験データを提供する必要がある[46]。

　申請者は、ANDA 申請と同様に、特許証明を付す必要があり[47]、また、NDA 販売承認保有者及び特許権者に対して通知しなければならないが[48]、パラグラフⅣ証明を付した場合の 180 日の独占権が付与されない点については ANDA 申請と異なる。もっとも、505（b）(1)申請と同様に、所定の要件を

---

43)　なお、suitability petition の申請が可能である場合であっても、505（b）(2)申請を行うことは可能であるとされている。

44)　21CFR314.101（d）(9)

45)　「Stand-alone NDA」と表現されることがある。

46)　21CFR314.54（a）

47)　21CFR314.50（i）

48)　21CFR314.52（a）

108

満たした場合には、法令上の独占権（New Chemical Entity exclusivity（5年）、New Clinical Investigation exclusivity（3年）、Orphan drug exclusivity（7年）、Pediatric exclusivity（6か月））の対象になる[49]。

そして、505(b)(2)申請は、ANDA申請と同様に、法令上の独占権を理由として申請又は承認が認められないといったリスクをはらんでいる。現行制度上は、（独占権の対象範囲に関するFDAの判断基準が曖昧であることも相まって）事前に独占権の及ぶ範囲を予測することが困難であるため、事案によっては、法令上の独占権（orphau drug cyclusivityを除く。）によりブロックされない通常の505(b)(1)申請の方が適切であるケースもあるため、事前に検討する必要がある。

なお、申請者は競合製品の独占権の潜在的な範囲についてFDAに問い合わせることができ、独占権に関する事項を決定する審査部門のほか、その上位機関であるCDER Exclusivity Boardや（ケースによっては）FDA's Office of the Chief Counsel（OCC）に対しても直接アクセスすることができるため、積極的に活用すべきである。

---

[49]　21CFR314.50(j), 21CFR314.108(b)(2), (4), (5)

Chapter 11

特許権と独占権（Exclusivity）による
ライフサイクルマネジメント

　医薬品は、上市までに膨大な時間とお金がかかることもあり、一般的な特許権による保護に加えて、販売承認後の権利保護に関し、Exclusivity[1]（独占権）という独自の保護制度が設定されており、製品の種類等に応じて、特別なルールが整備されている。また、特許権についても、実際の特許出願から登録、そして販売承認を取得するまでには、長い時間がかかることに鑑みて、特許期間の調整や延長に係る制度が設けられている。アメリカで医薬品ビジネスを行うに当たって、ライフサイクルマネジメント戦略は非常に重要なトピックである。以下では特許権や独占権に関する制度の概要を紹介する。

1　特許期間の延長（Patent Term Extension（PTE））

　特許の有効期間は出願時を起算点として 20 年と定められているところ[2]、通常は医薬品の販売承認を取得する前に特許を取得することになり、特許期間の大部分を審査期間で消費してしまうケースが生じ得ることから、ハッチ・ワックスマン法によって特許法が改正され、一定の要件を満たすことを条件に、医薬品等の特許期間を延長することができるルール（Patent Term Extension（PTE））が整備された[3]。なお、医薬品に限った制度ではないが、特許出願から登録までに、出願者の責めに帰すべき事由でない理由により、不当に審査が遅延した場合には、その遅延期間に応じて、特許期間が自動的に調整（延長）される制度（Patent Term Adjustment（PTA））も整備されている[4]。

---

1)　Exclusivity の性質は各制度によって異なるが、便宜上、総称して独占権と訳す。

2)　35USC154 (a)(2)

3)　35USC156

110

1 特許期間の延長（Patent Term Extension（PTE））

特許の延長は、以下の全ての要件を充足する場合に認められる。また、一製品当たり一特許のみが延長の対象となる。

- ・　特許の請求項が製品自体、製品の使用方法又は製造方法に関するものであること
- ・　延長申請時に特許期間が満了しておらず、以前に当該延長制度の適用を受けていないこと
- ・　特許の対象となる製品が上市前に規制当局による販売承認審査の対象になること

延長期間は、承認審査にかかった期間の長さに基づいて決まる。承認審査期間には、INDの効力発生日からNDA申請日までの、いわゆる "testing period" の半分の期間、及びNDA申請日から承認日までの、いわゆる "approval period" の全期間が含まれる。一方で、特許登録前の期間、及び申請者が "due diligence[5]" を怠ったと判断された期間は、上記の期間から差し引かれる[6]。なお、承認審査に基づく期間延長は5年間を超えてはならず[7]、また、延長後の特許期間は販売承認取得後最大計14年間と定められており、一定の制限がある[8]。

特許の延長を求める場合、特許権者又はその代理人は、販売承認取得後60日以内に、United States Patent and Trademark Office（USPTO）に対し、延長申請をしなければならない。そして、延長期間の算定等に必要な情報の中にはFDAのみが保有している情報もあるため、最終的な延長の判断はUSPTOが行うものの、USPTOはFDAのサポートを受けて最終決定する。なお、過去5年に出願された医薬品等関連のPTEに関する情報及び同出願に基づき特許期間が延長された特許に関する情報等は、USPTOのウェブサイト[9]等で閲覧することができる。

---

4)　35USC154(b)

5)　"due diligence" とは、その者に合理的に期待され、通常行使される程度の注意、継続的な努力及び適時性をいう（35USC156(d)(3)）。

6)　35USC156(c)

7)　35USC156(g)(6)(A)

8)　35USC156(c)(3)

Chapter 11　特許権と独占権（Exclusivity）によるライフサイクルマネジメント

2　通常の医薬品における法令上のExclusivity

　FDCA は、特許権とは別に、様々な法令上の独占権を定めることにより、先発医薬品を保護している。この制度の目的は、製薬企業が新規製剤の開発に必要な研究等に投資するインセンティブを与えることに加え、当該研究をベースとする後発品の参入による価格競争ひいては消費者の医薬品に対するアクセスの拡大を図ることにある。通常は特許権の保護期間と独占期間は重複するが、特に特許権が生じない製品については、この独占権が非常に重要な検討事項となる。

　FDCA の独占権規定の下では、過去に販売承認されたことのない活性部位（active moiety）[10]、すなわち新規化合物が含まれる医薬品が販売承認された場合、当該医薬品の販売承認から 5 年間は当該活性部位を参照した後発品の承認申請（ANDA 又は 505(b)(2)[11]）を行うことができない（New Chemical Exclusivity）[12]。ただし、この 5 年ルールには例外があり、後発医薬品の申請者が先発品を保護するとされる特許権の有効性等を争う場合（上述のパラグラフⅣ証明を付した場合）には、当該申請者は、先発品の承認日から 4 年を経過した時点で後発品の承認申請を行うことができる[13]。

　次に、過去に FDA から販売承認を受けたことのある活性部位を含む医薬品につき、当該販売承認に係る申請者が、新たに販売承認を得るために必要

---

9)　https://www.uspto.gov/patents/laws/patent-term-extension/patent-terms-extended-under-35-usc-156?utm_campaign=subscriptioncenter&utm_content=&utm_medium=email&utm_name=&utm_source=govdelivery&utm_term=

10)　FDA は、"active ingredient" の意味を" active moiety" と結論付けた（59 Fed. Reg. 50338, 50358 (Oct. 3, 1994)）。Active moiety（活性部位）とは、製剤をエステル、塩その他の非共有結合性誘導体とするために付加された部分を除いた分子又はイオンをいい、製剤の生理学的又は薬理学的作用を担う（21CFR314.3(b)）。

11)　通常の NDA 申請（505(b)(1)）をブロックすることはできない。

12)　申請自体を不可とする効果を有する exclusivity を、filing exclusivity と呼ぶことがある。また、先発品に関するデータを参照できない期間を、データ保護期間と呼ぶことがある。ただし、当該データに基づき臨床試験を実施することは可能である。

13)　FDCA505(c)(3)(E)(ii)（21USC355(c)(3)(E)(ii)）, FDCA505(c)(5)(F)(ii)（21USC355(j)(5)(F)(ii)）, 21CFR314.108(b)(2)

不可欠な新規試験資料を提出した場合（Supplemental NDA）には、当該承認から 3 年間、FDA は当該承認に係る医薬品に関する後発品の申請（ANDA 又は 505(b)(2)）を承認することができない（New Clinical Investigation Exclusivity[14])[15]。例えば、既に販売承認を得ている医薬品に、新たに効能効果、剤形又は投与方法等を追加する場合に適用される。ただし、保護の対象となるのは参照薬との間に変更が生じた部分のみとなる。

3 希少疾病用医薬品の独占権

　オーファンドラッグ（希少疾病用医薬品）には、特別な独占権が設定されている。対象は、"rare" な疾患又は病状であり、"rare" な疾患とは、アメリカ国内で影響を与える人数が 20 万人以下である疾患、又は 20 万人超であっても製造者が当該医薬品の開発及び販売までに要した費用をアメリカでの売上から回収できる合理的な見込みがない疾患をいう[16]。

　この独占権制度の目的は、対象疾患のその希少性ゆえに市場での需要が限られており、一般的には商業的な魅力が相対的に乏しいとされている中で、製薬企業によるオーファンドラッグの開発・市場流通を促進させることにある。当該法令は、臨床計画等に関するアシスタント（FDA に対して承認前臨床試験に関するアドバイスや財政援助をリクエストできる）や研究開発費の税金に対する優遇等の一連のインセンティブのほかに、最も重要なインセンティブとして、上記の対象に該当するオーファンドラッグの販売承認を取得した初めての申請者に対し、7 年間の独占権を付与した。すなわち、FDA は、オーファンドラッグとして指定を受けたうえで販売承認された医薬品の承認日から 7 年間は、同一の疾患又は病状の治療に用いられる同一の医薬品に関するほかのスポンサーからの申請（ANDA 及び 505(b)(2)申請だけでなく、通常

---

14) 承認を不可とする exclusivity を、approval exclusivity と呼ぶことがある。また、後発品の承認をブロックできる期間を、市場独占（排他）期間と呼ぶことがある。

15) FDCA505(c)(3)(E)(iii), (iv), (j)(5)(F)(iii), (iv)(21USC355(c)(3)(E)(iii), (iv), (j)(5)(F)(iii), (iv)), 21CFR314.108

16) FDCA526(a)(2)(21USC360bb(a)(2))

Chapter 11　特許権と独占権（Exclusivity）によるライフサイクルマネジメント

の NDA も含まれる。）を承認することができない[17]。

　もっとも、独占権の対象となっていたオーファンドラッグの指定が取り消された場合、承認が取り消された場合、独占権保有者が同意した場合、又は独占権保有者が当該医薬品を十分な量供給できなくなった場合は、例外的に同一医薬品の申請を承認することができる。また、構造的に同一とみなされた場合であっても、後発品の方が先発品より臨床的に優れている（"Clinically superior" [18]）と判断された場合には、先発品の独占権により後発品の販売承認申請をブロックすることができない[19]。

4　小児用医薬品の独占権

　NDA 申請者が、FDA からの文書でのリクエストに応じて、小児用医薬品の研究を実施した場合には、法令上の独占権及びオーファンドラッグの独占権が、追加で 6 か月延長されることになる（Pediatric Exclusivity（PED））[20]。また、特許期間自体が延長されるわけではないものの、対象特許に関して、特許存続期間満了後の 6 か月間は FDA が ANDA 又は 505(b)(2)申請に対する販売承認ができない期間となるため、事実上 6 か月の存続期間延長の効果を得ることができる[21]。

　NDA 申請者による研究が文書のリクエストに適合しているか否かは、研究報告の提出日から 180 日以内に FDA が判断することとなっており[22]、また、この判断が期間満了の 9 か月前より後になされた場合、当該期間延長は認められない[23]。そのため、NDA 申請者は、遅くとも独占権又は特許権の

---

17)　FDCA527(a)(21USC360cc(a))
18)　"Clinically superior" とは、その医薬品が、より高い有効性・安全性、あるいは患者ケアへの大きな貢献という点で、すでに承認されている医薬品よりも治療上の重要なベネフィットを提供することを意味する（FDCA527(c)(2)(21USC360cc(c)(2))）。
19)　FDCA527(b)(21USC360cc(b))
20)　FDCA505A(b)(1)(A)(21USC355a(b)(1)(A))
21)　FDCA505A(b)(1)(B)(21USC355a(b)(1)(B))
22)　FDCA505A(d)(4)(21USC355a(d)(4))
23)　FDCA505A(b)(2)(21USC355a(b)(2))

114

期間満了の 15 か月前までに研究報告を提出しなければならない。

5　後発品に付与される独占権

その他の独占権として、後発品に付与される独占権が 2 種類ある。

1 つ目は、パラグラフ Ⅳ 証明を付した ANDA 申請者に対して付与される 180 日間の独占権である。これにより、後発品の上市日から起算して 180 日間は、ほかの後発品の販売承認をブロックすることができる。詳細は Chapter 10.3 を参照されたい。

2 つ目は、Competitive Generic Therapies（CGT）指定を受け、かつ ANDA 申請時に有効な特許又は独占権がオレンジブックに掲載されていない医薬品における最初の ANDA 申請者に対して付与される 180 日間の独占権（CGT Exclusivity）である[24]。FDA は、申請者のリクエスト[25]に応じて、"Inadequate generic competition" であると判断した場合に、申請に係る医薬品を CGT として指定することができる[26]。"Inadequate generic competition" とは、オレンジブックの active section に含まれる承認薬が 1 つ以下であることと定義されており、承認薬が全て販売中止の場合や、承認薬があったとしても先発品又は ANDA で承認された後発品のいずれかしかない場合にこれに該当する[27]。

この独占権の効果により、当該後発品の上市日から起算して 180 日間は、ほかの後発品の販売承認をブロックすることができる。これは、特許や独占権で保護されておらず、また、競合が不十分である医薬品の競争を促進するために、そのような状況において、パラグラフ Ⅳ 証明を付す必要がないケースにおいても後発品販売に参入するインセンティブを与えるために導入された制度である。

---

24)　FDCA505（j）（5）（B）（v）（Ⅲ）（aa）　（21USC355（j）（5）（B）（v）（Ⅲ）（aa））
25)　申請者は、ANDA 申請と同時又はそれ以前にリクエストすることが求められる（FDCA506H（b）（2）（21USC356h（b）（2）））。
26)　FDCA506H（a），（b）（21USC356h（a）（b））
27)　FDCA506H（e）（2）（21USC356h（e）（2））

Chapter 11　特許権と独占権（Exclusivity）によるライフサイクルマネジメント

　なお、CGT 指定を受けた医薬品の ANDA 申請者は、FDA に対し、迅速な開発及び審査をリクエストすることができ、FDA は、必要に応じて、製品開発会議、申請前会議及び Mid-Cycle 審査会議等を実施できるほか、シニアマネージャーや経験豊富な審査官を ANDA の分野横断的審査に参加させることができる[28]。

---

28)　FDCA506H（c）（21USC356h（c））, Competitive Generic Therapies（https://www.fda.gov/media/136063/download）

Expert Insights

米国の特許存続期間延長制度

✒ Janice H. Logan, Ph.D
（米国弁護士、Morgan Lewis & Bockius LLP、パートナー）

✒ Toyomi Ohara
（米国弁護士、Morgan Lewis & Bockius LLP、アソシエイト）

　米国の特許存続期間は、日本特許制度と類似して出願から20年を原則としていますが、特許存続期間の調整制度として、米国特許庁（USPTO）の審査の遅れに起因する特許満了期限を調整するための Patent Term Adjustment（PTA）制度[1]、及び米国政府食品医薬品局（FDA）等の認可手続に起因する権利行使期間の喪失を回復するための Patent Term Extension（PTE）制度があります。本コラムでは米国特許存続期間調整制度の1つである PTA について、最近の判例とともに説明します。

　PTA の制度では、USPTO による審査遅延日数から、出願人による遅延日数を差し引いた日数が特許延長期間として認められます。PTA の特許延長期間の計算は、米国特許庁が特許発行時に行い、出願人による特別な手続を要することなく特許に自動的に与えられます。ここで注意しなければならない点の1つとして、特許が審査段階において、先願の特許権存続期間の満了日と一致するように特許権存続期間の一部を放棄することに署名した Terminal Disclaimer（TD）を提出している場合、PTA による調整は TD によって定められた特許期間を超えないという点です。

　このように、PTA は特許存続期間を延長する有意義な制度である一方、2023年の連邦巡回区控訴裁判所の In re Cellect, 81 F.4th 1216（Fed. Cir. 2023）判決において、PTA により特許存続期間が延長されたことにより、ファミリー特許の複数の特許が無効であるという判決がなされました。

　In re Cellect, 81 F.4th 1216（Fed. Cir. 2023）の判決では、査定系再審査請求において、1つ親出願に基づくファミリー特許の中で、PTA により、それぞれ異なる特許有効期限を持つ複数の継続特許が存在する場合に、より長い特許期間を有する特許が、より早く期限切れとなる特許によって、自明性二重特許（obviousness-type double patenting）を理由に無効であるという判決が下され

Chapter 11　特許権と独占権（Exclusivity）によるライフサイクルマネジメント

ました。

　ここで、自明性二重特許（obviousness-type double patenting）とは、同一の発明者或いは出願人による2つの特許或いは特許出願が、請求項が全く同一ではないが非自明性がない場合、自明性二重特許 Obviousness Type Double Patenting に基づいて拒絶理由が発行されるか或いは特許無効とされます。

　In re Cellect の判決は、今後の実務に大きな影響を与える可能性があるとして、2023 年には大変注目されました。特に、特許審査における遅延の保証として米国特許庁によって与えられた PTA が、特許を無効にする要因になってしまったというのは釈然としないと考える特許実務者が多いのが現状です。

　この判決を受けて、自明性二重特許により特許が無効にされるという In re Cellect の状況を避けるために、特許審査段階において ODP に対する適切な対応をとり、また特許ポートフォリオの見直しにより質の高い特許ポートフォリオを構築することが重要となっています。

Chapter 12

医療機器とは

1 医療機器の定義

FDCA201 (h)(1) (21USC321 (h)(1))

The term "device" (except when used in paragraph (n) of this section and in sections 301 (i), 403 (f), 502 (c), and 602 (c)) means an instrument, apparatus, implement, machine, contrivance, implant, in vitro reagent, or other similar or related article, including

any component, part, or accessory, which is—

(A) recognized in the official National Formulary, or the United States Pharmacopeia, or any supplement to them,

(B) intended for use in the diagnosis of disease or other conditions, or in the cure, mitigation, treatment, or prevention of disease, in man or other animals, or

(C) intended to affect the structure or any function of the body of man or other animals, and

which does not achieve its primary intended purposes through chemical action within or on the body of man or other animals and which is not dependent upon being metabolized for the achievement of its primary intended purposes. The term "device" does not include software functions excluded pursuant to section 520 (o).

　上記規定のとおり、「医療機器」には、器具、装置、道具、機械、体内埋込機器、体外試薬その他これらに類似若しくは関連する物品であり、(A) 米国薬局方等に定められた物品等、(B) 人又は動物の疾患若しくは病状の診断、疾患の治癒、緩和、治療又は予防に使用されることを目的とした物品、又は(C) 人又は動物の身体の構造又は機能に影響を及ぼすことを目的とした物品

119

Chapter 12　医療機器とは

のうち、これらの目的を、人又は動物の体内等での化学作用や代謝によって
達成しないものが含まれる。ソフトウェア機能の医療機器該当性については、
Chapter 17.2 で詳述する。

　医薬品と同様に、定義は概ね日本と同様であり、特に重要なのは (B) と (C)
である。上記の「目的」は、表示・広告宣伝、デザイン・構成その他関連す
る多くの要素を考慮して判断される[1]。つまり、構成要素の内容如何に関わ
らず、人又は動物の疾患等の診断、治療又は予防等に使用されることを想定
した表示（Disease Claim）や、人又は動物の身体の構造又は機能に影響を及
ぼす旨の表示（Structure/Function Claim）をした場合には、「医療機器」に
該当し得ることとなる。なお、この「診断」には、治療のために実施するも
ののほか、治療目的以外で行われる検査、例えば保険のリスクアセスメント
として実施する HIV テスト等も含まれ得る。

　医薬品と医療機器の区別に関しては議論がある。定義にも含まれていると
おり、機器の主な使用目的が体内等での化学作用や代謝を通して達成される
ものである場合には、医療機器に該当せず、原則として医薬品に該当するこ
ととなる。過去の裁判例では、FDCA は FDA に対してある物品が「医療機
器」の定義に該当する場合に当該物品を「医薬品」に分類する裁量権を与え
ていない、すなわち、「医療機器」の定義に該当する場合は必ず「医療機器」
として規制されなければならないと判示し[2]、当該判決以降、FDA は、「医
薬品」と「医療機器」の両方の定義に該当する場合は、法令により特段の定
めがない限り[3]、「医療機器」として分類している。

　なお、医薬品、医療機器、バイオ医薬品又はコンビネーション製品の分類
が不明確である場合、スポンサーは、Office of Combination Products
（OCP）に対して、Request for Designation（RFD）制度[4]に基づき、当該製
品に関する公式の分類決定をリクエストすることができるほか[5]、当該リク
エストより前の段階で、Pre-Request for Designation（Pre-RFD）制度に基づ

---

　1)　21CFR801.4

　2)　Genus Medical Technologies LLC v. Food and Drug Administration（D.C. Cir. 2021）

　3)　法令上、造影剤、放射性医薬品及び OTC モノグラフ医薬品は、医薬品とみなされ、医療機
　　器に該当しない旨定められている（FDCA503 (h)（21USC353 (h)））。

120

き、同事項に関する予備的な評価及びフィードバックをリクエストすること
ができるが、当該フィードバックに拘束力はない[6]。

2 I V D

　In Vitro Diagnostic Product（IVD）（体外診断用医薬品）とは、病気やその
後遺症を治癒、緩和、治療又は予防するために、健康状態の判定を含む疾患
や病状の診断に使用することを目的とした試薬、器具又はシステムを意味し
（製造者が研究施設である場合もこれに含まれる。）、これらの製品は、人体から
採取した検体の収集、調製又は検査に使用される[7]。これらの製品は、基本
的に「医療機器」又は「バイオ医薬品」の定義に該当するため、FDCA に
定める規制の対象となり、リスクに応じてクラス 1〜3 に分類される。低リ
スクのクラス 1 には Human Growth Factor Tests 及び脂肪酸測定検査が含
まれ、クラス 2 には妊娠検査薬及び葉酸測定検査が含まれ、高リスクのクラ
ス 3 （PMA の取得が必要）には HIV 検査が含まれる。なお、FDA は、現在
クラス 3 に分類されている IVD の大半をクラス 2 に再分類するプロセスを
開始している[8]。
　上記 IVD の定義に含まれる種類の製品として、Laboratory Developed
Test（LDT）と Companion Diagnostic（CDx）がある。

---

4)　RFD とは、FDA に対し、ある製品が医薬品、医療機器、バイオ医薬品又はコンビネーショ
　　ン製品のどれに分類されるか、及び当該製品が FDA のどこの部署に規制されるか（コンビ
　　ネーション製品の場合は、市販前審査及び規制面でどこの部署が主な管轄を有するか）に関す
　　る拘束力のある決定を求めることができる公式のプロセスである（How to Write a Request
　　for Designation（RFD）（https://www.fda.gov/media/80495/download））。
5)　FDCA563(a)(21USC360bbb-2(a)), 21CFR3.2(j), 21CFR3.7
6)　How to Prepare a Pre-Request for Designation（Pre-RFD）（https://www.fda.gov/
　　media/102706/download）
7)　21CFR809.3(a)
8)　https://www.fda.gov/medical-devices/medical-devices-news-and-events/cdrh-announces-
　　intent-initiate-reclassification-process-most-high-risk-ivds#:~:text=CDRH%20Announces%20
　　Intent%20to%20Initiate%20the%20Reclassification%20Process%20for%20Most%20High%20
　　Risk%20IVDs,-Share&text=As%20CDRH%20moves%20into%202024,class%20II%20
　　（moderate%20risk）

Chapter 12　医療機器とは

> **In Vitro Diagnostic (IVD)**
> A reagent, instrument, and system intended for use in the diagnosis of disease or other conditions, including a determination of the state of health, in order to cure, mitigate, treat, or prevent disease or its sequelae
>
> **Laboratory Developed Test (LDT)**
> An IVD that is intended for clinical use and designed, manufactured and used within a single laboratory
>
> **Companion Diagnostic (CDx)**
> An IVD that provides information essential for the safe and effective use of a corresponding therapeutic product

　LDT とは、伝統的に、単一の研究施設内で設計、開発、製造及び使用の全てが行われる（当該施設外で販売、使用等がなされない）検査を意味するとされている（"in-house test" や "home-brew test" と呼ばれることもある。）。

　LDT に関する FDA の方針や執行実務は不安定であり、これまでに数度大きな変更が生じている。1990 年代に、IVD が FDCA 上の医療機器に該当することが明確化された一方で、FDA が執行裁量を行使し、医療機器規制の執行対象から除外されていた。もっとも、FDA は、2024 年 5 月に LDT 規制に関する Final Rule を公表し、一部の限定的な要件に該当する LDT には引き続き執行裁量が行使され、規制の執行対象外となるほか、ルールの発行前に既に販売されている LDT 等一定のカテゴリーに該当するものについては、一部の規制につき引き続き執行対象外となるが、それ以外の LDT については医療機器規制の執行対象となり、5 つのステージに分けて、徐々に規制が適用されるものとした[9]。ただし、FDA による規制強化に反対する意見も根強く、司法的判断を含め今後の動向に注目する必要がある[10]。

　次に、コンパニオン診断薬（CDx）とは、対応する治療薬の安全かつ効果的

---

9)　Medical Devices; Laboratory Developed Tests（https://www.federalregister.gov/documents/2024/05/06/2024-08935/medical-devices-laboratory-developed-tests）

10)　連邦最高裁判所は、2024 年 6 月 28 日、1984 年の Chevron 判決を覆す判決を下し（Loper Bright Enterprises v. Raimondo）、法令の内容が曖昧であるという理由だけで、当局の法令解釈に従うことはできず、当局の行動がその権限の範囲内であるかは裁判所が独自に判断するとし、今後当局の法令解釈を争う訴訟が増加することが予想される。

な使用に必要不可欠な（essential）情報を提供するIVDと定義されており[11]、対応する医薬品の効果や副作用等を治療前に予測する目的等で行われる臨床検査である。具体的には、当該治療薬が有益に作用する見込み若しくは当該治療薬を使用した治療の結果重大な有害反応が生じるリスクが増加する可能性のある患者の特定、安全性若しくは有効性を向上するために治療（のスケジュールや投与量等）を調整する目的で当該治療薬を使用した治療に対する反応のモニタリング、又は当該治療薬が十分に研究され、安全性と有効性が確認された患者集団の特定のために使用する場合に、"essential"（必要不可欠）といえる。

　コンパニオン診断薬には、医療機器規制が適用され、FDAによる販売承認等の審査を受けることとなる。FDAは、各IVDコンパニオン診断薬につき、対応する治療薬との関連において、又はそれと連動して審査することを意図しており、IVDコンパニオン診断薬と治療薬に関するFDAの審査は、関連するFDAオフィス間で、共同で行われる。

　また、コンパニオン診断薬は、一般的に、対応する治療薬と並行して開発され、両者が同時に販売承認を取得することを目指すものであり、FDAは、この"codevelopment"と呼ばれるプロセスにおける一般原則、規制上の要件、臨床研究の計画及び実施に当たっての検討事項をまとめたガイダンスを公表している[12]。コンパニオン診断薬と治療薬のcodevelopmentは、precision medicine（personalized medicine）[13]の発展に必要不可欠であり、FDAは、codevelopmentに役立つ情報を広くスポンサーに提供することにより、precision medicineのイノベーションの促進を図っている。

　なお、臨床診断に使用されないもの、具体的には、製品開発のラボフェーズにおいて使用される機器である、Research use only（RUO）製品や、製品開発の製品試験（非臨床）フェーズで使用される機器である、

---

11)　In Vitro Companion Diagnostic Devices（https://www.fda.gov/media/81309/download）

12)　Principles for Codevelopment of an In Vitro Companion Diagnostic Device with a Therapeutic Product（https://www.fda.gov/media/99030/download）

13)　"precision medicine"（"personalized medicine"）とは、遺伝子の違いを考慮し、個人にあった最適な医療を提供する革新的なアプローチのことをいう。

Chapter 12　医療機器とは

Investigational use only（IUO）製品は、一定の要件を満たした場合に、IDE
規制[14]を含む、多くの規制の適用が免除される[15]。

3　Custom devices

"Custom devices" とは、個人の医療従事者による注文を受けて作成又は
改変され、国内では他に治療に使用できる装置がない、珍しい病理学的又は
生理学的状態を治療するために設計された機器をいう[16]。これに該当する場
合には、販売承認又は認可の取得義務及び義務的なパフォーマンス基準への
準拠が免除されるが[17]、設計管理を含む QSR、MDR、Labeling、Corrections、
Removal、Registration 及び Listing 等の他の要件は通常通り適用される[18]。
なお、特定の種類の医療機器につき年間最大5ユニットまで免除の対象にな
る[19]。

4　医療機器該当性の判断方法

後述のとおり、CDRH は、伝統的な医療機器に加えて、SaMD を含むデ
ジタルヘルスツールも規制している。自社の製品が医療機器に該当するか否
かは、まずは製造者又は開発者等が判断しなければならず、その判断は、法
令上の医療機器の定義が様々な製品やツールを含む相当に広いものであるた
め（バンドエイドや歯磨き粉から、複雑な診断用ソフトウェアや埋込式の生命維
持製品まで、幅広い製品等を含む。）、非常に難易度が高い。

医療機器該当性を判断するための方法としては、以下の方法が考えられる。
初めに、法令上の医療機器の定義の該当性を検討する。すなわち、当該製

---

14)　21CFR812.2（c）(3)

15)　Distribution of In Vitro Diagnostic Products Labeled for Research Use Only or
　　Investigational Use Only（https://www.fda.gov/media/87374/download）

16)　FDCA520（b）(1),（2）(21USC360j（b）(1),（2)）

17)　FDCA520（b）(1)（21USC360j（b）(1)）

18)　Custom Device Exemption（https://www.fda.gov/media/89897/download）

19)　FDCA520（b）(2)（21USC360j（b）(2)）

124

品の機能、用途及び訴求文言等を整理し、理論上、医療機器の定義に該当し得るかを検討する。

　次に、当該製品が該当する可能性のある既存の製品分類を調査する。リサーチの方法はいくつかあるが、まずは、Product Code Classification Database[20]にて製品分類を検索する方法が考えられる。このデータベース上で当該製品が該当し得る製品分類を検索し、そのうえで当該製品分類のRegulation Number に基づき連邦規則集の掲載箇所を特定し、当該製品分類の詳細な説明を確認することができる。

　そして、当該製品と類似の市販製品がある場合には、販売権限を付与したFDA 発行文書等に含まれる情報を参考にすることが考えられるところ、その場合、以下の各種データベースにアクセスするのが有益である。

- ・　510(k) Premarket Notification[21]
- ・　Premarket Approval (PMA) [22]
- ・　Device Classification Under Section 513(f)(2) (De Novo) [23]
- ・　Medical Device Exemptions 510(k) and GMP Requirement[24]

　さらには、各企業が法令に従って提出した医療機器リストが掲載されているデータベース[25]を確認することにより、適法に市販されている医療機器製品を検索することも考えられる。

　なお、医療機器該当性は非常に重要な判断であり、販売等をするに当たって必要な承認等を取得せずに医療機器を販売等した場合には、adulteratedな機器を販売等したとして、各種行政・法的処分の対象になるため[26]、最終的な判断はアメリカの弁護士等の専門家の意見を聞いたうえで行うべきである。

---

20)　https://www.accessdata.fda.gov/scripts/cdrh/cfdocs/cfpcd/classification.cfm

21)　https://www.accessdata.fda.gov/scripts/cdrh/cfdocs/cfpmn/pmn.cfm

22)　https://www.accessdata.fda.gov/scripts/cdrh/cfdocs/cfpma/pma.cfm

23)　https://www.accessdata.fda.gov/scripts/cdrh/cfdocs/cfpmn/denovo.cfm

24)　https://www.accessdata.fda.gov/scripts/cdrh/cfdocs/cfpcd/315.cfm

25)　Establishment Registration & Device Listing database (https://www.accessdata.fda.gov/scripts/cdrh/cfdocs/cfrl/textsearch.cfm)

26)　FDCA501(f)(21USC351(f)), FDCA301(a)(21USC331(a))

Chapter 13

医療機器のクラス分類

1　医療機器のクラス分類

　FDA は、これまでに 1,700 以上の異なるタイプの医療機器を分類してきたが、それらは 16 の医療分野（心臓血管機器や耳鼻咽喉機器等）にグルーピングされ、連邦規則集において、各グループ内で、医療機器の種類（generic type[1]）ごとに、それぞれの用途、販売要件に関する情報及び当該機器が属する規制クラス（クラス 1、2、3）等の一般的な説明が記載されている[2]。そのため、多くの医療機器については、連邦規則集の規制情報を参照することにより、分類先を特定することができ、当該医療機器に適用される規制内容を把握することができる。

　全ての医療機器は、"general controls" の対象となり、これには以下の事項が含まれる。

事項	根拠条文	備考
Establishment Registration, and Product Listing	21USC360, 21CFR807.20	医療機器の製造者等は、FDA に対して、原則[3] として、establishment[4] を登録する必要があるほか、販売している医療機器のリストを提出しなければならない[5]。

---

　1)　"generic type" とは、目的、設計、材料、エネルギー源、機能、その他の安全性と有効性に関連する特徴に大きな違いがなく、同様の規制管理によって安全性と有効性が合理的に保証される医療機器のグループをいう（21CFR860.3）。

　2)　21CFR862-892

1 医療機器のクラス分類

Complaint Files	21CFR820.198	苦情ファイルを作成して保管しなければならない。医療機器が所定の規格を満たしていないことに関する苦情は全て調査しなければならない。
Quality System Regulation	21USC360j（f）(1)，21CFR820	詳細は Chapter 16.3 参照
Labeling Requirements	21USC352，21CFR801, 809	適用される表示規制を遵守する必要がある[6]。
Prohibition on Adulteration and Misbranding	21USC351, 352（a）	法令において、対象製品が adulterated 又は misbranded とみなされる行為類型が規定されている。
Medical Device Reporting	21USC360i，21CFR803	詳細は Chapter 16.4 参照
Premarket Notification	21CFR807	詳細は Chapter 15.1 参照
Reporting Corrections and Removals	21USC360i，21CFR806	詳細は Chapter 16.5 参照
Compliance with FDA's Mandatory Recall Authority	21USC360h（e），21CFR810	詳細は Chapter 16.5 参照
Public Notification of Unreasonable Risk of Substantial Harm	21USC360h（a），(b)，(c)	詳細は Chapter 16.5 参照

---

3) 一定の場合には登録要件が免除される（FDCA510（g）（21USC360（g），21CFR807.65）。

4) "establishment" とは、医療機器の製造、組立て又は加工が行われる一般的な物理的な場所において、一人のマネジメントの下で行われる事業所をいう（21CFR807.3（c））。

5) 登録済み施設及び医療機器リストは以下のデータベースにて確認することができる。Establishment Registration & Device Listing（https://www.accessdata.fda.gov/scripts/cdrh/cfdocs/cfrl/textsearch.cfm）

6) 21CFR801（medical devices），809（in vitro diagnostic products）

127

Chapter 13　医療機器のクラス分類

　医療機器は、その製品のリスクレベル等に鑑みて、クラス1（Low risk）、クラス2（Moderate risk）又はクラス3（High risk）に分類される。分類判断は、医療機器の使用対象となる人、医療機器の表示で推奨等されている使用条件、及び使用によるリスクと使用によって得られるベネフィットを考慮した医療機器の安全性及び有効性の評価に基づいて決まる[7]。

　クラス1に分類される医療機器とは、安全性及び有効性を合理的に保証するのに"general controls"（一般的な管理）で十分である医療機器、又は"general controls"で十分である若しくは"special controls"を設定するのに十分であると判断するには情報が不十分であるが、生命を維持・支援するためのものではなく、人の健康障害を防止するうえで実質的に重要な用途に使用されるものではなく、かつ疾病や傷害の潜在的かつ不合理なリスクをもたらさない医療機器をいう[8]。これらは、"general controls"による最小限の規制がなされるにとどまり、これらを遵守している限り、原則として市販前の審査は不要である。例えば、包帯、手袋、デンタルフロスなどがクラス1に分類されている。

　クラス2に分類される医療機器とは、"general controls"のみでは安全性及び有効性を合理的に保証できないためにクラス1に分類できない医療機器であって、それらを合理的に保証するための"special controls"（特別な管理）を設定するのに十分な情報がある医療機器をいう[9]。大半は市販前の承認取得は不要であるが、原則として後述する510(k) premarket clearance の対象となる。また、製造者は、"general controls"に加えて、"special controls"と呼ばれるルールを遵守しなければならない。"special controls"の内容は医療機器ごとに異なるが[10]、例えば、性能基準の公布、市販後調査、患者登録、特別なラベリング要件、及びFDA guidelines（510(k)に従った通知にお

---

　7)　FDCA513(a)(2), (b) (21USC360c (a)(2), (b)), 21CFR860.7

　8)　FDCA513(a)(1)(A), 21USC360c (a)(1)(A)

　9)　FDCA513(a)(1)(B), 21USC360c (a)(1)(B)

　10)　FDAは、医療機器の種類（generic type）ごとに必要なspecial controlの内容を提示するガイダンスを数多くリリースしている（例えば、Class II Special Controls Guidance Document: Antimicrobial Susceptibility Test（AST）Systems（https://www.fda.gov/media/88069/download））。

128

ける臨床データの提出に関するガイドラインを含む。）の作成と周知等が含まれる[11]。例えば、輸液ポンプ、電動車椅子、グルコース測定器、妊娠検査薬などがクラス2に分類されている。

　クラス3に分類される医療機器は、"general controls" 及び "special controls" のみでは安全性及び有効性を合理的に保証できないためにクラス1及びクラス2に分類できない医療機器であって、かつ、人の生命を維持・支援する方法若しくは人の健康障害を防止するうえで実質的に重要な方法に使用される目的であり、若しくはそのように表示され、又は疾病や傷害の潜在的かつ不合理なリスクをもたらす医療機器をいう[12]。これらは、後述するPremarket approval（PMA）又はProduct Development Protocol（PDP）のプロセスの対象となる。例えば、ペースメーカー、人工心臓弁、シリコン乳房プロテーゼなどがクラス3に分類されている。

2　クラス分類の判断方法

　医療機器の用途はクラス分類に当たって非常に重要であり、例えば、皮膚科・泌尿器科の処置のために使用するレーザーはクラス2に分類される一方で、同じレーザーが、レーシックなどの眼科処置の実施に使用される場合はクラス3に分類され、PMAの取得が必要となる。

　医療機器の分類判断は、医療機器該当性と同様に、一次的な判断は製造者等が行う必要があり、事案によっては非常に難しい判断が求められる。

　この点、製造者等は、FDAに対して、医療機器の規制分類及び当該医療機器に適用される規制要件に関するFDAの見解を求めることができ、FDAは、当該リクエストの受領後60日以内に、文書により回答しなければならない[13]。ただし、この回答は、FDAの公式の決定ではなく、当然ながらFDAによる認可又は承認としての効力は有しない[14]。

　また、医療機器該当性の判断と同様に、公開のデータベースにて情報を収

---

11)　FDCA513(a)(1)(B)(21USC360c(a)(1)(B))

12)　FDCA513(a)(1)(C), 21USC360c(a)(1)(C)

13)　FDCA513(g)(21USC360c(g))

Chapter 13　医療機器のクラス分類

集するとともに、さらに詳しい情報を求める場合には、Freedom of Information Act（FOIA）に基づき、特定の製品に関する情報の公開を求めることも考えられる。

3　クラス分類の変更

一度クラス分類された後であっても、FDA は、自ら又は再分類請願書（petition for reclassification）に応じて、行政命令プロセスを通じ、規制分類の変更をすることができる。行政命令プロセスにおいては、Federal Register 上で提案する命令内容の公表、医療機器分類パネル会議の実施及び受領したパブリックコメントの考慮といった手続を経ることになる[15]。

また、FDCA に医療機器規制が組み込まれた 1976 年 5 月 28 日より前に市場に流通していなかった医療機器（postamendments devices と呼ばれることがある）は、リスクの大小等に関わらず、原則として自動的にクラス 3 に分類されるルールになっているが[16]、FDA は、当該機器について、自ら又は製造者等による請願に応じて、所定の手続を経て分類を変更することができる[17]。

なお、FDA は、2013 年以降に分類を変更した医療機器に関する情報をウェブサイトで公表している[18]。

---

14)　FDA and Industry Procedures for Section 513(g) Requests for Information under the Federal Food, Drug, and Cosmetic Act（https://www.fda.gov/media/78456/download）

15)　FDCA513(e)(1)(A)(i)(21USC360c(e)(1)(A)(i))

16)　FDCA513(f)(1)(21USC360c(f)(1))

17)　FDCA513(f)(3)(21USC360c(f)(3))

18)　https://www.fda.gov/about-fda/cdrh-transparency/reclassification

Expert Insights

Fraud & Abuse Laws
〜ヘルスケア企業が注意すべき米国特有の法令〜

✒ 平井健斗（弁護士、ニューヨーク州弁護士）

　私は弁護士として、ヘルスケア・ライフサイエンス分野に注力しており、2022 年〜2023 年に留学していたジョージタウン大学では National and Global Health Law LL.M. というコースに在籍していました（本書の著者とはこのコースで知り合いました。）。その中で Healthcare Fraud and Abuse という授業を受講した経験等から、米国でビジネスを行う際にヘルスケア企業が注意すべき法令を紹介します。

［Fraud & Abuse Laws とは］

　米国では、Medicare や Medicaid といった公的保険に対する不正請求等（例えば、適応外のマーケティングにより販売した医薬品の保険償還を請求する／させる行為）は常に大きな問題とされています。米国司法省によれば、1000 億ドル以上の金額が毎年不正請求によって失われているそうです[1]。米国保健福祉省監察総監室（OIG）は、このような不正請求等に対応する法令のことを Fraud & Abuse Laws として整理しています[2]。本コラムでは、その中から特に重要度の高い False Claims Act（FCA、不正請求防止法）、Anti-Kickback Statute（AKS、反キックバック法）、Physician Self-Referral Law（通称 Stark law、医師の自己利益のための患者紹介に関する法）の 3 つに言及します。

　なお、OIG は 2023 年 11 月に「General Compliance Program Guidance」という文書を発行しており[3]、当該ガイダンスでは、従来の OIG のガイダンスに含まれていなかった関連法令の概要説明が追加されています。本コラムでもその説明を参照しています。

---

1)　https://www.justice.gov/archives/jm/criminal-resource-manual-976-health-care-fraud-generally

2)　https://oig.hhs.gov/compliance/physician-education/fraud-abuse-laws/

3)　https://oig.hhs.gov/documents/compliance-guidance/1135/HHS-OIG-GCPG-2023.pdf

Chapter 13　医療機器のクラス分類

　［False Claims Act（FCA）］[4]

　FCA は、南北戦争当時に制定された法律で、元々ヘルスケア業界を狙い打ちして立法されたものではなく、現在でも政府に対する不正請求全般を対象としています。司法省の発表によれば、2023 年度（2022 年 10 月〜2023 年 9 月）に FCA に基づく訴訟の和解や判決で得た総額は約 26 億 8945 万ドルであり、そのうち、約 18 億 1765 万ドルがヘルスケア業界関連のものでした[5]。

　規制対象となる行為には多くの類型がありますが、例えば、連邦政府に対して、支払いを求める虚偽又は不正な請求を、故意に提示する、又は提示させることが禁止されています。そのため、連邦政府から資金が支出される公的保険である Medicare や Medicaid に対する虚偽又は不正な支払い請求には、FCA が適用されることとなります。また、後述の Anti-Kickback Statute や Stark law に違反した請求も虚偽又は不正なものであり、FCA 上の責任を生じさせます。

　上記の規制対象となる不正請求を行った者は、プログラムが被った損失の最大 3 倍の額に加えて、請求 1 件ごとに加算される罰金（2024 年は 13,946 ドル〜27,894 ドル[6]）を支払う責任を負います。ここでいう請求 1 件とは、ヘルスケア分野に関していえば Medicare や Medicaid に請求される商品又はサービスの 1 つ 1 つを指しますので、不正請求を行った者の責任の総額は容易に膨れ上がります。

　FCA が活発に適用されている背景には、qui tam（キ タム）という制度が関係しています。Qui tam とは、私人が連邦政府に代わって訴訟を起こすことを認める制度です。実際、non qui tam よりも qui tam のほうが件数は多く、2023 年の新件は non qui tam が 94 件であるのに対して、qui tam は 348 件もありました[7]。私人には qui tam 訴訟を提起する金銭的なインセンティブが与えられています。Qui tam 訴訟は、私人が申立てを行った後、政府がその訴訟に参加するか否かを判断する機会があり、政府が訴訟参加した場合は和解又は判決で得た額の 15%〜25% の分け前を、政府が訴訟参加しなかった場合（かつ私人が自ら訴訟を継続した場合）には 25%〜30% の分け前を取得することができます。2023 年の統計によれば、qui tam 訴訟により私人は総額で約 2 億ドルの分け前を得てい

---

4)　31 U.S.C. §§ 3729 - 3733

5)　https://www.justice.gov/civil/false-claims-act

6)　https://www.federalregister.gov/documents/2024/02/12/2024-02829/civil-monetary-penalties-inflation-adjustments-for-2024

7)　前掲注 5）参照

ます[8]。

　加えて、FCA に違反した場合、5 年以下の懲役及び罰金の刑事罰が科される可能性もあります。

［Anti-Kickback Statute（AKS）］[9]
　AKS では、
- 　連邦のヘルスケアプログラムで償還可能な**商品又はサービスを提供する、又は提供するよう手配する**ために、患者を紹介する見返りとして、又は、
- 　連邦のヘルスケアプログラムで償還可能な**商品、施設、又はサービスの購入、リース、注文、又はそれらの手配や推奨**をする見返りとして、

故意かつ意図的に**報酬**（remuneration）を**要求し、又は受け取る者は重罪**（felony）となります。また、上記の**報酬を申し出る、又は支払う者**も同様に重罪になります（ただし、法令上の適用除外（セーフハーバー）もあります。）。

　AKS でいう報酬には、**現金、現物、その他の形式を問わず、価値のあるものが全て含まれます**。AKS は、連邦のヘルスケアプログラムによって償還可能な商品又はサービスの紹介を誘導することを目的の一つとする報酬に関するあらゆる取決めをカバーすると解釈されています。

　AKS 違反は重罪とされており、最大で 10 万ドルの罰金、10 年以下の懲役又はその両方が科せられます。また、有罪判決が確定した場合、Medicare や Medicaid を含む連邦のヘルスケアプログラムから強制的に除外される可能性があります。

［Physician Self-Referral Law（通称 Stark law）］[10]
　Stark law は、例外の要件を満たさない限り、
- 　医師が、**自身（又は近親者）が金銭的関係を有する団体**から Medicare 又は Medicaid の償還を受ける特定の**指定医療サービス**（designated health services）を受けるよう患者を紹介すること、及び、
- 　その団体が、不適切に紹介された指定医療サービスについて Medicare 又

---

8)　前掲注 5）参照
9)　42 U.S.C. § 1320a-7b（b）
10)　42 U.S.C. § 1395nn。本法の発案者 Pete Stark（カリフォルニア州選出の元民主党下院議員）にちなんで、Stark law と呼ばれています。

は Medicaid に請求すること（又は他の個人、団体、第三者支払者に請求すること）

を禁止しています。

　規制対象となる指定医療サービスには、臨床検査サービス、理学療法サービス、作業療法サービス、耐久性のある医療機器及び消耗品、在宅医療サービス、外来処方薬、入院及び外来の病院サービスなどが含まれます。

　Stark law に違反する請求をした者は、指定医療サービスの償還拒否、不正に提出された請求に基づき支払われた金額の払戻し、及び不正に提出された請求 1 件につき最大 1 万 5000 ドルの罰金の対象となります。

　また、脱法であることを知りながら、あるいは知るべきでありながら、そのような取決めを行った医師又は団体は、取決め 1 件につき最大 10 万ドルの罰金の対象となる可能性があります。

［小括］

　以上のように、不正請求等に対しては、民事、刑事、行政それぞれの観点から重いペナルティが課されます。冒頭で紹介した OIG の「General Compliance Program Guidance」では、不正行為を防止するためのコンプライアンスプログラムの考え方が示されていますので、米国でのヘルスケアビジネスに関与される方々は、一読することをお勧めします。また、コンプライアンスに関しては、日本で製薬協などの業界団体が自主ルールを定めているのと同様に、米国でも業界団体が自主ルールを定めています。PhRMA（米国研究製薬工業協会）の Code on Interactions With Health Care Professionals や AdvaMed（先進医療技術工業会）の Code of Ethics がその一例です。これらを遵守することが不正請求等のリスクを減少させることに繋がりますので、該当する自主ルールも確認しておくことが推奨されます。

　なお、私の note（https://note.com/healthylawyer24）では、本コラムで取り扱ったトピックを含む米国のヘルスケアに関する法制度等を紹介しております。ご興味のある方は是非お立ち寄りください。

Chapter 14

Investigational Device Exemption （IDE）規制

1 IDE規制の適用対象

　安全性及び有効性を試験するためにヒトに使用され（臨床試験）、一定の用途についてFDAから認可又は承認を受けていない機器を、"investigational devices"（試験機器／未承認機器）という。

　臨床試験に試験機器を使用する場合、原則として、以下で説明するIDE規制を遵守する必要があるところ、IDE規制の目的は、公衆衛生の保護と安全性及び倫理基準に適合する範囲において、ヒトに使用する有用な機器の発見と開発を奨励し、試験実施者にとって最適な自由を維持することにある[1]。Chapter 4で説明したINDの医療機器版である。INDと同様に、非介入研究（観察研究）は、臨床試験の定義に該当しないため、IDEプロセスは不要である。他方で、医療機器の安全性と有効性を判断するためにデータが収集され、そのデータ収集のプロセスが治療の決定に影響を与える場合、そのような行為は通常の診療行為の範囲内とはいえず、IDEプロセスが必要となる可能性が高い。

　そして、IDE規制においては、"significant risk device"に該当するか否かで規制内容が大きく変わる。

　"significant risk device"とは、試験機器のうち、埋め込み型としての使用が想定されるもの、人の生命をサポート若しくは維持する目的で使用されるもの、又は病気の診断、治療、緩和等若しくは人の健康障害の予防において実質的に重要な用途に使用されるもので、被験者の健康、安全、福祉に重

---

1) FDCA520 (g)(1) (21USC360j (g)(1))

Chapter 14　Investigational Device Exemption（IDE）規制

大な危険を及ぼす可能性のあるものを意味する[2]。

　この"significant risk device"を対象とする試験は、事前に IDE 申請を行い、FDA から承認を取得する必要があり[3]、また、インフォームドコンセント、IRB、ラベリング、モニタリング、記録・報告の各要件を含め、21CFR812 に定める全ての規制上の要件に合致していなければならない[4]。

　他方で、"significant risk device"に該当しない試験機器を対象とする試験においては、インフォームドコンセント、IRB、ラベリング、モニタリング及び記録・報告等の各規制を遵守する場合に限り、IDE 申請が承認されたものとみなされ、別途申請等の手続が不要となる（Abbreviated IDE）[5]。

　リスクが"significant"であるか否かは、一時的にはスポンサーが判断することになるが、IRB は、スポンサーの説明及び提供する資料等を考慮した結果、スポンサーの判断に同意しないと判断することも可能であり、その判断に当たって最終的な決定者である FDA に助言を求めることができる[6]。

　また、スポンサーは、FDA に対して Study Risk Determination Request を提出することにより、"Significant risk"の有無又は IDE 規制の免除対象該当性の判断を FDA に求めることができる[7]。

　そして、以下に該当する機器については、IDE 規制の適用対象外となる[8]。

● 　1976 年 5 月 28 日の直前に商業的に流通していた、経過措置機器以外の機器であって、その時点で有効であった表示の適応症に従って使用又は試験されたもの

● 　1976 年 5 月 28 日以降に商業的に流通した、経過措置機器以外の機器であって、FDA が 1976 年 5 月 28 日以前に商業的に流通していた機器

---

2)　21CFR812.3 (m)

3)　21CFR812.20 (a)

4)　FDCA520 (g)(3) (21USC360j (g)(3))

5)　21CFR812.2 (b)

6)　Information Sheet Guidance For IRBs, Clinical Investigators, and Sponsors: Significant Risk and Nonsignificant Risk Medical Device Studies（https://www.fda.gov/media/75459/download）

7)　Requests for Feedback and Meetings for Medical Device Submissions: The Q-Submission Program（https://www.fda.gov/media/114034/download）

8)　21CFR812.2 (c)

と実質的に同等であると判断したもので、実質的同等性を決定する際に
FDA が 21CFR807 subpart E に基づき審査した表示の適応症に従って
使用又は試験されるもの

● 消費者嗜好試験、改良試験、又は商業的に流通している 2 つ以上の機
器を組み合わせた試験中の機器であり、試験が安全性又は有効性を判断
する目的ではなく、被験者を危険にさらすものではない場合

● 21CFR809.10(c)に定めるラベリング要件を遵守した診断用機器であり、
試験が非侵襲的で、重大なリスクをはらむ侵襲的なサンプリング手続が
不要で、設計上又は意図的に対象物にエネルギーを導入するものではな
く、かつ医学的に確立された他の診断製品又は診断手順による確認なし
に、診断手順として使用されることがない場合

● "Custom device"[9]に該当する機器

2 承認基準等

IDE 申請は、FDA がその試験が規則で規定された手続と条件に適合して
いないと認めた場合にのみ不承認となる[10]。具体的には、FDA は、以下の
事由がある場合、IDE 申請を不承認とし、又は IDE 承認を取り消すことが
できる[11]。

✓ 適用される法令及び規制等の定める各要件又は FDA 若しくは IRB に
よって課された承認の条件等の不遵守がある場合

✓ 申請又は報告に、重要な事実に関する不正確な記載が含まれ、又は法
令等で求められる重要な記載が欠落している場合

✓ FDA が定めた期限までに、スポンサーが追加情報のリクエストに対
する回答を怠った場合

✓ 被験者に対して想定されるベネフィット及び得られる知識の重要性が
被験者に対するリスクを上回らない、インフォームドコンセントが不適

---

9) 21CFR812.3(b), FDCA520(b)((21USC360j(b)))

10) FDCA520(g)(4)(B)(21USC360j(g)(4)(B))

11) 21CFR812.30(b)

Chapter 14　Investigational Device Exemption（IDE）規制

切である、試験が科学的に妥当でない、又は使用された医療機器の効果
がないと信じる理由がある場合

✓　その他、以前の試験報告若しくは試験計画の不備、医療機器の製造、
処理、包装、保管に使用される方法、施設若しくは管理の不備、医療機
器の導入（設置）の不備、又は試験のモニタリング若しくはレビューの
不備により、その機器の使用方法に従って試験を開始又は継続すること
が不合理である場合

他方で、FDA は、以下を理由に IDE 申請を不承認とすることができない[12]。

✓　対象の試験が、医療機器の実質的同等性、De Novo 分類判断又は承
認をサポートしない可能性があること

✓　対象の試験が、医療機器の承認又は認可に関するデータ要件を含む、
必要な要件を満たさないおそれがあること

✓　医療機器の承認又は認可をサポートするために追加又は異なる試験が
必要となり得ること

FDA は、上記の要件等を検討し、承認／不承認の判断を下すか、又は未
解決の問題があったとしても、それが対象の臨床試験の開始を妨げるもので
はないと判断した場合には、スポンサーが推奨された内容に従って当該問題
に対処することを条件とする、条件付き承認（Approval with Conditions）を
付与することができる[13]。

そして、スポンサーは、FDA が承認又は条件付き承認の判断をした場合、
IRB 承認を受領した後[14]、FDA 判断レターに記載される制限事項（被験者
や試験施設の数等）を遵守して、被験者登録を開始することができる。ただ
し、条件付き承認の場合、スポンサーは、FDA 判断レター発行日から原則
として 45 日以内に、当該レターで承認条件として指定された事項への対応
情報を FDA に対して提出しなければならない[15]。なお、未解決の問題は、

12)　FDCA520(g)(4)(C)(21USC360j(g)(4)(C))

13)　21CFR812.30(a)

14)　21CFR812.42

15)　FDA Decisions for Investigational Device Exemption Clinical Investigations（https://www.
fda.gov/media/81792/download）

138

インフォームドコンセント文書に関する問題を除き、被験者の登録開始前に解決する必要はない。

他方で、不承認の場合、スポンサーは、FDA 判断レターで指定された不備事項に対処した IDE 申請の修正版を提出することができるが、FDA から承認又は条件付き承認を取得するまでの間、臨床試験における登録を開始することができない。

また、IND と同様に、試験実施者及びスポンサーは、それぞれ様々な責任を負う。すなわち、試験実施者は、試験計画及び FDA 規制に従って研究を実施すること、被験者からインフォームドコンセントを取得すること、機器の使用を監督すること及び未使用の機器をスポンサーの指示に従って処理することなどの責任を負う[16]。スポンサーは、適格性のある試験実施者を選び、試験を適切に実施するに当たって必要な情報を提供すること、適切に機器に表示をすること、IRB 承認を得ること、研究の適切なモニタリングを確保すること、想定外の有害事象の調査及びそれに対して適切に対処すること、並びに重要な新規情報を FDA 及び IRB に対して提供することなどの責任を負う[17]。さらに、試験実施者及びスポンサーは、それぞれ記録の保管及び報告責任を有する[18]。

なお、IND と同様に、IDE 承認の下実施された試験については、各試験情報を ClinicalTrials.gov[19]に登録しなければならない。

---

16) 21CFR812.100
17) 21CFR812.40
18) 21CFR812.140, 812.150
19) https://clinicaltrials.gov/

Chapter 14　Investigational Device Exemption（IDE）規制

Expert Insights

邉見 宗一郎
（神戸大学大学院医学研究科 外科学講座 心臓血管外科分野 助教）
※ 2022 年 1 月～2023 年 12 月までワシントン D.C. にある Children's National Hospital の Department of Pediatric Cardiac Surgery にて勤務

　"心臓移植"。われわれ日本人からするとかなりスペシャルな医療に感じるのではないだろうか。ただ、米国では現在年間 4000 例以上の心臓移植が行われており、心臓血管外科領域では比較的ありふれた重症心不全治療の選択肢となっている。しかし、これは、欧米では、の前置きが必要であろう。日本は 2010 年に改正臓器移植法の施行後、脳死臓器提供が増加し移植医療が盛んになってきた、とはいえ年間の心臓移植件数は 50-100 例程度である。私は、米国の Children's National Hospital で小児心臓血管外科分野の仕事に従事していたが、月に 1 例は小児移植が行われていた。しかし、日本国内における小児心臓移植は年間一桁と絶望的に少なく、藁をもすがる思いで海外での移植治療を希望するニュースを数多く皆さんも目にしてきただろう。この圧倒的症例数の違いの理由としては、臓器提供の施設が限定されていることや国ごとの臓器移植に関する制度の違いがよく挙げられる。しかし、日常臨床で多くの死を目の当たりにした人間として最も感じる違いは脳死を人の死として受け入れることへの抵抗感が強すぎるといった日本人独特の宗教観であることは否めない。

　心臓移植は、自身の心臓の働きでは循環が保たれず生命の維持が不可能な患者に施す治療であるが、そのような状態で移植を待機することは不可能である。聞きなれないかもしれないが、このようなケースのほとんどでまず補助人工心臓（Ventricular assisted device：VAD）を植え込み、移植まで待機することとなる。身体内に植え込むことができ退院し自宅での療養も可能だ。特に日本では臓器提供が少ないなか移植希望者は右肩上がりに増加するアンバランス故に現在移植までの平均待機期間は 4 年以上と長い。一方登録をした症例の 30% は経過中の悪化や VAD の合併症（塞栓症や感染）で移植にたどり着かず死に至っているのが現状であり、より優れた VAD の開発は心不全外科分野の急務である。

　日本では臨床家として 10 年以上成人心臓・大動脈手術に没頭してきたが、アメリカでは小児用 VAD の開発に携わる機会を得た。従事したプロジェクトの一つ

に新生児・乳児用の超小型 VAD の開発があり、10 年以上をかけてエンジニア達が開発改良した単 3 電池大のそれを羊に移植する手術を数多く執刀した。初めて成功した時のチーム全員の歓喜は今でも忘れることはできない。小児に使用可能な VAD はデバイスのサイズと患児のサイズとのミスマッチ故、使用可能なものが限られている。特に生後すぐの重症先天性心疾患（心臓や血管になんらかの奇形がある）で心内修復術が Challenging な症例や重症心筋症（心臓の働きが悪くなる病気）では、VAD を治療のブリッジに使用したいと思うことが多々ある。しかし 2000-3000g の至極小さな身体に合う VAD は存在しない。今回この臨床のもどかしいジレンマを解決すべく小生も米国で尽力した。しかし、"開発し手術に成功した＝市場に出回る"といった単純明快な方程式はなりたたないことも痛感した。この治療を必要としている市場の大きさと商品化にかかる予算の不均衡は大きなハードルとなったのだ。志半ばではあったが、同僚や上司に夢の続きは任せて再度日本に戻り外科医として以前とかわらない日常を送っている。

　外科医とは、しっかりとした倫理観を持ち、人間に対して治療目的とはいえ侵襲的行為が社会的・法律的に容認されている唯一の特殊技能集団である。手術に正確・確実は求められても芸術性は問わない。天才も不要だ。手術を成功に導くために必要な能力は正しい Goal に向かう修正能力、意思決定力そして判断力を刹那に発揮することを反復できることだ。逆説的にはなるが、無論デバイスの開発や進化も手術成功への助けとなるが、最後に生死を分けるのは結局外科医の患者を助けたいという気概、心の強さであることに疑いはない。心臓は移植しえど、Mentality は移植しえない。スケールの違う米国医療は経験したが、今置かれた場所で Think globally, act locally. 目の前の患者を救うことに前のめりの姿勢でいこうと思う。

Chapter 15

医療機器の販売認可/承認制度等と早期審査制度

　アメリカで医療機器を販売等するためには、医薬品と同様に、所定の手続を経る必要があるが、その内容は、医療機器の規制分類や性質等によって異なる。

　以下では、それぞれの手続の内容と適用対象について説明する。

1　510(k)

(1)　510(k) Premarket Notification and Clearance

　ア　510(k)認可プロセスの概要

　一般的にリスクが高くない医療機器は、一定の要件を充足する場合、後述する販売承認（PMA）を取得することなく、510(k)認可プロセスを通じて、製品を適法に販売等することができる。すなわち、クラス1若しくはクラス2の医療機器又はPMAの取得が不要なクラス3の医療機器を新たに販売する者は、免除対象に該当しない限り、販売開始の90日前までに、当該医療機器の適切なクラス分類とその根拠をFDAに対して通知（510(k) Premarket Notification（510(k)PMN））しなければならず、当該機器がその時点で適法に販売されている先行機器（"legally marketed predicate device" / "predicate"）と「実質的に同等」（"substantially equivalent"（SE））であると認められた場合に[1]、当該医療機器を販売等することができる[2]。

　上記の先行機器には、1976年以前から販売されていた機器（pre-

---

1)　具体的には、SEを認める旨を宣言するFDAの命令（order）により、当該機器の販売等が認可（clear）される。

2)　FDCA510(k)（21USC360(k)）, 21CFR807.81(a), 21CFR807.100

amendment devices/grandfathered devices)、510(k)認可プロセスを通じて販売等されている機器、クラス3からクラス1若しくはクラス2に再分類された機器及びDe Novoプロセスを通じて販売等されている機器が含まれる。そして、先行機器の候補が複数ある場合には、FDAの提示する"Best Practices"に基づいて先行機器を選択するべきであり、また、申請者は、選択に当たってBest Practices適合性をどのように判断したか、(Best Practicesに適合する先行機器が存在しない場合には)先行機器に関する既知の懸念事項がどのように軽減されているかに関する説明を、申請資料に含めることが推奨されている[3]。

　また、先行機器と「実質的に同等」(SE)といえるためには、審査対象となる機器が、(i)先行機器と同じ用途であり、かつ(ii)先行機器と同じ技術的な特徴を有し、又は先行機器と技術的な特徴が異なる場合には、提出する情報が安全性及び有効性に関して新たな疑問を生じさせないこと、及び先行機器と同等の安全性及び有効性を有することを示すデータが必要である[4]。この要件の審査に当たっては、審査対象となる機器とその先行機器及び/又は現在の標準治療との同等性を証明する臨床データが必要となるケースもあり、それらの臨床データは"valid scientific evidence"[5]であることが求められる。

　なお、FDA発行のガイダンスによれば、先行機器に比して審査対象の機器のリスクが大きい場合であっても、審査対象の機器に係る性能データの審査に基づき、先行機器に比して審査対象の機器によるベネフィットが大きいと認められる場合には、実質的同等性が認められる余地があるとされている[6]。

---

[3]　Best Practices for Selecting a Predicate Device to Support a Premarket Notification [510(k)] Submission（https://www.fda.gov/media/171838/download）

[4]　FDCA513(i)(1)(21USC360c(i)(1)), 21 CFR 807.100(b)

[5]　21CFR860.7(c)(2)

[6]　Benefit-Risk Factors to Consider When Determining Substantial Equivalence in Premarket Notifications (510(k)　) with Different Technological Characteristics（https://www.fda.gov/media/89019/download）

Chapter 15　医療機器の販売認可/承認制度等と早期審査制度

【実質的同等性（"substantially equivalent"（SE））判断チャート】

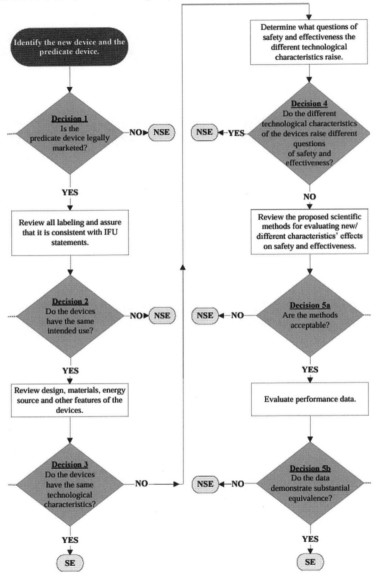

(出典：The 510(k) Program: Evaluating Substantial Equivalence in Premarket Notifications [510(k)] (https://www.fda.gov/media/82395/download))

そして、FDA は、申請者から提出された書類の実質的な審査を終えた後、以下のいずれかのアクションを起こすこととなる[7]。

● 先行機器との実質的同等性が認められる旨の命令の発行（SE letter）
● 先行機器との実質的同等性が認められない旨の命令の発行（NSE letter）
● 追加情報のリクエストの発行（AI request）
● 決定の保留
● 510(k) PMN が不要である旨の助言

510(k)認可プロセスでは、後述する PMA と異なり、原則として認可前に審査対象の機器等の製造等を行う施設への査察は実施されないため、上記 SE が認められる旨の命令の発行（510(k)認可）を受けた直後から当該機器の販売が可能である。

一方、上記 NSE letter を受領した者は、以下の手段をとることができる。

● 新しいデータに基づき新たな 510(k) PMN を行う
● De Novo プロセスを通じてクラス 1 又はクラス 2 の指定をリクエストする
● 再分類請願書（reclassification petition）を提出する
● PMA 又は Product Development Protocol（PDP）プロセスに係る申請をする

また、FDA は、リクエスト（AI request）した追加情報が、リクエストした日から 30 日以内に提出されなかった場合、510(k) PMN が取り下げられたものとみなし、"notice of withdrawal"[8] を発行することができる[9]。もっとも、現在の FDA の方針は、180 日（暦日）間は AI request への対応を認めており、実際上は 30 日経過後であっても、180 日以内であれば、追加情報の提出が認められる（期限延長のリクエストも不要である。）。したがって、少なくとも現在は、AI request で指摘された全ての不備事項に対する対応

---

7) 21CFR807.100(a)
8) 提出者が自ら pending 510(k)を取り下げる場合と区別するために、"deletion letter" と呼ばれることがある。
9) 21CFR807.87(m)

が、AI request の発行日から 180 日以内になされなかった場合に、510(k) PMN が取り下げられたものとみなされる運用となっている。

510(k) PMN の法定審査期間は 90 日と定められているが[10]、実際に審査に要する期間は、90 日を超えることも多く、また、FDA から追加情報を求められた場合には、1 年を超える可能性もある。

なお、新たに医療機器を販売するケースの大半がこの 510(k) 認可プロセスの対象となり、後述する PMA や De Novo プロセスを利用するケースの割合はさほど多くない。

イ　第三者審査制度

FDA は、第三者審査制度（Third-Party Review Program）を採用しており、永続的に埋め込み可能なもの、生命を維持するもの及び臨床データを必要とするものを除く、全てのクラス 1 及びクラス 2 の機器が対象となる[11]。これが適用された場合は、より迅速な販売認可決定が可能になるとともに、FDA が科学的審査のリソースをよりリスクの高い機器に充てることができる。

510(k) Third Party Review Program のプロセスは以下のとおりであるところ[12]、FDA は、当該第三者審査機関（Accredited Person/Accredited Review Organization）による推奨内容を採用しない場合、申請者及び当該第三者に対し、その理由の詳細な説明を提供しなければならない。

【510(k) Third Party Review Program プロセス】

（出典：510(k) Third Party Review Program and Third Party Emergency Use Authorization (EUA) Review (https://www.fda.gov/media/174929/download)）

10）　FDCA510(n)(1) (21USC360(n)(1))
11）　FDCA523 (21USC360m)
12）　510(k) Third Party Review Program (https://www.fda.gov/media/85284/download)

ウ 510(k) exempt 機器

Custom device 等の一定の医療機器は、510(k) PMN が免除されており、それらの医療機器は、"510(k) exempt" と呼ばれる[13]。

具体的には、クラス1の機器は、人の健康を損なうことを防ぐうえで実質的に重要な用途又は疾病若しくは傷害を生じさせる不合理なリスクを有する用途を意図したものを除き、510(k) PMN が自動的に免除され、510(k)認可プロセスを経ずに販売等が可能である[14]。また、一部のクラス2の機器も免除対象となるが[15]、一定の制限が付される可能性があり、これらの制限の内容は連邦規則集の機器分類規定にて示されている。

FDA は、データベースにて、免除対象となる機器のリストを公開している[16]。なお、FDA は、自らの判断で、又は利害関係人の請願に応じて、新たにクラス2の機器を免除対象リストに追加することができる[17]。

上記適用免除は、対象の機器がその種類（generic type）に属する市販機器の既存又は合理的に予測可能な特徴を有する場合にのみ適用される。すなわち、対象の機器が、先行機器と異なる使用目的である場合、又は先行機器と異なる基礎科学技術を用いて作動する場合等、分類規制に係る適用除外の制限を超える場合には、免除対象とならないため、510(k) PMN を提出しなければならない[18]。

なお、510(k) PMN が免除される場合であっても、一部の general control の適用は免除されないため、510(k) exempt 機器も、適切に包装／表示されている必要があり、また、施設の登録及び機器リストの提出を実施したうえで、品質システム下において製造されなければならない。

---

13) 21CFR807.85
14) FDCA510(l)(21USC360(l))
15) FDCA510(m)(21USC360(m))
16) https://www.accessdata.fda.gov/scripts/cdrh/cfdocs/cfpcd/315.cfm
17) FDCA510(m)(2)(21USC360(m)(2))
18) https://www.fda.gov/medical-devices/premarket-submissions-selecting-and-preparing-correct-submission/premarket-notification-510k

Chapter 15　医療機器の販売認可/承認制度等と早期審査制度

(2)　Special 510(k)、Abbreviated 510(k)

　上記の通常の 510(k)の他に、より効率的に審査を行うための制度として、Special 510(k)と Abbreviated 510(k)がある。

ア　Special 510(k)

　Special 510(k)は、迅速かつ効率的に 510(k)認可審査を行うプログラムの一つであり、製造者が 510(k)認可、再分類又は De Novo 等によって自ら適法に販売する既存機器に変更を加える場合に適用され得る。

　医療機器の製造者は、QSR で求められる設計管理に従って、(i)変更後の機器の設計出力（design outputs）[19]が設計入力（design input）[20]要件に適合しており、かつ(ii)機器が所定の user needs 及び用途に合致していることを証明するために、verification（(i)の検証）[21]及び validation（(ii)の検証）[22]を実施する必要がある。そして、その設計管理の対象となる設計変更の記録及び当該記録の保管は QSR で求められており、それらの記録は必要に応じてFDA 審査官が内容を確認することができる[23]。そのため、FDA は、製造者から新たに情報の提出を受けずとも、実質的同等性の判断の根拠とすることができる情報を取得することができる。したがって、製造者が既存の機器に設計変更又は表示変更を加えるケースにおいて、以下の全ての要件を満たす場合には、Special 510(k)プログラムに基づき、迅速に[24]、かつ最小限の提出情報により、実質的同等性の審査を受けることができる[25]。

- ✓　申請に係る変更が、申請者が法的に販売権を有している機器に対する変更であること
- ✓　性能データが不要な場合、又はもし必要であるとしても当該変更を評価するのに利用可能な十分に確立した方法があること

---

19)　21CFR820.30(d)

20)　21CFR820.30(c)

21)　21CFR820.30(f)

22)　21CFR820.30(g)

23)　FDCA704(e)(21USC374(e))

24)　Special 510(k)申請は、通常、受領後 30 日以内に審査される。

25)　The Special 510(k) Program（https://www.fda.gov/media/116418/download）

✓ 実質的同等性をサポートするために必要な全ての性能データが、要約又はリスク分析フォーマットにより審査可能であること

【Special 510(k)フローチャート】

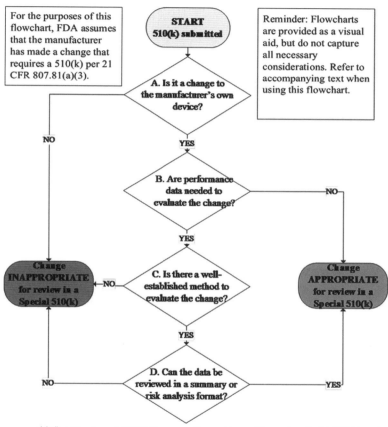

(出典：The Specal 510(k) Program (https://www.fda.gov/media/116418/download))

イ　Abbreviated 510(k)

　FDAは、法令上、全ての510(k)に関し、申請者にとって最も負担の少ない実質的同等性（SE）の証明方法を検討し、実質的同等性の判断をサポートするために最低限必要な情報のみを申請者に対してリクエストすることが

Chapter 15　医療機器の販売認可/承認制度等と早期審査制度

求められている[26]。そして、法令上、先行機器と審査対象の機器を比較する
に当たって、パフォーマンス基準の利用は禁止されておらず、ケースによっ
ては、パフォーマンス基準を利用する方が技術的特徴等の同等性を証明する
方法よりも申請者の負担が少ない。

　そこで、FDA は、実質的同等性の証明において、双方の医療機器を直接
的に比較して得られたデータに基づく証明だけでなく、審査対象の医療機器
が適切な先行機器のパフォーマンス基準に合致することを示すデータに基づ
く証明を認めた（Abbreviated 510(k)）。

　パフォーマンス基準は、主に、FDA ガイダンス、医療機器ごとの special
controls 又は FDA が承認しているコンセンサスのある基準[27]（voluntary
consensus standard）で定められており[28]、スポンサーは、審査対象の医療機
器が当該パフォーマンス基準に合致することを証明することにより、少なく
とも先行機器と同レベルの安全性及び有効性があることを証明することがで
きる。なお、FDA にて承認されているコンセンサスのある基準は、FDA
のウェブ上のデータベースにて参照可能である[29]。また、基準の利用に関す
る詳細は、FDA のガイダンスを参照されたい[30]。

　Abbreviated 510(k)の申請者は、規則[31]で定められた情報を提出しなけれ
ばならない。また、FDA ガイダンス文書又は special controls に依拠する場
合には、それぞれ、当該ガイダンスが実質的同等性を証明するのにどのよう
に使用されるか、又は当該機器がどのように special controls を遵守するか
を説明するサマリーレポートを提出しなければならない。そして、FDA が
承認しているコンセンサスのある基準に依拠する場合には、所定の情報や適

---

26)　FDCA513(i)(1)(D)(i)-(iii)（21USC360c(i)(1)(D)(i)-(iii)）

27)　FDCA514(c)（21USC360d(c)）

28)　The Abbreviated 510(k) Program（https://www.fda.gov/media/72646/download）

29)　Recognized Consensus Standards: Medical Devices（https://www.accessdata.fda.gov/
scripts/cdrh/cfdocs/cfstandards/search.cfm）

30)　Appropriate Use of Voluntary Consensus Standards in Premarket Submissions for Medical
Devices（https://www.fda.gov/media/71983/download）

31)　21CFR807.87

合宣言を申請に含まなければならない[32]。

　Abbreviated 510(k)申請は、通常の 510(k)の法定審査期間である 90 日より短い期間で審査が完了するものとされている。

　なお、FDA は、Abbreviated 510(k)のコンセプトを拡大したものとして、一部の医療機器が対象となる Safety and Performance Based Pathway というプログラムを採用している。これは上記と比べてより強力なメカニズムであり、申請者は、実質的同等性の証明に必要な（一部ではなく）全てのパフォーマンスの特徴を含む、FDA 指定の基準[33]に合致することを証明することにより、先行機器と同レベルの安全性及び有効性を有していることを証明することができる[34]。

2　PMA

(1)　PMA プロセスで求められるエビデンスやその提出手続等

　医療機器の販売等を行うに当たって、市販前承認（Premarket Approval (PMA)）の取得が必要なのは、リスクが高い機器及び先行機器との実質的同等性が認められない機器であり、主にクラス 3 の医療機器が対象となる。

　申請者は、PMA プロセスにおいて、審査対象となる医療機器の安全性[35]及び有効性[36]を証明するために、FDA に対して、"valid scientific evidence" を提供しなければならない[37]。"valid scientific evidence" とは、医薬品の販売承認審査で求められる "substantial evidence" よりも広い概念であり、以下に列挙する試験等から得られた証拠が含まれる[38]。また、データの特性等

---

32)　前掲注 28)

33)　FDA 指定の基準は、医療機器の種類ごとに FDA ガイダンスにて定められている（https://www.fda.gov/medical-devices/premarket-notification-510k/safety-and-performance-based-pathway）。

34)　Safety and Performance Based Pathway（https://www.fda.gov/media/112691/download）

35)　21CFR860.7(d)

36)　21CFR860.7(e)

37)　FDCA513(a)(3)(B)（21USC360c(a)(3)(B)）

38)　21CFR860.7(c)(2)

Chapter 15 医療機器の販売認可/承認制度等と早期審査制度

によるものの、十分に関連性があり、信頼できるリアルワールドデータも、
"valid scientific evidence" に含まれ得る。なお、必要とされるエビデンスの
内容は、機器の性質、使用条件、警告や制限の有無、使用経験の程度等に
よっても異なる。

- 十分に管理された試験（well-controlled investigations）
- 部分的に管理された試験（partially controlled investigations）
- マッチさせた対照のない研究及び客観的な試験（studies and objective trials without matched controls）
- 適格な専門家により実施され、十分に文書化された症例報告（well-documented case histories）
- 市販機器に関する、ヒトを対象とする重要な経験の報告

PMA プロセスにおいて申請者が提出しなければならない情報量は、上記
510(k)認可プロセスと比較して非常に多く[39]、例えば、QSR 要件[40]を満た
すことを証明するために必要な情報（製造等に使用される施設、製造方法及び
管理方法等に関する情報）を提出しなければならない[41]。FDA は、これらの
提出手続に関して、審査の効率性・迅速性向上等のため、申請者に対して、
FDA が承認している voluntary consensus standard[42]を利用することを奨
励している[43]。

また、FDA は、これらのスタンダードの果たす役割が大きくなっている
ことを利用した認定制度である、Accreditation Scheme for Conformity
Assessment（ASCA）プログラムを実施している。当該プログラムでは、申
請者が、市販前承認申請等において、FDA から（国際適合性評価基準及び
FDA 指定の ASCA プログラム基準に基づき審査を受けて）ASCA 認定を受けた

---

39) FDCA515(c)(1) (21USC360e(c)(1)), 21CFR814.20

40) 21CFR820

41) FDCA515(c)(1)(C) (21USC360e(c)(1)(C)), 21CFR814.20(b)(4)(v)

42) Recognized Consensus Standards: Medical Devices（https://www.accessdata.fda.gov/scripts/cdrh/cfdocs/cfstandards/search.cfm）

43) Appropriate Use of Voluntary Consensus Standards in Premarket Submissions for Medical Devices（https://www.fda.gov/media/71983/download）

試験施設[44]が実施した試験に関する ASCA Summary Test Report 及び適合宣言（declaration of conformity）を提出した場合、原則として当該施設の試験方法は適切であると判断され、試験方法に関する追加の情報を要求されないものとされている[45]。ただし、申請者は、提出した全てのデータの正確性と真実性に関する責任を負っており、また、上記 ASCA 制度を独立した第三者による評価の代替として扱うことはできない。

　審査プロセスを柔軟にするための制度として、PMA modular review program（Modular PMAs）が設けられている[46]。伝統的な PMA プロセスの場合は、申請者が、全てのデータを同時に提出しなければならず、FDA は、必要な情報を全て受領した後にのみ審査を開始することができるが、FDA がその裁量により Modular PMAs を適用する場合は、申請者が、試験及び分析の完了後すぐに、PMA 審査の個別セクションのデータを FDA に提出することができ（例えば、臨床データを収集又は分析している間に、非臨床試験のデータや製造情報を先に FDA に提出することが可能である。）、FDA の審査プロセスの効率化を図ることができる。また、この制度により、申請者は、審査プロセスにおいて、申請の不足部分等を（伝統的な PMA と比べて）早期に特定し、問題を解消することが可能となる。

(2)　審査プロセス

　PMA 審査においては、まず FDA が、申請者が提出した書類に不備がないか、具体的には、法令及び規則で要求されている全ての情報が含まれているか、虚偽の内容が含まれていないか、及びデータが不明確又は不完全でないかを確認し、その結果を申請受領後 45 日以内に申請者に対して通知する[47]。

　そして、上記審査の結果、申請が正式に受領された（file）後、FDA は、原則として[48]、180 日以内に承認の可否を審査しなければならない[49]。申請

---

44)　FDA のウェブサイトで試験施設のリストが公開されている（https://www.fda.gov/medical-devices/division-standards-and-conformity-assessment/asca-accredited-testing-laboratories）。

45)　FDCA514(d)(1)（21USC360d(d)(1)）

46)　FDCA515(c)(4)（21USC360e(c)(4)）

47)　21CFR814.42

Chapter 15　医療機器の販売認可/承認制度等と早期審査制度

者は、申請が file されてから 70 日以内にリクエストを提出すれば、いわゆる "day 100 meeting" にて、FDA との間で、その時点における不備事項（承認取得のために解消すべき点）への対処方法及び諮問委員会（advisory panel）への付託の要否等について議論することができる[50]。また、FDA は、審査期間中、外部専門家等で構成された諮問委員会に対して承認可否等の検討を求めることができるところ、審査対象が先行機器の存在しない医療機器である場合は全てのケースで諮問委員会に付託することとされている。ただし、諮問委員会の見解は拘束力を有しないため、FDA は諮問委員会の判断と異なる結論を採用することができる。なお、諮問委員会は、原則として公開にて会議を実施しなければならない[51]。

　PMA の審査期間中、製造施設等は、QSR 要件の遵守確認のため、原則として市販前査察（QSR 査察）を受けることになり、査察の結果、QSR 要件に遵守していないことが判明した場合には、販売承認を受けることができない[52]。また、ラベリングについても、PMA 審査の一部として FDA の審査を受けることになる[53]。

　FDA は、製造施設及び臨床データインテグリティ等を確認した結果、承認基準を満たすと判断した場合には "approval letter" を、一定の条件付きで承認する場合には "approvable letter" を発行するが、後者のレターには最終的な承認を取得するための条件が示されており、これを満たした場合に "approval letter" が発行される。他方で、承認基準に満たないと判断された場合には、"non-approvable letter" が発行され、そのレターには不承認の判断に至った理由である主な不備事項が明記される。

　FDA が申請者に対して審査結果を通知した後、インターネット上で審査

---

48)　FDA と申請者間の合意等により、180 日を超える審査期間を設定することができる。

49)　FDCA515 (d)(1)(A)(21USC360e (d)(1)(A))、21CFR814.40

50)　Guidance on PMA Interactive Procedures for Day-100 Meetings and Subsequent Deficiencies（https://www.fda.gov/media/72655/download#:~:text=This%20section%20 requires%20FDA%2C%20upon,different%20schedule%20may%20be%20established.）

51)　21CFR14.22 (b)、(g)

52)　FDCA515 (d)(2)(C)(21USC360e (d)(2)(C))

53)　FDCA515 (c)(1)(F)(21USC360e (c)(1)(F))

154

結果の内容が公開される。これにより、判断根拠となったデータが公開され、30日以内に利害関係者がFDAに対して再検討の請願（petition）を行うことができる[54]。

3 De Novo

(1) 概　　要

De Novoは、先行機器が存在しない場合であっても、一定の要件を満たせば、クラス1又はクラス2相当の機器として分類され、負担の少ない手続により販売等を開始することができる制度である。先行機器が存在しない機器は、リスクの大小等に関わらず、原則として自動的にクラス3に分類されるルールになっているが[55]、FDAは、リスクが低～中程度のもの（General controlsのみ又はそれに加えてSpecial controlsにより安全性及び有効性を合理的に保証できる機器）については、De Novoプロセスを通じて、クラス1又はクラス2に新しい規制分類を設けることができ、この場合、製造者等はPMAプロセスを経ずに医療機器を販売等することができる[56]。また、これらは将来の510(k)PMNにおける先行機器として取り扱うことができる。

De Novoには2つのルートがあり、スポンサーは、510(k)認可プロセスで実質的同等性がない（NSE）と判断された場合[57]だけでなく（after NSE）、自身で先行機器が存在しないと判断した場合[58]にも、510(k)認可プロセスを経ずに、De Novoリクエストをすることができる（Direct De Novo）。ただし、NSEと判断された理由が、SEを実証するためのパフォーマンスデータが不適切であることのみであった場合には、基本的にDe Novo制度の対象外となる[59]。

---

54) FDCA515(d)(21USC360e(d)), 21CFR814 subpart C
55) FDCA513(f)(1)(21USC360c(f)(1))
56) FDCA513(f)(2)(21USC360c(f)(2))
57) 21CFR860.200(b)(1)
58) 21CFR860.200(b)(2)
59) De Novo Classification Process（Evaluation of Automatic Class Ⅲ Designation）（https://www.fda.gov/media/72674/download）

Chapter 15　医療機器の販売認可/承認制度等と早期審査制度

　また、510(k)認可プロセスにおいて先行機器となる適法に市販されている医療機器が存在する場合、又は対象機器がクラス3に該当すると判断された場合等も、De Novoリクエストは認められず、この場合には、原則通りPMA（又はPDP）プロセスの対象となる[60]。

(2)　De Novo プロセス

　De Novo リクエストには、医療機器の概要、提案する分類内容、その理由及び詳細な情報（Special controls が必要な場合にはその内容を含む）等を含まなければならない[61]。De Novo リクエストに必要な情報や資料等の詳細については、"Acceptance Checklist for De Novo Classification Requests" が参考になる[62]。

　De Novo リクエストが認められ、新たに規制分類が設けられた場合には、直ちに当該医療機器を販売等することができる。

　FDA は、リクエスト受領後 120 日以内に、当該医療機器の分類判断を下さなければならない[63]。

　De Novo プロセスを通じて分類された機器に関して、FDA は、分類命令及び判断要旨を FDA のウェブサイトにて公開しており[64]、その目的は、De Novo リクエストを認めた判断の根拠となった科学的証拠の客観的かつバランスの取れた要約を掲載するだけでなく、当該機器を先行機器とする 510(k) PMN を見据える製造業者等に対して実質的同等性を裏付けるために必要な情報の種類に関するリソースを提供することにある。

　また、これまでに De Novo が認められたケースの概要、分類判断及び判

---

60)　FDCA513(f)(2)(A)(iv) (21USC360c(f)(2)(A)(iv))

61)　FDCA513(f)(2)(A)(v) (21CFR360c(f)(2)(A)(v)), 21CFR860.220

62)　Acceptance Review for De Novo Classification Requests (https://www.fda.gov/regulatory-information/search-fda-guidance-documents/acceptance-review-de-novo-classification-requests)

63)　FDCA513(f)(2)(A)(iii) (21USC360c(f)(2)(A)(iii)), 21CFR860.240

64)　Evaluation of Automatic Class III Designation (De Novo) Summaries (https://www.fda.gov/about-fda/cdrh-transparency/evaluation-automatic-class-iii-designation-de-novo-summaries)

3 De Novo

断要旨等は、FDA のデータベースでも確認することができる[65]。

【De Novo リクエスト審査プロセス】

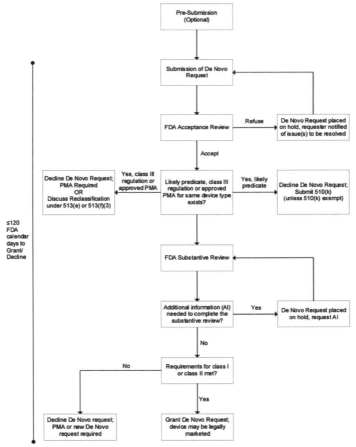

(出典：De Novo Classification Process (Evaluation of Automatic Class III Designation)
(https://www.fda.gov/media/72674/download))

---

65) Device Classification Under Section 513(f)(2)(De Novo) (https://www.accessdata.fda.gov/scripts/cdrh/cfdocs/cfpmn/denovo.cfm)

157

Chapter 15 医療機器の販売認可/承認制度等と早期審査制度

4　Product Development Protocol（PDP）

　PDP は、クラス 3 の医療機器を対象とする、PMA プロセスの代替手段である[66]。

　すなわち、PDP は、FDA が承認した、試験計画や開発活動の詳細、それらの活動の成果及び当該活動成果に係る承認基準を示したプロトコルであり、PDP に従って実施された試験が完了したと宣言された場合、当該医療機器は PMA を取得したものとみなされる[67]。この制度の利点は、上記事項に関する FDA との合意があるため、予測可能性が確保されているほか、FDA が早期に試験計画や非臨床試験フェーズに関与するため、非臨床試験及び臨床試験の試験デザインに当たって FDA との関係性を活かすことができる。なお、PDP は完全に任意のものであり、FDA がこれを強制することはできない。

5　Humanitarian Device Exemptions

　Humanitarian Device Exemptions（HDE）は、少数の患者に利益のある機器の開発を促進させるため、以下の全ての要件を満たす場合には、PMA プロセスで求められる有効性要件が免除される制度である[68]。
- 当該医療機器の使用により患者を不合理又は重大な傷病リスクにさらさないうえに、使用による健康へのベネフィットがリスクを上回ること
- 当該医療機器が他の方法では入手できず、その疾患や病状を治療するために入手可能な同等の医療機器がないこと
- 当該医療機器が、アメリカで年に 8,000 人以下が罹患している疾患又は病状の診断又は治療を目的としたものである（Humanitarian Use Device（HUD））こと

---

66)　FDCA515 (f) (21USC360e (f))
67)　21CFR 814.19, FDCA515 (f)(1) (21USC360e (f)(1))
68)　FDCA520 (m)(2) (21USC360j (m)(2))

158

HDE の適用を受けるためには、2つのステップを経る必要がある。まず、スポンサーは、FDA 内の Office of Orphan Products Development（OOPD）に対し、当該医療機器がアメリカで年に 8,000 人以下が罹患している疾患又は病状の診断又は治療を目的としたものであることの判断（HUD 指定）を求める旨の申請をし、そこで HUD 指定を受けることができた場合、次に、FDA の関連部署（CBER、CDER 又は CDRH）に対して、HDE 申請をすることになる。FDA は、当該申請受領後から 75 日以内に、当該申請に対する承認可否の判断をしなければならない[69]。

もっとも、有効性要件の免除の対象になったとしても、一定の制限がある。具体的には、適法に設置された IRB により医療機器の臨床試験が監督されている施設等の一定の要件を満たす場所でしか使用することができない[70]。また、一定の例外[71]を除き、研究開発、製作及び頒布等にかかった費用を超える金額で HUD を販売することは認められていない[72]。HUD を営利目的で販売することができる要件[73]を満たす場合であっても、営利目的で販売できる医療機器の数（Annual Distribution Number（ADN））は制限されており、具体的な数は、FDA が決定し、HDE 申請者に対して通知することになっている[74]。

---

69) FDCA520 (m)(2) (21USC360j (m)(2))
70) FDCA520 (m)(4) (21USC360j (m)(4))
71) FDCA520 (m)(6) (21USC360j (m)(6))
72) FDCA520 (m)(3) (21USC360j (m)(3))
73) ①小児患者に発生する疾患若しくは症状の治療や診断で使用する目的を有し、かつ当該機器が小児患者に生じる疾患又は症状に使用するよう表示されている場合、又は②成人患者において発生し、小児患者では発生しないか、若しくは小児患者において、そのような患者を対象とした機器の開発が不可能、高度に非現実的、若しくは安全でない場合（FDCA520 (m)(6)(A)(i)）(21USC360j (m)(6)(A)(i)))
74) FDCA520 (m)(6)(A)(ii) (21USC360j (m)(6)(A)(ii))

Chapter 15　医療機器の販売認可/承認制度等と早期審査制度

6　PMA等に関するFDAとのコミュニケーション

　スポンサーは、FDA に対し、IDE、PMA、HDE、De Novo リクエスト、510(k) PMN 等の市販前提出手続に先行して、特定の医療機器において適切な提出手続を行うために FDA のフィードバックを得るべく、Q-Submission（Q-Sub）の一種である、Pre-Submission（Pre-Sub）を行うことができる。Pre-Sub は、提出資料やデータのプレレビューを目的とするものではなく、あくまでも製品開発や提出準備に役立つ特定の質問に対する FDA の見解を得ることを目的として行う公式のリクエストである[75]。

　また、スポンサーは、FDA に対する情報共有を目的とした Informational Meeting（IM）の実施をリクエストすることができる。IM は、FDA からのフィードバックは期待できないものの、審査対象の医療機器に関する詳細や実施中の開発の概要を FDA にインプットする場としての機能を有しており、会議の中で、スポンサーから、医療機器の技術的な特徴及び用途等を説明し、FDA サイドと議論することができる。

　そして、市販前提出手続に関する Hold letter が発行された際は、FDA に対し、Submission Issue Request（SIR）をすることが考えられる。SIR は、Hold letter で指摘された問題点に対する対処方法等に関して、文書又は会議によるフィードバックを求めるリクエストである。医療機器に関しては、例えば、510(k)認可プロセスや De Novo リクエスト等において追加の情報を求められた場合、又は PMA や HDE において Major Deficiencies、Not Approvable、Approvable with Deficiencies、Approvable Pending GMP、若しくは Approval with PAS conditions との決定が下された場合等に求めるのが適切である[76]。

---

75)　Requests for Feedback and Meetings for Medical Device Submissions: The Q-Submission Program（https://www.fda.gov/media/114034/download）

76)　前掲注 75)

160

7 早期審査制度

　医療機器においても、Breakthrough Devices Program や Safer Technologies Program（STeP）といった expedited program が設けられている。

(1) Breakthrough Devices Program

　Breakthrough Devices Program とは、重篤な疾患等に対してより効果的な治療や診断を可能にする新たな医療機器を対象とするプログラムであり、このような医療機器の開発、評価及び審査を迅速化させることにより、患者がタイムリーに医療機器へアクセスできるようにすることを目的としたプログラムである。

　本プログラムでは、以下の要件を満たす場合に、対象の医療機器が Breakthrough Device 指定を受けることができる[77]。

　1）生命を脅かす又は不可逆的に衰弱させる疾患や病状に対して、より効果的な治療や診断を提供する機器
かつ
　2）以下のいずれかを満たすこと
　　(A)　当該医療機器が Breakthrough な技術を有していること
　　(B)　承認又は認可された医療機器による代替手段が存在しないこと
　　(C)　当該医療機器が、代替手段となり得る既存の承認又は認可済みの医療機器と比較して重大なアドバンテージを有すること
　　(D)　患者にとって最善の利益となること

　Breakthrough 指定のリクエストは、PMA、510(k) PMN 及び De Novo リクエストの審査対象となる医療機器及び device-led コンビネーション製品の

---

77)　FDCA515B(b)（21USC360e-3(b)）

Chapter 15 医療機器の販売認可/承認制度等と早期審査制度

みが対象となり（HDE 等の他の承認手続の対象になっている製品は対象外である。)[78]、これらの販売承認申請等の前であればいつでも提出することができる[79]。FDA による指定の有無の判断は、リクエスト受領後 60 日以内に通知される[80]。

　Breakthrough Device として指定された場合、優先審査の対象となり、FDA は、医療機器の開発及び審査プロセスを通して、スポンサーとの間での相互のタイムリーなコミュニケーションを心がけるため[81]、スポンサーは、開発戦略に関して、FDA から通常より高い頻度でフィードバックを受けることができる。特に PMA の対象になる医療機器に対しては、迅速かつ効率的な開発及び審査を促進させるべく、市販後のデータ収集をタイムリーに利用するべきと考えられている[82]。

　また、FDA の審査チームのサポートを受けられることも、指定を受けるベネフィットの一つである。すなわち、審査チームは、審査プロセスの促進及び効率的かつタイムリーな問題解消をサポートするために、経験豊富な審査スタッフが、あらゆる規制上の課題に対して斬新なアプローチを適用し、上級管理職とともに対応する。

　さらには、FDA は、一定の要件を満たした場合に、製造施設等に対する査察を実施せずに販売承認等の判断をすることができる。その他にも、迅速かつ効率的な開発及び審査の促進を目的として様々な方針が定められている[83]。

(2)　Safer Technologies Program（STeP）

　STeP は、制度の趣旨・目的、申請時期、タイムライン及び適用された場合の効果は Breakthrough Device Program と概ね同様であるが、Breakthrough Device Program の対象となる医療機器よりも重篤度の低い罹患率や死亡率

78）　Breakthrough Devices Program, September 2023（https://www.fda.gov/regulatory-information/search-fda-guidance-documents/breakthrough-devices-program）

79）　FDCA515B(c)(21USC360e-3(c))

80）　FDCA515B(d)(1)(21USC360e-3(d)(1))

81）　FDCA515B(e)(1)(D), 21USC360e-3(e)(1)(D)

82）　FDCA515B(e)(2)(C), 21USC360e-3(e)(2)(C)

83）　FDCA515B(e)(1), (2), 21USC360e-3(e)(1), (2)

を伴う疾患又は病状を対象とし、つまり、生命を脅かすものでなく、合理的に回復可能な疾患や病状を治療又は診断するための医療機器も対象に含まれうる。具体的には、PMA、510(k)又は De Novo リクエストの対象となる医療機器のうち、以下の両方の要件を充足する場合に、適用される[84]。

---

1) 重篤度の低い疾患又は病状を対象とする機器であるために Breakthrough Device Program の対象外であること
2) 少なくとも以下の1つを提供する実質的な安全性の革新により、治療又は診断のベネフィット・リスクプロファイルを大きく改善することが合理的に期待されること
 (A) 既知の重篤な有害事象の発生の減少
 (B) 既知の機器の故障の発生の減少
 (C) 使用に関連する既知の危険又はエラーの発生の減少
 (D) 他の機器や介入の安全性の改善

---

84) Safer Technologies Program for Medical Devices（https://www.fda.gov/media/130815/download）

Chapter 16

医療機器の市販後規制

1　承認又は認可取得済み医療機器の変更

⑴　販売承認取得済み医療機器の変更

　過去に販売承認を受けた医療機器に対して大きな変更を加えたために "new device" となった場合、すなわち、機器の設計が元のバージョンと大きく異なり、元の機器の販売承認申請時に提出した非臨床試験や臨床試験データが、変更後の機器の安全性及び有効性につき合理的な保証を証明するうえで、特定の変更に適用できない場合には、変更後の機器を販売等するに当たって PMA 取得の手続が求められる。

　他方で、上記に該当しない場合でも、販売承認済み医療機器の安全性及び有効性に影響を与える変更を行う場合（新適応症の追加、ラベリングの変更、製造施設等の変更、製造方法や品質管理手続の変更、滅菌手続の変更、パッケージの変更、構成要素や使用方法等の変更、使用期限の延長等を含む。）には、事前に PMA supplement を提出し、それに対する FDA の承認を取得する必要がある[1]。

　Supplement には様々なタイプがあり、それぞれの概要については以下の表のとおりである。

---

1)　21CFR814.39

1　承認又は認可取得済み医療機器の変更

種類	適用対象（定義ベース）	コメント（ガイダンスベース）[2]
Panel-Track Supplement[3]	機器の設計若しくは性能の重大な変更又は適応症の変更で、安全性及び有効性の合理的な保証を提供するために実質的な臨床データが必要なもの	適応症の変更には、使用を想定している患者集団や疾患状態の変更、使用期間、手術内容等の臨床的側面の変更も含まれる。また、禁忌の変更や撤廃も、この supplement の利用が適切である。
180-Day Supplement[4]	構成要素、材料、設計、規格、ソフトウェア、着色添加物又はラベリングの重大な変更	多くのケースでは、安全性及び有効性の合理的な保証を確保するために必要な新たな非臨床試験データのみが必要となるが、一定のケースでは、変更前の機器の臨床データと変更後の機器に期待される臨床性能との間の橋渡しをするために、追加の限定的な確認的臨床試験データが求められる場合がある。
Real-Time Supplement[5]	設計、ソフトウェア、滅菌、ラベリング等の軽微な変更であって、補足的な状況を共同で検討・決定するための会議等を申請者が要請し、FDA がこれを認めたもの	詳細は以下のガイダンスを参照。Real-Time Premarket Approval Application (PMA) Supplements（https://www.fda.gov/media/73126/download）

---

2)　Modifications to Devices Subject to Premarket Approval (PMA) - The PMA Supplement Decision-Making Process（https://www.fda.gov/regulatory-information/search-fda-guidance-documents/modifications-devices-subject-premarket-approval-pma-pma-supplement-decision-making-process）

3)　FDCA737 (4) (B) (21USC379i (4) (B)), 21CFR814.39 (c)

4)　FDCA737 (4) (C) (21USC379i (4) (C)), 21CFR814.39 (a)

5)　FDCA737 (4) (D) (21USC379i (4) (D))

Chapter 16　医療機器の市販後規制

Special PMA Supplement – Changes Being Effected[6]	機器それ自体の安全性又は機器の使用における安全性を向上させる、特定の表示、品質管理又は製造プロセスの変更	品質管理又は製造プロセスの変更が安全性を向上させる場合であっても、それが有効性にも影響を与えるものである場合には、Special PMA Supplement ではなく、30-day notice を行うのが適切である。申請者は、FDA から変更を承認する旨の文書を受領する前に、当該変更を反映することができるが、以下の4点を遵守することが条件である。 ・　PMA supplement とその郵送用カバーに「Special PMA Supplement – Changes Being Effected」と明記すること ・　PMA supplement に変更の根拠に関する十分な説明を記載すること ・　申請者が、FDA が supplement を受領した旨の通知を受け取ること ・　PMA supplement に変更が発効される日付を明記すること
Manufacturing Site Change Supplement[7]	製造、加工又は包装施設の変更	CDRH により 180 日以内に審査される supplement である。FDA に対して、QSR に準拠していることを証明する情報を提出しなければならず、承認前査察が実施されるかはケースバイケースである。

---

6)　21CFR814.39 (d)(1), (2)

7)　21CFR814.39 (a)(3)

PMA保有者は、医療機器の安全性及び有効性に影響を与える製造方法等の変更（製造・滅菌施設の変更、設計又は性能仕様の変更等は含まれない。）について、PMA supplement の代わりに、単に文書による通知（30-Day Notice）をFDAに提出することができる[8]。当該PMA保有者は、当該通知に係る情報が不適切でない限り[9]、FDAが通知受領後30日を経過した後は当該機器を販売等することができるが、FDAはPMA supplement が必要であるとの判断を下すこともできるため、FDAの判断を待つのが賢明である。

また、PMA保有者は、PMA supplement が不要な変更について、年間レポートで報告しなければならない。これらの変更は、当該報告の前に実施することができるが、後日FDAが年間レポートを精査し、当該変更はsupplement 又は notice が必要であるとの判断がなされる可能性もあり、その場合、FDAは、問題が解決するまでの間の販売停止処分その他の行政措置を講じることができる。また、PMA supplement が不要な変更のうち、機器の文書又は製造プロセス文書に関するシンプルな変更（明確化のための言い換えや拡大、翻訳、誤植の修正等）については、年間レポートにおける報告も不要である。

(2) 510(k)認可取得済みの医療機器の変更

510(k)認可を受けた医療機器の変更について、現在商業的に流通している、又は再び商業的に流通させようとしている機器であって、設計、部品、製造方法又は使用目的に変更等が加えられるものにつき、以下のいずれかに該当する場合には、重要な変更等に該当し、510(k)PMN が必要となる[10]。

---

8) FDCA515(d)(5)(A)(ii)(21USC360e(d)(5)(A)(ii)), 21CFR814.39(f)
9) 30-day notice が不適切であり、supplement が必要であると判断された場合には、135-day supplement に転換される可能性がある。詳細は以下のガイダンスを参照されたい。30-Day Notices, 135-Day Premarket Approval (PMA) Supplements and 75-Day Humanitarian Device Exemption (HDE) Supplements for Manufacturing Method or Process Changes (https://www.fda.gov/media/72663/download)
10) FDCA502(o), 510(k)(21USC352(o), 360(k)), 21CFR807.81(a)(3)。なお、510(k) exempt 機器についても、用途を変更する際は原則として510(k)PMN が必要である（PMA supplement が必要となるケースもある。）。

Chapter 16　医療機器の市販後規制

Chapter 15.1 で紹介したとおり、一定の要件を満たす場合には、通常の 510
(k)ではなく、30 日以内で審査が完了する Special 510(k)プログラムを利用す
ることができる。なお、重要な変更等に該当するか否かは、現在市場で販売
されているものではなく、直近に認可された機器との間で比較して検討する
必要がある。

- 機器の安全性又は有効性に重大な影響を与え得る変更若しくは修正（例え
  ば、設計、材料、化学物質、エネルギー源又は製造プロセスの重要な変更や
  修正）
- 機器の使用目的の重要な変更又は修正

変更に当たって 510(k)PMN が必要な場合は、FDA の 510(k)認可を受け
る前に変更後の機器を商業的に販売等ことができない。
そして、一次的に 510(k)認可保有者が当該変更に関して 510(k)PMN は不
要であるとの判断をしたものの、FDA がそれに同意しなかった場合には、
当該認可保有者は 510(k)PMN を行わなければならず、原則として当該 510
(k)PMN がペンディングになっている間は当該機器の販売等を中止しなけれ
ばならない。ただし、510(k)PMN をしなかった理由を文書化するために誠
実な努力をした場合で、その理由が正しく、安全性の問題がない場合には、
FDA は、その裁量により、当該認可保有者による当該機器の販売継続を許
容することができる。
510(k)PMN の要否の検討に当たっては、risk-based assessment approach
が適用される。その詳細については、FDA 発行のガイダンス[11]を参照され
たい。コンタクトレンズなどの特定の製品については、個別にガイダンスが
発行されており[12]、上記ガイダンスに優先して適用される。また、上記ガイ

---

11)　Deciding When to Submit a 510(k) for a Change to an Existing Device（https://www.fda.
　　gov/media/99812/download）
12)　Class II Daily Wear Contact Lenses - Premarket Notification [510(k)] Guidance Document
　　（https://www.fda.gov/medical-devices/guidance-documents-medical-devices-and-radiation-
　　emitting-products/class-ii-daily-wear-contact-lenses-premarket-notification-510k-guidance-
　　document）

168

ダンスは、ソフトウェアの変更等には適用されないため、ソフトウェアの変更等に関しては、別途FDA発行のガイダンス[13]を参照されたい。

なお、医療機器の再使用又は機能維持の目的で行われる行為の中には、Remanufacturingに該当する行為[14]と、Servicingに該当する行為[15]があり、前者に該当する場合は、((1)を含め)上記で述べた諸手続を経る必要が生じる可能性があるため、その区別が重要であるところ、FDAは、ガイダンスにて、Remanufacturing該当性判断に用いるGuiding Principles及び検討事項を示している[16]。

2 市販後研究

PMA等の審査プロセスにおいて安全性に関する全ての問題点を認識及び解消することは不可能であり、また、状況によっては市販前ではなく市販後に収集したデータに基づく評価が適切であるケースが存在するため、市販後に収集したデータから医療機器のベネフィットとリスクを継続的に精査できる仕組みが必要であり、法令上も市販後コントロールの活用の検討が求められている[17]。この仕組みの一内容として、FDAは、スポンサーに対して、以下で紹介する2種類の市販後研究（調査）を義務付けることができる。

(1) Post-Approval Studies（PAS）

FDAは、クラス3の医療機器を対象に、PMA又はHDEの販売承認の条件として、市販後研究義務を課すことができる[18]。義務の具体的な内容とし

---

13) Deciding When to Submit a 510(k) for a Software Change to an Existing Device (https://www.fda.gov/media/99785/download)

14) Remanufacturingとは、加工、調整、改修、再包装、修復、その他完成機器の性能、仕様若しくは用途を大きく変更する行為を意味する（21CFR820.3(w)）。

15) Servicingとは、確立された安全性及び規格に戻し、本来の用途に適合させることを目的とした、流通後の完成機器の部品の修理又は予防的若しくは定期的なメンテナンスを意味する（Remanufacturing of Medical Devices (https://www.fda.gov/media/150141/download)）。

16) 前掲注15) Remanufacturing of Medical Devices

17) FDCA513(a)(3)(C) (21USC360c(a)(3)(C))

18) 21CFR814.82(a)

Chapter 16　医療機器の市販後規制

ては、特定の用途における医療機器の安全性、有効性及び信頼性に関する継続的な評価及び定期的な報告、当該医療機器の安全かつ有効な使用のために重要な警告又は注意事項の明確な表示及び広告、一定期間の記録の維持、並びに識別可能なファイルへの記録の整理と索引付け等が挙げられる[19]。

スポンサーは、審査プロセスにおいて市販後研究が必要であると判断された場合、FDA との間で、承認の前に、PAS プロトコル、研究マイルストーン及び研究完了までのタイムラインの作成に向けた取組みを実施しなければならない。

PAS プロトコル、データサマリー、進捗状況・ステータスなどは、データベースにて確認することができる[20]。

なお、この要件を遵守しなかった場合、FDA は、販売承認を取り消すことができるほか[21]、適切なケースでは、次に説明する postmarket surveillance（522 studies）を命じることができる。

(2)　Postmarket Surveillance（522 studies）

FDA は、以下のいずれかに該当するクラス 2 又はクラス 3 の医療機器を対象として、販売承認／認可時又はそれ以降に、原則最大 36 か月の市販後調査を命じることができる（522 命令）[22]。当該調査の必要性は、有害事象報告、リコール実績、市販前・市販後データ、他の政府機関による報告及び科学的文献等を分析して、判断される[23]。

- ・　欠陥があった場合に重大な有害事象を引き起こす可能性が合理的に認められる機器
- ・　1 年以上人の体内に埋め込まれる機器
- ・　ユーザーの施設外で使用され、生命維持又は生命サポートを目的とした機器
- ・　小児患者への重要な使用が期待される機器

---

19)　21CFR814.82 (a)(1) - (9)
20)　Post-Approval Studies（PAS）Database（https://www.accessdata.fda.gov/scripts/cdrh/cfdocs/cfPMA/pma_pas.cfm）
21)　FDCA515 (e)（21USC360e (e)), 21CFR814.82 (c)

522 命令を受けた製造者等は、FDA に対し、命令後 30 日以内に市販後調査計画を提出しなければならず、FDA は、当該計画の受領後 60 日以内にその適切性を評価する。また、製造者等は、522 命令を受けた後 15 か月以内に市販後調査を開始しなければならない[24]。

各 522 studies の詳細な内容は、データベースにて確認することができる[25]。

なお、計画の提出に応じなかった場合、承認された計画に従って調査を実施しなかった場合等、FDCA522 に違反した場合には、禁止行為に該当するほか[26]、対象の医療機器が misbranded とみなされるため[27]、押収、差押え、刑事訴追又は民事の金銭的制裁の対象になり得る[28]。

3　QSR

販売等を目的として最終医療機器（finished device[29]）を製造する者は、Quality System Regulation（QSR）[30]を遵守しなければならない。当該規制は多くの種類の医療機器に適用されることになるため、特定の種類の医療機器に適用される詳細な内容というよりは、全ての医療機器製造業者が従うべきフレームワークが定められており、その中で、各医療機器に適した詳細な手続の設定及びその準拠が求められている。

医療機器の製造、包装、保管又は設置のために使用される方法、施設又は管理体制が当該規制に違反する場合には、adulterated とみなされる[31]。

---

22)　FDCA522(a)(21USC360I(a))、21CFR822.1
23)　Postmarket Surveillance Under Section 522 of the Federal Food, Drug, and Cosmetic Act（https://www.fda.gov/media/81015/download）
24)　FDCA522(b)(1)(21USC360I(b)(1))
25)　522 Postmarket Surveillance Studies Database（https://www.accessdata.fda.gov/scripts/cdrh/cfdocs/cfPMA/pss.cfm）
26)　FDCA301(q)(1)(C)(21USC331(q)(1)(C))
27)　FDCA502(t)(3)(21USC352(t)(3))
28)　21CFR822.20
29)　"finished device" とは、包装、表示又は殺菌されているか否かを問わず、使用に適し、又は機能することができる、全ての機器又はその附属品と定義されている（21CFR820.3(1)）。
30)　21CFR820
31)　FDCA501(h)(21USC351(h))、FDCA520(f)(21USC360j(f))

Chapter 16　医療機器の市販後規制

　なお、クラス1に分類される医療機器の一部は、当該規制の適用が免除されるが、その場合であっても、苦情ファイルの保管[32]や記録化に関する一般的な要件[33]は免除されない。

【QSR の項目一覧】

Sub-System	Subpart
General Provisions	Subpart A
Quality System Requirements	Subpart B
Design Controls	Subpart C
Document Controls	Subpart D
Purchasing Controls	Subpart E
Identification and Traceability	Subpart F
Production and Process Controls	Subpart G
Acceptance Activities	Subpart H
Nonconforming Product	Subpart I
CAPAs	Subpart J
Labeling and Packaging	Subpart K
Handling, Storage, Distribution, and Installation	Subpart L
Records,	Subpart M
Serving	Subpart N
Statistical Techniques	Subpart O

---

32)　21CFR820.198

33)　21CFR820.180

医薬品の cGMP と同趣旨の制度であるが、主な相違点としては以下の点が挙げられる。

QSR でのみ要求される事項	Management Responsibility（820.20）
	Design Controls（820.30）
	Traceability（820.65）
	Installation（820.170）
	Quality System Record（820.186）
	Servicing（820.200）
	Statistical Techniques（820.250）
QSR では要求されない事項	Laboratory Controls（211. 160-176）
	Returned Products（211. 204, 208）

なお、2024 年 1 月に、上記 QSR の医療機器 cGMP が改正され、世界標準である International Organization for Standardization（ISO）13485:2016 要件（ISO 基準）とより近い内容になった。従来の規制には、リスクマネジメントに関する要件が詳しく明記されていなかったが、今般の改正により、アメリカ以外の国の規制当局が用いる ISO 基準の Quality Management System 要件を参照することにより取り込み、QSR を新しい Quality Management System Regulation（QMSR）に置き換えることにより、国際的にコンセンサスのある基準に密接に整合するよう規制の調和を図った。具体的な変更点として、例えば、QSR では施設査察において内部の監査報告、経営監査報告及びサプライヤー監査報告等が査察の対象外であると明記されていたが、QMSR では当該文言が含まれておらず、また、FDA が、今後はそれらの報告等も査察の対象となる旨述べている点は、実務に与える影響が大きい変更であるといえる。上記改正に係る final rule によれば、経過措置期間は 2 年間と設定されており、適用対象となる企業は、2026 年 2 月 2 日までに改正後の規制に対応しなければならない[34]。

Chapter 16　医療機器の市販後規制

4　市販後報告義務

　医療機器の製造者等が負っている報告義務（Medical Device Report（MDR）Requirements）は以下のとおりである[35]。なお、これらの報告は、electronic Medical Device Reporting（eMDR）を通じて提出することが求められており[36]、提出方法等の詳細はガイダンスで示されている[37]。

報告義務	報告期限
Adverse event reports[38]	30 日以内
Device malfunction reports[39]	30 日以内
Reportable event requiring remedial action to prevent an unreasonable risk of substantial harm to public health[40]	5 日以内
FDA written request for a reportable event[41]	5 日以内
Follow-up report[42]	30 日以内

　また、MDR イベントファイルの作成及び保管義務も法令上定められており、製造者等は、全ての MDR イベントファイルを明確に識別し、タイムリーにアクセスできるように保管しなければならない[43]。さらには、MDR

---

34)　Medical Devices; Quality System Regulation Amendments（https://www.govinfo.gov/content/pkg/FR-2024-02-02/pdf/2024-01709.pdf）

35)　21CFR803

36)　21CFR803.12 (a)等

37)　Questions and Answers about eMDR - Electronic Medical Device Reporting（https://www.fda.gov/media/76993/download）

38)　21CFR803.52, 803.12 (a)

39)　21CFR803.50 (a)

40)　21CFR803.53 (a)

41)　21CFR803.53 (b)

42)　21CFR803.56, 803.12 (a)

43)　21CFR803.18

174

の対象になるか否かを判断するために必要な、全ての医療機器関連の事象の特定及び評価のプロセスの文書化及び実施[44]、並びに各事象に対する調査の実施及び原因の追究[45]等も、医療機器の製造者等が負う義務に含まれる。

5　リコール等

　リコール（Recall）とは、FDA が所管する法律に違反し、FDA が法的措置に着手する対象となる市販の製品を、企業が是正又は回収することをいうところ、これには、market withdrawal[46]及び stock recovery[47]は含まれない[48]。

　一般的に、リコールは企業により任意に実施されるものであるが[49]、当該製品の使用等により重大な健康被害又は死亡が発生する合理的な可能性がある場合等において、企業が任意にリコールをしない場合、FDA は、法令で定めるリコール権限に基づき[50]、当該企業に対してリコール命令を発行することができる[51]。

　企業主導でリコールを実施する場合、直ちに FDA（Office of Regulatory Affairs（ORA）Division Recall Coordinator（DRC））と連絡をとらなければならない[52]。

　また、是正又は回収が、医療機器によってもたらされる健康へのリスクを低減するため、又はそのようなリスクを有する医療機器によって発生した法律違反を是正するために開始された場合、製造業者等は FDA に対して、是

---

44)　21CFR803.17

45)　21CFR803.50(b)(3)

46)　Withdrawal とは、FDA による法的措置の対象とならないような軽微な違反があるか、又は違反を伴わない流通製品を、企業が是正又は回収することをいう（21CFR7.3(j)）。

47)　Stock recovery とは、まだ販売されておらず、製造者の直接の管理下にある製品を是正又は回収することをいう（21CFR7.3(k)）。

48)　21CFR7.3(g)

49)　21CFR7.40

50)　FDCA518(e)(21USC360h(e))

51)　21CFR810

52)　21CFR7.46

正又は回収の開始時から10営業日以内に、eSubmitter[53]又はメールを通じて、その内容を報告しなければならない[54]。他方で、market withdrawal やstock recoveries については報告義務の対象外である。

　また、リコールを実施する企業は、リコール戦略を作成し、それに対するFDA のレビュー及び助言を受け、承認されたリコール戦略に従ってリコールを実施すべきであるが、FDA による審査の保留によって開始を遅らせる必要はない[55]。

　そして、FDA は、ある医療機器が公衆衛生に重大な害悪をもたらす不合理なリスクを生じさせており、当該リスクを排除するためには通知が必要であり、この他に実用的な手段がないと判断した場合、製造者等に対し、上記リコールに加えて、医療機器を処方又は使用する医療従事者等に対して特定の通知を行うよう命じることができる[56]。さらには、一定の要件を満たす場合、FDA は、製造者等に対し、上記リコールに加えて、合理的期間内に修理、交換又は返金のうち1つ以上の措置を講じる計画の提出を命じることができるとともに[57]、当該命令の実施に伴って生じた費用の償還を求めることができる[58]。

　なお、FDA は、毎週、FDA Enforcement Report[59]を公開しており、ここにはリコール、押収、差押え等の全ての執行措置の情報が掲載されている。

6　Tracking

　FDA は、一定の要件を満たす医療機器を製造する者に対して、法令に定める要件[60]に合致する tracking program を実施するよう命じることができ

---

53)　https://www.fda.gov/industry/fda-esubmitter
54)　21CFR806.10
55)　21CFR7.42
56)　FDCA518(a)(21USC360h(a))
57)　FDCA518(b)(21USC360h(b))
58)　FDCA518(c)(21USC360h(c))
59)　https://www.accessdata.fda.gov/scripts/ires/index.cfm
60)　21CFR821

る[61]。対象となる医療機器には、永続的に人体に埋め込まれる機器や利用者施設外で使用される生命維持・支援機器等、欠陥があった場合に健康への重大な悪影響を生じさせる可能性のある機器が含まれる。この tracking program により、リコールや安全性に関する問題が生じた場合に、対象となった機器の製造からエンドユーザー到達までの過程等を確認することが可能となる。

---

61) FDCA519 (e) (21USC360i (e))

Chapter 17

デジタルヘルス
――ソフトウェアの医療機器該当性

　近年、デジタルテクノロジーの発達、COVID-19 パンデミック、健康志向の向上等様々な要素が相まって、「デジタルヘルス」と呼ばれる分野の成長・発展が著しい。特にアメリカではデジタルセラピューティクス（Digital Therapeutics（DTx））[1]に関するビジネスが盛んであり、それに伴って SaMD に対する規制が注目を集めている。

1　概　　要

　FDA は、医療機器に関するソフトウェアを3つに分類しており、1つ目は医療機器としてのソフトウェア（Software as a Medical Device（SaMD））、2つ目は医療機器に不可欠なソフトウェア（Software in a medical device（SiMD））、3つ目は医療機器の製造やメンテナンスに使用されるソフトウェアである。

　SaMD とは、一般的に、"software intended to be used for one or more medical purposes that perform these purposes without being part of a hardware medical devices"（1つ以上の医療目的で使用されることが意図されたソフトウェアで、ハードウェアの医療機器の一部とならずにこれらの目的を果たすもの）と定義される[2]。これには、行動変容によって特定の疾患や障害を予防、管理又は治療することを目的としたソフトウェアや、腫瘍等の検出

---

[1]　一般的に、医学的な障害又は疾患を予防、管理、又は治療するために、高品質のソフトウェアプログラムを利用したエビデンスベースの治療的介入を提供するものと定義される（https://dtxalliance.org/）。

[2]　Software as a Medical Device（SaMD）: Key Definitions（https://www.imdrf.org/sites/default/files/docs/imdrf/final/technical/imdrf-tech-131209-samd-key-definitions-140901.pdf）

を支援するために画像を解析するコンピューター検出支援（computer aided detection（CAD））ソフトウェア等が含まれる。ただし、この定義に該当するか否かに関わらず、法令上の "device" の定義に該当する場合には、医療機器として FDA の規制対象に含まれる。

　SaMD に関し、FDA は、当該ソフトウェアが適切に機能しなかった場合に患者の安全性にリスクを生じさせるもののみを規制対象とし、また、リスクを生じさせるものであるとしても、そのリスクが低いと評価できるものに対しては、執行裁量（enforcement discretion）を有し、規制の執行対象から除外することができる。すなわち、分類としては、(ⅰ)医療機器に該当しないもの、(ⅱ)医療機器に該当するものの、原則として規制が執行されないもの、(ⅲ)医療機器に該当し、通常通り規制が執行されるものに分けられ、その具体例は、以下の表のとおりである。

(ⅰ) Not Device	・　Administrative support ・　Electronic patient records ・　General wellness（no reference to disease） ・　Transfer, format, or display device data（no analysis） ・　Certain clinical decision support - Non-Device CDS
(ⅱ) FDA Enforcement Discretion	・　Patient － HCP － caregiver communications ・　Non-immediate clinical alerts ・　General wellness（healthy lifestyle for chronic conditions） e.g. Symptom Checkers, Medication Reminders, Clinical Guideline Lookups, Oral Health Reminders, Sleep trackers, Calorie counters, Wearables and activity trackers

Chapter 17　デジタルヘルス―ソフトウェアの医療機器該当性

(ⅲ) Regulated Medical Devices	・ Connection to medical devices for controlling or for use in active patient monitoring or analyzing medical device data ・ Products that transform a mobile platform into a regulated medical device by using attachments, display screens, or sensors ・ Immediate clinical alerts ・ Diagnostic or treatment recommendations – Device CDS

　近年、ヘルスケア関連のソフトウェアの種類は多岐にわたっており、医療機器該当性の判断が困難であるケースも珍しくないところ、FDA は、モバイル医療アプリ、ウェルネス（健康管理）機器、臨床判断支援ソフトウェア等、類型別にガイダンスを公表しており、開発中の製品が FDA 規制及び執行の対象になるかを判断するに当たって有益な情報を提供している。また、ソフトウェア機能を有する製品が医療機器等に該当するかを判断するためのセルフチェックツールも提供されている[3]。もっとも、最終的には製品の機能、作用機序、使用方法及びクレーム等を考慮したうえでの個別判断となるため、弁護士等の専門家に相談するべきであると考える。

　以下では、ソフトウェアの医療機器該当性等に関する法令の紹介をした後に、ガイダンスが出されている類型ごとに医療機器該当性の判断基準等を紹介する。

2　ソフトウェアの医療機器該当性

(1)　医療機器非該当

　ソフトウェアの医療機器該当性に関し、2016 年に成立した the 21st Century Cures Act (the Cures Act) により、以下の類型に該当するソフト

---

　3)　Digital Health Policy Navigator（https://www.fda.gov/medical-devices/digital-health-center-excellence/digital-health-policy-navigator）

180

ウェアは患者へのリスクが無い又は小さいため、原則として FDA 規制の対象外とされ[4]、また、以下のうち C〜E に該当するソフトウェアにおいては、その使用により健康に重大な悪影響を及ぼすことが合理的に見込まれる場合には、FDA の裁量で規制対象に含むことができるとされた[5]。

A）医療機関における管理運営を支援するソフトウェア

B）健康なライフスタイルの維持又は促進に役立つソフトウェアで、疾患又は病状の診断、予防若しくは治療と関連しないもの

C）患者の電子記録を保管又は検索するためのソフトウェア

D）データ等を転送、保管又は表示するためのソフトウェアで、臨床データの解釈や分析を支援しないもの

E）一定の要件を満たす診断支援ソフトウェア（後述(2)参照）

また、これに伴って、以下の品目のソフトウェアが規制対象の医療機器の種類から除外された[6]。

・　臨床用途の電卓／データ処理モジュール

・　持続血糖モニター装置（CGM）のセカンドディスプレイ

・　自動間接蛍光顕微鏡と支援ソフトウェアシステム

・　医療機器のデータの転送・保管・変換・表示を行うシステム（MDDS）

・　在宅子宮収縮モニター

・　医用画像の保存装置

・　医用画像の処理装置

・　医用画像管理システム（PACS）

(2) Clinical Decision Support（CDS）software

Clinical Decision Support（CDS）には、プロバイダー及び患者に対する自動化された警告及びリマインダー、臨床ガイドライン、病状特化のオーダー

---

4)　FDCA520 (o)(1)(A)-(E) (21USC360j (o)(1)(A)-(E)), FDCA201 (h)(1) (21USC321 (h)(1))

5)　FDCA520 (o)(3)(A) (21USC360j (o)(3)(A))

6)　Medical Devices; Medical Device Classification Regulations To Conform to Medical Software Provisions in the 21st Century Cures Act (https://www.govinfo.gov/content/pkg/FR-2021-04-19/pdf/2021-07860.pdf)

Chapter 17 デジタルヘルス—ソフトウェアの医療機器該当性

セット、特定のポイントに関する患者データレポート及び要約、文書テンプレート、診断サポート並びに文脈に関連した参考情報等を提供する機能が含まれるが、これらに限定されない様々なツールを意味する単語として用いられている。

CDS software（臨床判断支援ソフトウェア）の医療機器該当性に関し、ソフトウェア機能が以下の4つの基準を全て満たす場合には、医療機器に該当しないとされている[7]。

① 医用画像[8]、体外診断機器（IVD）からの信号、又は信号取得システムからのパターンや信号を、取得、処理又は分析しないもの[9]
② 患者に関する医療情報その他の医療情報[10]を、表示、分析又は印刷するもの
③ 疾患又は病状の予防、診断又は治療に関して医療従事者を支援し、又は医療従事者に対して推奨を提供するもの
④ 個々の患者に関する臨床診断又は治療の決定を行うに当たって、医療従事者が主としてソフトウェアの提示する推奨に依拠しないように、医療従事者が当該推奨の根拠を独立して検討可能であるもの

上記③に関し、緊急を要する意思決定が求められるケースで用いられるソフトウェア機能及び特定の予防、診断又は治療のアウトプット又は指令を提供するソフトウェア機能は、もはや「支援」や「推奨を提供」の範囲を超え、医療従事者の判断に取って代わる、又は指示をする内容の機能といえるため、上記③を満たさないとされており、この基準の充足性判断においては、自動化バイアスの観点から、㋐ソフトウェア自動化のレベルと㋑意思決定の時間制約の程度が重要な考慮要素となる[11]。

---

7) FDCA520 (o)(1)(E)（21USC360j(o)(1)(E)）。なお、医療機器の定義に該当しない臨床判断支援ソフトウェア機能は、「Non-Device CDS」と呼ばれる。
8) 身体の一部を見るためにCT、X線、超音波又はMRI等により生成された画像、医療目的で取得された画像、及び医療目的で処理若しくは分析された画像がこれに含まれる。
9) 例えば、心電図の波形を処理又は分析するソフトウェア機能、次世代シーケンサーアナライザーからの遺伝子配列若しくはパターンを遺伝子の変異等を特定するために処理又は分析するソフトウェア機能等は、この基準を満たさない。
10) 例えば、人口統計学的情報、症状、特定の検査結果、診療ガイドライン、査読済みの臨床研究、教科書、承認済みの添付文書及び政府機関の推奨等が含まれる。

182

自動化バイアスとは、自動化支援システムや意思決定支援システムに過度に依存することを意味するところ、臨床判断支援ソフトウェアの使用においては、この自動化バイアスによって作為又は不作為のエラーが生じるおそれがある。すなわち、ソフトウェアが、単一かつ特定のアウトプットや解決策を提示する場合には、選択肢のリストを提供する場合よりも、自動化バイアスが生じやすくなり、他の利用可能な情報を考慮せずに当該アウトプット等を正しいものとして受け入れてしまうリスクが高くなる。また、緊急を要する（time critical）意思決定が求められる場面で臨床判断支援ソフトウェアを使用する際も、他の情報を十分に検討する時間がないことから、自動化バイアスが増加し、同様のリスクを生じさせる。なお、この自動化バイアスの観点は、上記④の判断においても重要となる。

　以上を前提に、上記③を満たすためには、以下の要素を満たす必要があるとされている。

- 　医療に関する意思決定を補強し、影響を与えるために、医療従事者に対して、疾患、病状及び／又は患者固有の情報と選択肢を提供すること
- 　予防、診断又は治療に係る特定のアウトプット又は指示を提供しないこと
- 　緊急を要する意思決定を支援しないこと
- 　医療従事者の判断を代替しないこと

　例えば、患者固有の医療情報（例えば、ホルター心電図レポートからの心房細動（AF）の診断）を分析し、医療従事者に対して心房細動の治療法の優先順位のリストを提供するソフトウェアは、上記③を満たすとされており、また、以下のアウトプットについては、緊急を要する意思決定の支援に該当せず、かつ医療従事者の判断を代替しない場合に限り、上記③を満たすとされている。

- 　予防、診断又は治療の選択肢のリスト
- 　上記の優先順位のリスト
- 　検討のための、フォローアップや次のステップの選択肢のリスト

---

11)　Clinical Decision Support Software（https://www.fda.gov/media/109618/download）

Chapter 17　デジタルヘルス―ソフトウェアの医療機器該当性

　他方で、特定の患者が疾患又は病状の兆候を示すかもしれないといった情報を提供したり、特定の疾患又は病状のリスク確率やリスクスコアを特定するソフトウェアは、当該基準を満たさないと考えられている。

　次に、上記④を満たすために、FDA は以下の点を推奨している[12]。

- ・　ソフトウェアやラベルに、製品の用途や目的を含むこと。
- ・　ソフトウェアやラベルにて、必要なインプット医療情報を指定し、平易な言葉でどのようにそのインプットを取得するかや、データの品質要件等を示すこと。
- ・　ソフトウェアやラベルにて、基礎となるアルゴリズムの開発や検証等の説明（推奨を提示する際の根拠となるロジックや方式、データが代表的なものであることの評価根拠となるデータ、アルゴリズムの有効性を検証するために実施された臨床研究の結果等も含まれる。）を、平易な言葉で提供すること。
- ・　ソフトウェアのアウトプットにて、関連する特定の患者情報等を提供すること。

　また、推奨の根拠を説明するために、ソフトウェアのアウトプット又はラベルにて、アルゴリズムのロジックや方式等に関して適切なバックグラウンド情報を簡易な言葉で提供するとともに、関連するソースを特定し、使用者に利用可能な状態にしておくべきであるとされている。

　そして、上記①〜④に鑑みて、一般的に、以下の情報等を提供する臨床判断支援ソフトウェアは、医療機器に該当しないと考えられている[13]。

- ・　特定の疾患又は病状等に合わせて、医療従事者が選択できるエビデンスに基づく臨床医の指示セット
- ・　記録や報告書から取得した患者固有の医療情報と参照情報（臨床ガイドラインなど）の照合
- ・　疾患や病状に関する文脈に関連した参考情報
- ・　薬物有害事象を回避するための薬物相互作用及びアレルギーの禁忌通知

---

12)　前掲注11)
13)　前掲注11)

184

・　医薬品処方ガイドライン

・　重複検査又は処方薬の防止通知（例：投薬の照合、検査の照合）

・　予防医療又は臨床医の指示のリマインダー

・　患者データ報告書及び要約（退院書類など）

　他方で、信号捕捉システム、MRI、持続血糖測定（CGM）、コンピューター支援検出／診断（CADe/CADx）等を取得、処理又は分析するソフトウェア、連続信号、医用画像等を処理又は分析するソフトウェア、疾患又は病状のリスクスコアや可能性を提示するソフトウェア等については、上記①〜④を満たさず、医療機器に該当すると考えられている。

　また、医療従事者ではなく、患者又は介護者に対する診断支援や推奨を提供するソフトウェアにおいては、上記の議論が適用されず、医療機器の定義に該当する可能性が高い。

　なお、医療機器に該当する機能と医療機器に該当しない機能の双方を有するソフトウェアについて、FDA は、市販前承認又は認可の審査において医療機器に該当する機能の安全性及び有効性を審査するに当たって、医療機器に該当しない機能が医療機器に該当する機能に与える影響を評価する[14]。その評価のタイミングや方法等の詳細についてはガイダンスで示されており、それらはソフトウェアに限らず、双方の機能を有するハードウェアに対しても適用される[15]。

(3)　General Wellness Products

　昨今、スマートウォッチをはじめ、自己の健康情報等の記録管理及びそれに関するアドバイス提供等の機能を有するウェアラブルデバイスやアプリケーションが普及しているが、それらが医療機器に該当するかはその用途やリスクの程度等による。

　General Wellness Products とは、一般的なウェルネス利用のみを用途とし、かつ使用者等の安全性に対するリスクが低い製品を意味し、医療機器規

---

14)　FDCA520(o)(2)(21USC360j(o)(2))

15)　Multiple Function Device Products: Policy and Considerations（https://www.fda.gov/media/112671/download）

Chapter 17　デジタルヘルス―ソフトウェアの医療機器該当性

制の対象から除外されている[16]。具体的には、運動器具、オーディオ録音、ビデオゲーム、ソフトウェアプログラム等の一般的に小売店で入手可能なものが含まれる。一方、以下の質問のいずれかの答えがYesになる場合には、当該製品のリスクが低いとはいえず、General Wellness Productsに該当しない。また、FDAが積極的に規制している製品と同タイプの機能を有する製品についても、リスクが低いとはいえない。

Q：その製品は、人体への侵襲を伴うか？

Q：その製品は、人体に埋め込まれるか？

Q：その製品は、レーザーや放射線被曝によるリスクなど、特定の規制管理が適用されない場合、使用者等の安全にリスクをもたらす可能性のある介入や技術を含んでいるか？

　上記(1)で述べたとおり、法令上、健康なライフスタイルの維持又は促進に役立ち、かつ疾患又は病状の診断、予防若しくは治療と関連しない用途のソフトウェア機能は、医療機器の定義から明確に除外されている[17]。このようなソフトウェア機能を含む製品もGeneral Wellness Productsに該当するため、当該規定の解釈においても以下の考え方が参考になる。

　General Wellness Productsは、用途に関連して、以下の2つのカテゴリーに分けられる。

①　一般的な健康状態や健康的な活動を維持又は奨励するもの

②　慢性疾患や病状のリスクや影響を低減させることに寄与し、健康的なライフスタイルの役割に関連するもの

　①は、疾患や病状に一切言及せずに、一般的な健康状態に関連する機能の維持又は全般的な改善に関するクレームを含むものとされており、具体的には、体重、ストレス、睡眠、体力等の記録・管理（マネジメント）に関するクレームを含むものがこれに該当する。他方で、疾患や病状への言及は一切

---

16)　General Wellness: Policy for Low Risk Devices（https://www.fda.gov/media/90652/download）

17)　FDCA520(o)(1)(B)（21USC360j(o)(1)(B)）

186

認められないため、肥満、摂食障害、不安障害等の治療や診断機能を示唆するクレームは認められない。

　②は、疾患や病状への言及が含まれているため、形式的には医療機器の定義に該当し得るものの、FDA は、その裁量権に基づき、規制の執行対象外としている。具体的には、疾患や病状への言及が認められるクレームには 2 つのサブカテゴリーがあり、1 つ目は "may help to reduce the risk of"、2 つ目は "may help living with" である。いずれのサブカテゴリーのクレームについても、前提として、健康的なライフスタイルの選択が、特定の慢性疾患や慢性症状のリスクやインパクトの低減に重要な役割を果たすことが十分に理解され、一般的に受け入れられている（例えば、査読済みのサイエンス分野の出版物や医療従事者団体による公式声明等で述べられている。）ことが必要である。この要件に該当する慢性疾患の例としては、心臓病、高血圧及び 2 型糖尿病等が挙げられる。このカテゴリーで認められるクレームの具体例は、以下のとおりである。

● 「このソフトウェアは、健康的なライフスタイルの一環として、片頭痛と上手に付き合うための呼吸法やリラクゼーションスキルを提供する。」（"may help living with"）
● 「このソフトウェアは、睡眠、仕事、運動の習慣を記録し、健康的なライフスタイルの一部として、不安とうまく付き合うのに役立つ可能性がある。」（"may help living with"）
● 「この製品は、身体活動を促進し、健康的なライフスタイルの一環として、高血圧のリスク軽減に役立つ可能性がある。」（"may help to reduce the risk of"）

　他方で、遠隔患者モニタリング（Remote Patient Monitoring（RPM）[18]）や特定の疾患の治療等に用いられるウェアラブル機器等、以上で説明した General Wellness Products の範疇を超える製品は、医療機器に該当し、規

18）　患者がウェアラブルデバイスを使用して定期的な検査を行い、このデータをリアルタイムで医療従事者に送信し、これに基づいて患者の状態等をモニタリングすることを意味する。

Chapter 17 デジタルヘルス―ソフトウェアの医療機器該当性

制対象となるため、適用される規制の確認等が必要となる。

(4) Mobile Application

　スマートフォンなどのモバイルプラットフォームで利用できるソフトウェアアプリケーションのうち、医療機器の定義に該当する機能を有するソフトウェアを搭載し[19]、医療機器の付属物として使用され、又はモバイルプラットフォームを医療機器に変換させるものは、Mobile Medical Application と呼ばれる。FDA は、医療機器に該当するもののうち、当該アプリケーションが想定通りに機能しなかった場合に患者の安全性にリスクを生じさせるソフトウェアアプリケーションに限り、規制対象とする方針を採用している[20]。

　他方で、FDA は、規制対象に含まれ得るもののうち、一般的に患者に対するリスクが低いもの、具体的には、以下のような特定の治療若しくは治療法の推奨なしに患者が自らの疾患や病状を自己管理することを補助するソフトウェア機能、又は医療従事者のシンプルなタスクを自動化するソフトウェア機能等については、形式的には医療機器の定義に該当し得るとしても、患者に与えるリスクが低いため、その裁量により医療機器規制を執行しないとの意向を示している。

機能のタイプ	例
指導や促進により、患者の日常生活における健康管理を支援するため、補足的な臨床ケアを提供又は容易にするソフトウェア機能	心血管疾患、高血圧、糖尿病、肥満等の症状を持つ患者に対する指導又は簡易な促進によって、健康的な体重の維持、最適な栄養の摂取、運動と健康維持、塩分摂取量の管理、あらかじめ決められた投薬スケジュールの遵守等の戦略を推進するソフトウェア機能

---

19)　医療機器に該当するソフトウェア機能は、"device software function" と呼ばれ、これには、SaMD 及び SiMD 等が含まれる。

20)　Policy for Device Software Functions and Mobile Medical Applications（https://www.fda.gov/media/80958/download）

188

患者の潜在的な病状に係る画像を撮影し、それを医療従事者に共有することにより、他のデータや情報を補足又は補強し、患者と医療従事者等が正確にコミュニケーションをとることをサポートするために販売されているソフトウェア機能	医療従事者間又は医療従事者と患者／介護者間のやりとりにおいて、口頭での説明を補足又は補強するために、写真（例えば、患者の皮膚病変又は創傷の写真）を記録又は送信する目的でモバイル機器の内蔵カメラ又は接続されたカメラを利用する、医療用のアプリ
臨床の実務で定型的に使用されているシンプルな計算を行うソフトウェア機能	肥満度指数（BMI）、全身水分量／尿素分布量、平均動脈圧、グラスゴー・コーマ・スケール・スコア、APGAR スコア、NIH 脳卒中スケール、分娩日推定値等の医療用計算機

　他方で、以下のソフトウェア機能は、device software function に該当し、原則通り医療機器規制が適用されると考えられている。

機能のタイプ	例
医療機器の制御又は医療機器データの分析を目的として医療機器に接続することにより、1つ又は複数の医療機器を拡張するソフトウェア機能	モバイルプラットフォームを通じて血圧計の膨張と収縮を制御する機能を提供するソフトウェアや、モバイルプラットフォームからポンプに制御信号を送信することによってインスリンポンプのインスリン投与を制御するモバイルアプリ。
アタッチメント、ディスプレイ画面、センサーを使用することにより、又は現在規制されている医療機器と同様の機能を含むことにより、モバイルプラットフォームを規制対象医療機器に変換するソフトウェア機能	スマートフォンに血糖ストリップリーダーを装着してグルコースメーターとして機能させること、タブレットに心電計（ECG）電極を装着してECG信号を測定、保存、表示すること、スマートフォンに内蔵された加速度計を使用して睡眠時無呼吸症候群を監視するための動作情報を収集するソフトウェア機能、スマートフォン上のセンサー（内部又は外部）を使用して電子聴診器機能を作成するソフトウェア機能

Chapter 17　デジタルヘルス―ソフトウェアの医療機器該当性

患者固有の分析を実行し、疾患又は病状の診断、治療、緩和、治癒又は予防に使用するための特定のアウトプット又は指示を医療従事者に提供するソフトウェア機能。患者に特化した分析を行い、患者、介護者又は医療従事者でない他の利用者に、患者に特化した診断又は治療の推奨を提供するソフトウェア機能	患者固有のパラメータを使用し、放射線治療の投与量を計算したり、投与計画を作成したりするソフトウェア機能、コンピューター支援検出ソフトウェア（CAD）画像処理ソフトウェア、放射線治療計画ソフトウェア、患者固有の医療情報を分析し、脳卒中や敗血症等の生命を脅かす状態や時間的に危機的な状態を検出し、医療従事者に通知するためのアラームや警告を生成するソフトウェア機能、血糖値モニターからの測定値を分析し、所定の範囲外の測定値をユーザーに警告するソフトウェア機能

⑸　Medical Device Data Systems（MDDS）

　MDDS とは、医療機器データ等を転送、保管、フォーマット変換又は表示するシステムをいうところ、これらの用途のみを有するソフトウェアであれば、医療機器に該当しない。もっとも、これらに加えて医療データ等の解釈や分析をするソフトウェア機能は、医療機器に該当すると考えられている[21]。

　具体的には、患者を能動的にモニタリングするために一般的に使用される、多人数用ディスプレイ上でのアラームやアラートの生成、又は患者関連情報の優先順位付けを意図したソフトウェア機能は、臨床試験データその他の医療機器データ等の分析又は解釈を伴うため、医療機器に該当すると考えられる。また、医療データ等の転送、保管、フォーマット変換又は表示の機能のみを有する場合であっても、それが能動的な患者モニタリングを意図している場合、より具体的には、以下の特徴を有する、潜在的な臨床介入を即座に認識するための能動的な患者モニタリングを意図したソフトウェア機能は、医療機器に該当する可能性が高い。

---

21)　Medical Device Data Systems, Medical Image Storage Devices, and Medical Image Communications Devices（https://www.fda.gov/media/88572/download）

190

3　サイバーセキュリティ

- ● 臨床状況では、タイムリーな対応が必要である（例えば、院内患者モニタリング）。
- ● 臨床状態（疾患又は診断）がタイムリーな応答を必要とする（例えば、心室細動のような生命を脅かす不整脈の検出を目的とするモニター、又は一刻を争う介入のために糖尿病を能動的にモニターするために使用される機器）。

　なお、患者を能動的にモニタリングするものとして医療機器に該当する機能の具体例としては、以下が挙げられる。

- ● 集中治療室（ICU）のベッドサイドの病院モニターから情報を受信して表示し、潜在的な臨床介入を即座に認識可能にする二次警報システムとして機能する看護師遠隔測定ステーション。
- ● 在宅環境において、モニタリング機器からの情報、アラーム又はアラートを受信及び／又は表示する機能で、介護者に即時の臨床的行動をとるよう警告することを目的としたもの。

⑹　そ の 他

　医療機器の定義に該当する SaMD が、他の医療機器と組み合わせて使用されるものである場合、それが1つ又は複数の当該他の機器（parent devices）のパフォーマンスを支援、補足し、及び／又は向上させる機能を有する場合には、当該機器の "Accessory" とみなされる可能性があり、この場合のクラス分類や承認プロセス等については、FDA のガイダンスで詳細に説明されている[22]。

3　サイバーセキュリティ

　情報通信技術の発展により、医療機器の使用に関連して健康情報等が頻繁

22）　Medical Device Accessories - Describing Accessories and Classification Pathways（https://www.fda.gov/media/90647/download）

Chapter 17　デジタルヘルス―ソフトウェアの医療機器該当性

に電子的にやり取りされるようになったことで、医療機器の安全性及び有効
性を確保するための強固なサイバーセキュリティコントロールの必要性が高
まっている。また、ヘルスケアセクターに対するサイバーセキュリティの脅
威は、より頻繁かつ深刻になっており、臨床現場にも多大な影響を及ぼす可
能性が高まっている。そのため、ソフトウェア機能を含め、特にネットワー
クに接続可能な医療機器等においては、必要十分なサイバーセキュリティ対
策が求められるところ、FDA は、ガイダンスにおいて、医療機器に求めら
れるサイバーセキュリティの一般的な原則及びリスクマネジメントの推奨事
項等を示している[23]。この内容は、基本的に IMDRF のガイダンス[24]に
沿った内容となっており、また、FDA の他のガイダンス[25]を補足するもの
となっている。

　リスクマネジメントとは、製品のライフサイクルを通じたリスクの特定、
分析、評価、管理及びモニタリングを内容とし、医療機器の安全性及び有効
性の確保のために非常に重要な体系的なプラクティスである。QSR におい
ても、明示的にリスクマネジメントやソフトウェアの妥当性確認の活動の取
り組みを求めており[26]、これらは医療機器が安全性及び有効性に関して合理
的な保証を有しているかを証明する重要な要素である。

　また、2022 年に施行された法改正により、"cyber device" の定義に該当す
る医療機器に関して 510(k)、PMA、PDP、De Novo 又は HDE を提出する
者は、当該 "cyber device" が、法令で定めるサイバーセキュリティ要件[27]
を充足することを保証するための情報を提出しなければならないこととなっ
た[28]。なお、"cyber device" とは、(1)医療機器として、又は医療機器の中に、

---

23)　Cybersecurity in Medical Devices: Quality System Considerations and Content of Premarket
　　Submissions (https://www.fda.gov/media/119933/download)

24)　Principles and Practices for Medical Device Cybersecurity (https://www.imdrf.org/sites/
　　default/files/docs/imdrf/final/technical/imdrf-tech-200318-pp-mdc-n60.pdf)

25)　Cybersecurity for Networked Medical Devices Containing Off-the-Shelf (OTS) Software
　　(https://www.fda.gov/media/72154/download), Content of Premarket Submissions for
　　Device Software Functions (https://www.fda.gov/media/153781/download)

26)　21CFR820.30(g)

27)　FDCA524B(b)(21USC360n-2(b))

28)　FDCA524B(a)(21USC360n-2(a))

スポンサーによって認証、インストール又は認可されたソフトウェアを含み、
(2)インターネットに接続する機能を持ち、かつ(3)スポンサーによって認証、
インストール又は認可された、サイバーセキュリティの脅威に脆弱である可
能性のある技術的特徴を含む医療機器をいう[29]。

---

29) FDCA524B(c)(21USC360n-2(c))

Chapter 18

デジタルヘルス──承認等審査の迅速化・簡素化等に向けた取組み

1　DHCoEの開設等

　CDRH は、2020 年に、デジタルヘルスの専門部署として Digital Health Center of Excellence（DHCoE）を開設した。これにより、デジタルヘルスに関する FDA 内の連携及び開発者その他の外部利害関係者との連携は、DHCoE が中心となって行うこととなり、デジタルヘルスの発展を加速させるためのパートナーシップの構築、認知度及び理解度の向上、相乗効果の促進及びベストプラクティスの進歩のための知識の共有、効率的にかつ最小限の負担で監督を行うための規制アプローチの革新等を実現することが期待されている[1]。

　また、これに伴って、「DHCoE's inbox」が開設され、所定のメールアドレス[2]宛にデジタルヘルスガイダンスの解釈（適用されるガイダンスがどのように特定の製品に適用されるか等）に関する質問を送ることができるようになった。この質問は匿名で提出することができるが、それに対するフィードバックは拘束力を有しない。有益なフィードバックを得るためには具体的な情報の提供が必要であるため、匿名性を維持することを優先するために提供する情報が限定される場合には、有益なフィードバックを得られないおそれがあることに留意が必要である。制度上、質問に対する返答は保証されていないが、一般的には 30〜60 日程度で返答を受けることができる。返答内容についても、中にはガイダンスと同内容のコメントや、担当部署と直接話す

---

1)　https://www.fda.gov/medical-devices/digital-health-center-excellence
2)　The DHCoE's inbox, DigitalHealth@fda.hhs.gov

194

よう指示するにとどまるものもあり、有益な返答が返ってくるという保証はない。

2 Artificial Intelligence and Machine Learning (AI/ML) -Enabled Device Software Functions

(1) 概　要

Artificial Intelligence and Machine Learning (AI/ML) -Enabled Deviceとは、人工知能及び機械学習を搭載した医療機器を意味するところ、The International Medical Device Regulators Forum (IMDRF) は、2022 年に、Machine Learning-enabled Medical Devices: Key Terms and Definitions を公表し、一貫性の促進及び国際的な調和の進歩等のために、以下のとおり、トータル・プロダクト・ライフサイクル（TPLC）に関連する用語と定義を定めた。

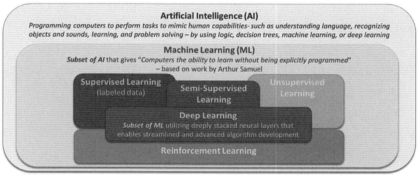

Figure 1 Overview of AI and ML Concepts
（出典：IMDRF: Machine Learning-enabled Medical Devices: Key Terms and Definitions (https://www.imdrf.org/sites/default/files/2022-05/IMDRF%20AIMD%20WG%20Final%20Document%20N67.pdf)）

医療機器メーカーは、ML 技術を活用することによって、医療従事者をより強力にサポートし、患者に対するケアを改善するための製品を作り出して

Chapter 18　デジタルヘルス─承認等審査の迅速化・簡素化等に向けた取組み

おり、具体的には、疾患の早期発見・診断、パーソナライズした診断及び治療の開発、並びにユーザーエクスペリエンスの向上を目的とした機能改良の開発等において、ML 技術が用いられている。

なお、FDA のウェブサイトにて、法令で求められている市販前要件を満たす AI/ML enabled device のリストが公開されており、2024 年 5 月 13 日時点で 882 の機器が掲載されている[3]。このリストは、FDA の公表情報により収集したものであるため、網羅的なものではなく、主に販売承認の概要説明に記載された情報に基づく、医療分野横断的な AI/ML 搭載医療機器リストである。

(2)　Good Machine Learning Practice（GMLP）

FDA は、AI/ML が組み込まれたテクノロジーの質的な発達を促進させ、評価等を容易にするため、2021 年に、カナダ保健省（Health Canada）、イギリスの医薬品・医療製品規制庁（Medicines and Healthcare products Regulatory Agency（MHRA））と共同で、安全、効果的かつ高質な AL/ML ベースの医療機器を推進する医療機器開発向けの Good Machine Learning Practice（GMLP）の策定に役立つ 10 の指針を公表した[4]。

(3)　Predetermined Change Control Plan for AI/ML-Enabled Device Software Functions

Predetermined Change Control Plan（PCCP）とは、事前に personalize を含む改良に関する計画を立て、その計画に対する FDA の審査を経て、販売承認又は認可等を取得した場合、その後に（自動で又は手動により）ソフトウェア機能等に変更を加えた場合であっても、販売承認又は認可等を受け

---

3)　Artificial Intelligence and Machine Learning (AI/ML)-Enabled Medical Devices (https://www.fda.gov/medical-devices/software-medical-device-samd/artificial-intelligence-and-machine-learning-aiml-enabled-medical-devices)

4)　Good Machine Learning Practice for Medical Device Development: Guiding Principles (https://www.fda.gov/medical-devices/software-medical-device-samd/good-machine-learning-practice-medical-device-development-guiding-principles)

2 Artificial Intelligence and Machine Learning（AI/ML）-Enabled Device Software Functions

た計画に従っている限り、追加の販売承認申請又は 510(k) PMN が不要とな
る制度である[5]。ML の強みは、リアルワールドデータからの学習等による
反復的な改良を通じてパフォーマンスを向上させることができる点にあるが、
既存の承認制度ではこれに対応することができないため、上記制度が設けら
れた。

　FDA は、ガイダンスにて、AI/ML 搭載医療機器の、安全、有効かつ迅
速な、新規データに応じた変更、アップデート及び改善等を保証するための
科学的なアプローチを示し、ML-enabled device software function（ML-
DSF）[6] を含む医療機器の PMA 申請、510(k) PMN 又は De Novo リクエス
トにおいて PCCP に含むべき情報の内容等を示した[7]。具体的には、PCCP
は、Description of Modifications、Modification Protocol、Impact
Assessment によって構成されるところ、それらのポイントは以下のとおり
である。

Description of Modifications	計画された変更の理論的根拠を説明及び提供し、それらの変更の実装によって生じる医療機器の特徴と性能の変化を説明する必要がある。FDA は、検証及び妥当性確認が可能な限られた数の具体的な変更を含めることを推奨しており、また、提案された各変更が、自動的に実施されるか又は手動で実施されるかを明記する必要がある。
Modification Protocol	計画された変更をサポートし、かつ QSR に準拠した[8]検証及びバリデーション活動[9]（事前に定義された受入基準を含む。）を説明する必要がある。これには、医療機器の設計管理、製造管理及び工程管理の要求事項[10]、並びに変更及び関連する承認の文書化の必要性[11] も含まれる。

5）　FDCA515C(a),(b)(21USC360e-4(a),(b))

6）　ML-DSF とは、ML 技術で学習した ML モデルを実装する医療機器ソフトウェア機能と定義
　　される。

7）　Marketing Submission Recommendations for a Predetermined Change Control Plan for
　　Artificial Intelligence/Machine Learning（AI/ML）-Enabled Device Software Functions
　　(https://www.fda.gov/media/166704/download)

8）　21CFR820.13

9）　バリデーションとは、特定の意図された使用において特定の要件が一貫して満たされること
　　を、検査及び客観的証拠によって確認することをいう（21CFR820.3 (z)）。

Chapter 18　デジタルヘルス―承認等審査の迅速化・簡素化等に向けた取組み

Impact Assessment	既存の製造者の品質システムを使用した影響評価では、予定された変更がもたらすベネフィット、リスク及びその緩和策を文書化する必要がある。その文書では、1）各変更を加えたバージョンと、変更を加えていないバージョンとの比較を含むこと、2）社会的危害を含む、各変更のベネフィットとリスクを説明すること、3）Protocolで提案された活動が、どのように医療機器の安全性及び有効性を合理的に保証し続けるかを説明すること、4）変更の実装により、他の実装にどのように影響を与えるかを説明すること、及び5）全ての変更を実装することの集団的影響を説明することが必要である。

　この制度により、FDAの要求事項に従ったより迅速な変更が可能となり、医療機器のイノベーションのペースを加速させると同時に、ソフトウェア機能が、個々の医療施設のデータやニーズに適応するように構築され、個々のユーザーの特性やニーズに応じた治療を提供できるようになることが期待されている。

　なお、FDA、カナダ保健省（Health Canada）及びイギリスの医薬品・医療製品規制庁（Medicines and Healthcare products Regulatory Agency（MHRA））は、2023年10月に、共同で、Machine Learning- Enabled Medical Devices のためのPCCPに関する5つの指導原則（Guiding Principle：1）Focused and Bounded, 2）Risk-based, 3）Evidence-Based, 4）Transparent, 5）Total Product Lifecycle（TPLC）Perspective）を策定し、公表した[12]。

---

10)　21CFR820.30, 820.70

11)　21CFR820.181

12)　Predetermined Change Control Plans for Machine Learning-Enabled Medical Devices: Guiding Principles（https://www.fda.gov/medical-devices/software-medical-device-samd/predetermined-change-control-plans-machine-learning-enabled-medical-devices-guiding-principles）

3　Digital Health Software Precertification (Pre-Cert) Pilot Program

　Pre-Cert プログラムは、製品ごとに行う販売承認審査プロセスの代わりに、十分な品質のパフォーマンスを実証するソフトウェアの開発者に対する事前の認証を実施するプロセスである。ハードウェアを想定した従来のFDA 規制は、ソフトウェアの設計・開発・妥当性評価を迅速に反復することが求められるケースに対応できないところ、同プログラムは、デジタルヘルス製品を市場に早く出すための取り組みの一つであり、同プログラムにより事前認証を得た企業は、迅速かつ負担の少ない効率的な規制審査手続の恩恵を享受することができる。

　ポイントは、個々の製品に着目するのではなく、ソフトウェアの開発者や当該業者の誠実さ、開発プロセスの品質の高さに着目する点である。具体的には、認証審査においては「品質文化と組織の卓越性」の実証を要求され、その審査における基本原則は、①製品品質（製品個々の品質ではなく、開発者の品質文化）、②患者の安全性確保、③臨床の場における責任確保、④サイバーセキュリティに対する責任確保、⑤自発的な行動文化の 5 つである。

　このプログラムは、2017 年に試験運用を開始しており、9 社 [13]（参加応募企業は 100 社以上）が事前認証を得たうえでプログラムに参加した。プログラム自体は 2022 年に終了し、FDA のウェブサイトにて最終報告が公開されている [14]。

---

13)　参加企業 9 社は Apple, Fitbit, Johnson & Johnson, Pear Therapeutics, Phosphorus, Roche, Samsung, Tidepool, Verify で あ る （https://www.fda.gov/news-events/press-announcements/fda-selects-participants-new-digital-health-software-precertification-pilot-program）。

14)　The Software Precertification (Pre-Cert) Pilot Program: Tailored Total Product Lifecycle Approaches and Key Findings （https://www.fda.gov/media/161815/download?attachment）

Chapter 18　デジタルヘルス─承認等審査の迅速化・簡素化等に向けた取組み

Expert Insights

米国でのデジタルヘルス事業を成功に導く4つの問い

✒ 一宮　恵（米国ジョージ・ワシントン大学公衆衛生大学院研究員
／株式会社 Godot 取締役兼 CRO（Chief Research Officer））

　「日本で成功した事業をそのままアメリカに展開しよう」。そう思っている読者の方がいたら、考え直した方がいいかもしれない。日米で共通するニーズがあっても、議論の土壌や人材層の厚みが違う。米国は世界最高の科学的知見と人材の宝庫だ。それが事業環境に内包され、前提として社会が成り立っている。この前提に適応し発展しなければ、相手にしてもらうのは難しい。だからこそ、米国の科学的知見と人材を生かし、「アメリカだからこそできること」を突き詰めることが、米国市場での成功にも、事業の躍進にもつながる。行動科学者としてアメリカで研究を行い、医療分野の戦略コンサルティングや事業開発にも従事してきた立場からお伝えしたい。

　アメリカにきてまず驚いたのが、研究、政策、ビジネスが三位一体となりサイクルが回っていること、そのスピードが速いことだ。米国最大の医学研究機関であるジョンズ・ホプキンス大学で取り組んだ研究の一つが、電子タバコのオンライン広告の大規模分析だった。米国ではタバコ製品に対する規制が年々厳しくなっており、行政・アカデミア対タバコ業界のいたちごっこが続いている。タバコ企業は市場の縮小を食い止めようと、法の穴をつついて新たな製品を出し続け、ソーシャルメディアを通じて若者に刺さる個別化広告を次々と流す。行政はアカデミアと連携してタバコ業界の動向を細かく分析し、月単位で新たな規制を打ち出す。この研究も、業界動向を探るためＦＤＡや国立がん研究センターから依頼を受けたものだった。10 人ほどのチームで毎日細かい分析を進め、定期的にレポーティングした結果、タバコ製品の製造・販売・マーケティングを取り締まる Tobacco Control Act のもと規制が更新された。規制更新にはもちろん他の機関も関わっており、この連携体制の綿密さと社会のアップデートのスピード感に圧倒された。行政と研究機関の日常的な連携体制、最新の科学的分析が可能な研究者やリソースの配分、規制の迅速な更新と社会への適用が全てそろって成し得ることである。電子タバコを例に挙げたが、新規性が高くルール整備が道半ばの業界ならこの傾向は当てはまり、特にデジタルヘルスでは領域に関わらず顕著といえる。

200

こうした環境が当たり前に整備された社会で、規制産業である医療に携わるには、規制を定める行政や、行政と連携する研究者との関係構築が欠かせない。月単位でルールが変わるほど社会のアップデートが速いと、規制が出てから対応しても競合と比べ遅かったり、重要な更新を見逃して資金調達や事業開発に影響が出たりしかねない。研究者自身がスタートアップを経営し分析結果を反映している場合も多く、業界の流れについていくためには、最新の研究や事業環境により素早く対応する必要がある。

　また、人の行動に関わるプロジェクトには必ずといっていいほど行動科学者が入っていることも、日本との大きな違いだ。行動科学とは、人の行動と意思決定に関わる脳科学、神経科学、経済学、心理学、社会学などを横断的にみる学問であり、欧米では Behavioral Science や Social Behavioral Science などと呼ばれている。ノーベル賞をきっかけに日本でも話題となったナッジや行動経済学も、行動科学の一分野だ。医療の文脈でいえば、通院や投薬アドヒアランスといった患者の治療行動から、ワクチン接種、健診受診、運動や食事などの予防行動、そして医療者側のガイドライン順守やメディアの医療コミュニケーションといったことまで、幅広いものが行動科学の適用範囲となる。アカデミックな調査を通じ、対象者の行動や意思決定の背景を深く理解したうえで、多様な行動変容理論を用いて行動プロセスを描き、どのような情報や刺激が行動及び意思決定に影響を与えるかを明らかにする。それらが様々なサービスや製品に反映され、科学的な検証をへてアップデートされてゆく。行動科学のこうした適用は、人の行動や意思決定を扱う事業において、もはや前提となりつつある。企業はもちろん、社会的課題解決に取り組む非営利団体ですら、行動科学や統計学の博士号保持者を含む数十人規模の研究部門を持っていることも珍しくない。

　そのような環境で日本発の事業を成功させるには、日頃から研究課題を管理し、検証ループを素早く回したうえで、それらを経営に反映させる実験サイクルの運営が必要だ。また、そうしたサイクル運営を成功させるためには、アカデミックなレベルで議論ができる優秀な人材をチームに引き入れることも重要といえる。

　業界動向を追い規制に反映させる行政やアカデミア関係者と連携すること、また行動や意思決定に関わる理論適用や検証サイクルを回せる体制づくりをすること。これらにより、日本とは異なるスピード感、エビデンス重視の意思決定、人材層の厚みに対応することが、アメリカでの成功の近道だ。これらを事業障壁と捉えず、アメリカの環境でこそ実現する高度化を進めれば、事業が飛躍的に発展す

Chapter 18　デジタルヘルス─承認等審査の迅速化・簡素化等に向けた取組み

る可能性もある。これらへの一歩を踏み出すために、米国進出を目指す経営者や企業が検討すべき問いとして以下をご紹介したい。

- ・　米国展開を目指す事業は、どのようなコア技術を強みとしているか
- ・　そのコア技術について、倫理上・安全上の観点からどのような規制や懸念点が議論され得るか
- ・　そのコア技術や規制の論点は、アメリカの研究者と協力することでどのように発展させられる可能性があるか
- ・　人の行動に関わる要素がある場合、行動科学の専門家と連携することでどのような高度化や検証が可能か

　さて、そうはいっても、全ての組織がアカデミックな行動科学や検証サイクルを取り入れられるわけではないのも現実だ。だからこそわたしは今、行動科学の民主化、社会への一般普及を目指している。人の行動原理を中心にあらゆる生活の構成要素を組み直すことが、今後の社会の発展に必要という危機感からだ。生活に必要な手続、適切な治療や予防、貯蓄や環境行動など、現代社会ではあらゆる行動にハードルがありすぎる。人の意思決定負荷や体力・知力には限界があるのに、各個人が努力や気合でそのハードルを乗り越えることを強いられている。しかし、完璧人間を前提につくられた社会には格差が生まれ、それが次の課題を生み続ける。忙しすぎる人も、先延ばし癖のある人も、体力的・精神的なレジリエンスが強くない人も、本来望んでいる意思決定や行動を無理なく行い、快適に暮らせる社会にすべきだ。こうした社会の実現には、人の行動原理を中心に据えた学問の集大成である行動科学の適用が鍵となる。

　これまで行動科学は、アカデミアに閉じられてきた。そのため企業は研究者にアドバイザリー業務を依頼し、長期的なスパンで理論適用や検証をお願いするしかなかった。しかし、アドバイザリーを通じ検証サイクルを回しているようではスピードが遅すぎる。また、研究者の数も足りなさすぎる。上記のような社会を実現するには、行動科学をより手軽に適用できるように、検証サイクルを素早く回せるように、属人的な手法を根本的に改める必要がある。現在開発しているBehavioral Intelligence（Be I）は、行動科学と機械学習を応用し、エビデンスに基づいて人の行動原理を明らかにする。一人ひとりの行動特性に合った理想的な行動までの通り道を見つけ、最短距離で行動にたどり着けるよう、サービスの最適化を行ったり、障壁を除いたりするための行動モデリングを行う。あらゆる組織がアカデミックな行動科学の適用及び検証を行えるようにすることで、生活の構

成要素が一人ひとりに最適な行動モデルをベースに書き換わり、どんな人も取り残さない、誰もが生きやすい社会に変わっていくと考える。

　世界最高の科学的知見と人材が集まる広大な国。研究・政策・ビジネスの三位一体構造がスピード感をもって回り続け、行動科学の最新知見をもとにアップデートされる社会。わたしもまた、この土地を舞台に、「アメリカだからこそできること」を突き詰める旅路の中にいる。日本とは異なる環境でこそ実現できる研究やネットワークを生かし、誰もが住みやすい社会につながる技術の開発に取り組んでいる。読者のみなさまも同志として、この旅路に参加されるのを楽しみにお待ちしております。

Chapter 19

コンビネーション製品規制

1 コンビネーション製品の定義

コンビネーション製品とは、2つ以上の種類の規制対象物で構成されている製品をいい、例えば、医薬品と医療機器のコンビネーション製品や、医薬品とバイオ医薬品のコンビネーション製品等がある。他方で、医薬品と化粧品や、医薬品と Dietary Supplement の組み合わせは、コンビネーション製品に該当しない。

FDA の Office of Combination Products (OCP) がコンビネーション製品の規制を担当しており[1]、いくつかのコンビネーション製品の種類に関して、ウェブサイトにて情報を提供している[2]。

コンビネーション製品には、以下の製品が含まれる[3]。

● 2つ以上の規制対象の要素で構成される製品で、物理的、化学的又はその他の方法で組み合わせ又は混ぜ合わせた単一物体として製造される製品

► このコンビネーション製品は、"single-entity" コンビネーション製品として呼ばれる。例えば、薬剤でコーティングされたステント、成長因子でコーティングされた植え込み型人工関節、薬剤が付着したモノクローナル抗体等がこれに該当する。

---

1) FDCA 503 (g)(1)(A) (21USC353 (g)(1)(A))
2) Combination Product Definition Combination Product Types (https://www.fda.gov/combination-products/about-combination-products/combination-product-definition-combination-product-types)
3) 21CFR3.2 (e)

● 2つ以上の別々の製品が1つのパッケージで、又は1つのユニットと
して、一緒に包装されており、医薬品及び医療機器、医療機器及びバイ
オ医薬品、又は医薬品及びバイオ医薬品を構成する製品

➤ これらの製品は、"co-packaged" コンビネーション製品と呼ばれる。
例えば、小瓶に薬剤とともに使い捨て注射器が入っているキットがこ
れに該当する。

● 別々に包装された医薬品、医療機器又はバイオ医薬品であり、試験計
画又はラベリング案において、承認された特定の医薬品、医療機器又は
バイオ医薬品との併用によってのみ使用されることが想定され、使用目
的及び効能効果を達成するためにその両方が必要であり、提案された製
品が承認された場合に承認された製品の表示を変更する必要がある製品

➤ この製品は、"cross-labeled" コンビネーション製品と呼ばれる。例
えば、特定の光活性薬剤との併用を想定された発光装置がこれに該当
する。

● 別々に包装された臨床試験用の医薬品、医療機器又はバイオ医薬品で、
ラベリング案において、他の特定の臨床試験用の医薬品、医療機器又は
バイオ医薬品との併用によってのみ使用されることが想定され、使用目
的及び効能効果を達成するためにその両方が必要である製品

➤ この製品も3つ目と同様に、"cross-labeled" コンビネーション製品
と呼ばれる。

2 審査及び規制担当部署の決定

FDA のうち、どの部署が審査及び規制を担当するかは、製品の主要な作
用機序（Primary mode of action（PMOA））に基づき決定され、PMOA とし
て認定された物（医薬品／医療機器／バイオ医薬品）の市販前審査を担当する
部署がメインの管轄を有することになる[4]。具体的には、いわゆる臨床試験
届に関しては、対象製品の PMOA が医薬品又はバイオ医薬品である場合に

---

4) FDCA503(g)(1)(D)(21USC353(g)(1)(D))

Chapter 19　コンビネーション製品規制

は、IND を申請することになり、他方で、PMOA が医療機器である場合には、IDE を申請することになる。また、販売承認申請に関しては、対象製品の PMOA が医薬品である場合には NDA、バイオ医薬品である場合には BLA、医療機器である場合には PMA、De Novo リクエスト又は 510(k) PMN を提出することになる。

PMOA とは、意図された治療効果全体に対して最も貢献すると予想されるコンビネーション製品の単一の作用機序（single mode of action）を意味する[5]。

PMOA 規制に関する final rule[6]の序文に、PMOA 判断に関する具体例が掲載されており、その１つに薬剤でコーティングされた血管ステントがある。血管ステントは、動脈を再び閉じる新しい組織を構築するのを防ぐための薬剤がゆっくりとステントから出る間、血管を開けたままにするために機械的な足場を提供する。この製品は２つの作用機序を有し、１つはステントによる医療機器としての作用機序で、もう１つは薬剤のコーティングによる医薬品としての作用機序であるが、このステント自体が、この製品の最も重要な治療上の効果を提供するものであり、薬剤はステントの効果を増強するにすぎない。したがって、この製品の PMOA は医療機器であるため、CDRH がメインの管轄を有し、医療機器規制の下で審査及び規制される。

もっとも、ケースによっては、複数の作用機序が独立しており、主従の関係にないために、どの作用機序が治療に最も大きな効果をもたらすかの判断ができないことがある。この場合、FDA は一定のアルゴリズムに従って判断することになる。すなわち、(i)当該コンビネーション製品と安全性及び有効性に関する同種の問題を有する他のコンビネーション製品を規制する部署があれば当該部署に割り当て、仮にそのような部署がなかった場合には、(ii)当該コンビネーション製品から生じる重要な安全性及び有効性の質問に関して、どの部署が最も専門性を有するかを検討して、担当部署を決定する[7]。

例えば、緑内障を治療するための薬剤付きコンタクトレンズは、視界を矯

---

5)　21CFR3.2 (m)

6)　70 Fed. Reg. 49,848

7)　21CFR3.4 (b)

正する医療機器としての性質を有するとともに、緑内障の治療薬を目に付着させる医薬品としての性質も有する、コンビネーション製品である。これらの医薬品と医療機器の関係性は主従の関係にないため、上記のアルゴリズムを用いると、(i)では解決しないものの、最も重要な安全性及び有効性の質問は薬剤の構成要素に関する特徴、製造及び臨床上のパフォーマンスであるため、(ii)に基づき、CDER がメインの管轄を有するべきとの結論になる。また、その後に類似品の販売承認申請が提出された場合には、(i)に基づき、CDER がメインの管轄を有することになる。

　PMOA が不明確であり、又はどこの部署がメインの管轄を有するかにつき争いがある場合、スポンサーは、OCP に対して、Request for Designation（RFD）制度に基づき、担当部署の決定をリクエストすることができる[8]。リクエストに当たっては、当該製品の分類に関する分析や PMOA 分析を付したうえで、担当部署に関する提言を提供しなければならない[9]。これに対して、OCP はリクエスト受領後 60 日以内に決定内容を文書により通知しなければならない[10]。この期限を徒過した場合、スポンサーの提供した提言の内容が最終決定となる[11]。なお、スポンサーにとってどこの部署が管轄を有するかが明確な場合には、上記リクエストなしに、直接当該部署に対して申請をすることができるが、当該部署がその管轄に疑義を有する場合には、スポンサーに対して、RFD を行うよう指示することができる。

　また、スポンサーは、OCP に対して、開発早期の段階で、Pre-Request for Designation（Pre-RFD）制度に基づき、担当部署に関する予備的な評価をリクエストすることができ、それに対して、OCP はリクエスト受領後 60 日以内を目途に文書にてフィードバックを提供する[12]。このフィードバックはあくまでも拘束力のないものであるが、スポンサーとしては、事前に

---

8)　FDCA563 (a) (21USC360bbb-2 (a)), 21CFR3.2 (j), 21CFR3.7

9)　How to Write a Request for Designation (RFD) (https://www.fda.gov/media/80495/download)

10)　FDCA563 (b) (21USC360bbb-2 (b)), 21CFR3.2 (i), 21CFR3.8 (b)

11)　FDCA563 (c) (21USC360bbb-2 (c))

12)　How to Prepare a Pre-Request for Designation (Pre-RFD) (https://www.fda.gov/media/102706/download)

Chapter 19　コンビネーション製品規制

FDA サイドの見解を知ることができるので、非常に有益である。

　そして、コンビネーション製品のスポンサーは、コンビネーション製品の販売承認等に係る基準及び要件（市販後の製品の変更や cGMP に関する要件等）の内容を明確かつ確実なものとするために、FDA に対し、Combination Product Agreement Meeting（CPAM）の実施を文書によりリクエストすることができ（CPAM リクエスト）、FDA はリクエスト受領後 75 日以内にスポンサーとの会議を開催しなければならない[13]。ただし、このリクエストはメインの管轄を有する部署が決まっている製品のみが対象となるため、FDA が当該製品について PMOA の決定が必要と判断した場合には、スポンサーは CPAM リクエストをすることができない[14]。

3　各種義務

⑴　市販後安全性報告

　FDA は、コンビネーション製品に関し、市販後安全性報告（Postmarket safety report（PMSR））要件を定めている[15]。当該報告義務の主体となる申請者は 2 種類おり、コンビネーション製品の申請者（combination product applicant）と構成部分の申請者（constituent part applicant）である。コンビネーション製品の申請者とは、コンビネーション製品に関する唯一又は全ての申請を行っている者を意味し、構成部分の申請者とは、コンビネーション製品の構成部分に関する申請を行っている者（他の構成部分は他の申請者による申請に基づいて市販されている。）を意味する[16]。例えば、医療機器であるレーザーシステムと光活性製剤が cross-labeled コンビネーション製品に該当し、当該レーザーシステムに関して販売承認を保有する者と当該光活性製剤に関して販売承認を有する者が別の entity である場合に、それぞれが構

---

13)　FDCA503⒢⑵⒜ⅰ⒤（21USC353⒢⑵⒜ⅰ⒤）

14)　Requesting FDA Feedback on Combination Products（https://www.fda.gov/media/133768/download）

15)　21CFR 4, Subpart B

16)　21CFR4.101

208

成部分の申請者に該当する（この場合、コンビネーション製品の申請者は存在しないことになる。)。

　コンビネーション製品の申請者は、構成部分につき販売承認を保有しているか否かに関わらず、当該構成部分に適用される PMSR 要件も遵守しなければならないところ、申請が 1 つの場合における、PMOA に係るメインの報告義務及びそれに追加で課せられる構成部分に係る報告義務の内容は、以下の表のとおりである[17]。

PMOA（↓）	メインの報告義務[18]	追加の医療機器の報告義務	追加の医薬品の報告義務	追加のバイオ医薬品の報告義務
医療機器	21CFR803, 806（詳しくはChapter 15.4 参照）		・ Field alert reports ・ 15 day reports ・ postmarketing safety event reports	・ biological product deviation reports ・ 15-day reports ・ postmarketing safety event reports
医薬品	21CFR314（詳しくはChapter 8.7 参照）	・ 5 day reports ・ Malfunction reports ・ Correction and removal reports ・ Periodic safety report		・ biological product deviation reports ・ 15 day reports
バイオ医薬品	21CFR600, 606	・ 5 day reports ・ Malfunction reports ・ Correction and removal reports ・ Periodic safety report	・ Field alert reports ・ 15 day reports	

---

17)　21CFR4.102 (c), (d)。詳細は FDA ガイダンスを参照されたい（Postmarketing Safety Reporting for Combination Products（https://www.fda.gov/media/111788/download））。

18)　21CFR4.102 (b)

Chapter 19　コンビネーション製品規制

(2)　cGMP

　医薬品や医療機器の Chapter でそれぞれ紹介したとおり、医薬品や医療機器等が適切に製造されることを確保するために、cGMP が規定されており、以下のとおり製品ごとに名称や根拠規定が異なるほか、各製品の特徴に応じた規制になっているため、その内容にも異なるところがある。

	Drugs	Biologics	Devices
一般的な名称	cGMP	cGMP	QSR
Code of Federal Regulation Section	21CFR210, 211	21CFR210, 211, and 21CFR600-680	21CFR820

　コンビネーション製品の cGMP を定めた規制[19]は、コンビネーション製品特有の新たな規制は設けていないものの、コンビネーション製品の構成部分は組み合わさった後もその規制ステータスを維持することになるため、各構成部分に適用される cGMP の要件は引き続き適用されるとされている[20]。
　この点、コンビネーション製品の構成部分が独立して販売されているような場合（Cross-labeled コンビネーション製品）は、それぞれ個別に cGMP が適用され（例えば、医薬品部分の製造者は cGMP、医療機器部分の製造者は QSR）、それぞれの製造施設に対して FDA が査察を実施することになる。他方で、コンビネーション製品が単一の物体であるか（single entity コンビネーション製品）、一緒に包装されている場合（co-packaged コンビネーション製品）には、必ずしもそれぞれの構成部分につきフルで cGMP を準拠する必要はなく、製造者は、1 つの構成部分についてフルで cGMP を遵守し、そのうえで、他の構成部分について追加分の cGMP を遵守することにより、コンビネーション製品全体について cGMP 要件を遵守しているとみなされる（"streamlined" approach）[21]。この場合、メインの cGMP は、対象のコン

---

19)　21CFR4

20)　78 Fed. Reg. 4307

21)　21CFR4.4 (b)

210

ビネーション製品の PMOA により決まる。

　以下の図は、後者のケースにおいて、メインの cGMP が医薬品に適用されるケースと医療機器に適用されるケースにおけるそれぞれ追加で準拠が必要な規定を列挙したものである[22]。なお、コンビネーション製品にバイオ医薬品が含まれる場合には、製造者はバイオ医薬品に適用される cGMP 要件[23] も遵守しなければならず、また、HCT/P が含まれる場合は、cGTP 要件やドナー適格要件を含む各規制[24] を遵守しなければならない。

メインの cGMP が QSR（医療機器）の場合		メインの cGMP が cGMP（医薬品）の場合	
Regulation	Title	Regulation	Title
21CFR211.84	Testing and approval or rejection of components, drug product containers and closures	21CFR820.20	Management responsibility
21CFR211.103	Calculation of yield	21CFR820.30	Design controls
21CFR211.132	Tamper-evident packaging for OTC drugs	21CFR820.50	Purchasing controls
21CFR211.137	Expiration dating	21CFR820.100	Corrective and preventative action
21CFR211.165	Testing and release for distribution	21CFR820.170	Installation
21CFR211.166	Stability testing	21CFR820.200	Servicing
21CFR211.167	Special testing requirements		
21CFR211.170	Reserve samples		

---

22) Current Good Manufacturing Practice Requirements for Combination Products（https://www.fda.gov/media/90425/download）

23) 21CFR600-680

24) 21CFR1271

Chapter 20

医薬品・医療機器等の開発及び製造の現代化

1　リアルワールドデータ・エビデンス

　Real World Data（RWD）とは、様々な情報源から日常的に収集される、患者の健康状態又は医療提供に関するデータを意味する。具体的には、電子健康記録（Electronic Health Record（EHR））由来のデータ[1]、製品及び疾患レジストリデータ[2]、医療費請求データ[3]等の行政クレームデータ、診断結果、患者生成データ[4]、機器生成データ、公衆衛生監視データ、データリポジトリ上のデータ等が含まれる[5]。

　Real World Evidence（RWE）とは、RWD の分析から得られた、医薬品

---

1)　EHR とは、電子システム内に含まれる個々の患者の記録を意味する。例えば、患者の病歴、診断、治療計画、予防接種日、アレルギー、放射線画像、薬局の記録、検査結果等が含まれる。

2)　レジストリとは、特定の患者、状態、薬物曝露によって定義される集団に関し、標準化された形式で臨床データ等を収集する組織的なシステムと定義される。レジストリデータの評価については FDA 発行のガイダンスを参照されたい（Real-World Data: Assessing Registries To Support Regulatory Decision-Making for Drug and Biological Products（https://www.fda.gov/media/154449/download））。

3)　医療請求データとは、治療やその他の介入に対する支払いを受けるために、医療提供者が保険者に提出する医療請求の情報をまとめたもの。EHR 及び医療請求データの評価については FDA 発行のガイダンスを参照されたい（Real-World Data: Assessing Electronic Health Records and Medical Claims Data To Support Regulatory Decision-Making for Drug and Biological Products（https://www.fda.gov/media/152503/download））。

4)　Patient-generated data とは、健康上の懸念に対処するために、患者、その家族又は介護者が作成、記録又は収集した健康関連データを意味する。

5)　Considerations for the Use of Real-World Data and Real-World Evidence to Support Regulatory Decision-Making for Drug and Biological Products（https://www.fda.gov/media/171667/download）, Use of Real-World Evidence to Support Regulatory Decision-Making for Medical Devices（https://www.fda.gov/media/174819/download）

等の使用法及び潜在的なベネフィット又はリスクに関する臨床的証拠をいう。

伝統的な臨床試験は、スコープが狭い傾向にあり、エラーやバイアスの原因を制御することができる。他方で、RWD を活用した研究は、より広範な課題に対応できる可能性があるものの、コントロールが困難なバイアスのソースにさらされる可能性がある。臨床的なエビデンスは、RWD 単独で、又はより伝統的な臨床研究由来のデータと RWD を組み合わせて活用した研究から創出することができるため、スポンサーは、適切な設計と方法論を用いることで、双方の潜在的な弱点を最小限に抑えながら、これらのアプローチの長所を活用することができる。

RWD は、実世界の環境から製品のベネフィット・リスクプロファイルの評価に関する情報を提供し、従来の臨床試験では実施不可能であったアウトカムの評価を可能にし、さらには、製品のイノベーション・サイクルとの整合性を高め、将来の製品の改良や新技術の開発に貢献する情報を提供することができる。

また、患者の経験データ（patient experience data[6]）を含む RWD により、製品の性能に関する新たな識見を得られる可能性があるほか、RWD は、他の方法で臨床研究に参加することができない対象集団の研究への参加を促進する可能性がある。同様に、RWD を活用することで、従来の臨床研究で実用的とされていた期間よりも長期間の研究が可能となり、より長期間の転帰に関するデータを収集できる可能性が高まるなど、RWD を活用するメリットは大きい。

これらを踏まえ、FDA は、法令上の要求[7]に応じて、規制上の意思決定における RWE の利用に関するガイダンスを発行し[8]、並びに承認済み医薬品の新規の適応症の販売承認要件及び市販後研究要件充足をサポートするための RWE の利用可能性を評価するプログラム（FDA's Real-World Evidence Program）のフレームワークの策定を行い[9]、当該フレームワークに基づき

---

6) patient experience data とは、何人かに収集され、患者の疾患又は病状に係る経験情報を提供することを目的としたデータをいい、当該疾患等が患者の生活に与える影響、当該疾患等の治療に関する患者の嗜好を含む。

7) FDCA505F（21USC355g）

213

Chapter 20　医薬品・医療機器等の開発及び製造の現代化

（上記ガイダンスを含め）各種ガイダンスを発行している[10]。研究開発段階における RWD の活用可能性は広く認識されており、例えば、ランダム化比較試験の潜在的な参加者の指定、ランダム化比較試験における結果やエンドポイントの確認及び外部対照試験の比較対照群としての使用が想定されている。

　また、FDA は、医療機器の販売承認等の意思決定における RWD の活用に関して、ガイダンスを発行しており、そこでは、データの関連性及び信憑性の評価方法、RWE を創出する RWD の収集及び分析の方法論に関する懸念点並びに FDA 審査における文書作成等に関して、FDA の見解が示されている[11]。関連性及び信憑性のある RWD から得られた RWE は、その研究課題、規制に関する意思決定、データソース、RWD 由来の特定のデータセットのデザイン及び分析等次第では、医療機器の承認等審査で安全性及び有効性の判断根拠となる "valid scientific evidence" と認められる可能性がある。

　なお、IND、NDA、BLA 等の申請において FDA に対して提出する研究データは、電子提出しなければならず、これは RWD に対しても適用されるため、医薬品等の承認申請等において RWD を提出する際は、原則として電子提出要件を満たさなければならない[12]。そして、FDA は、Data Standard Catalog（カタログ）[13]で指定された基準[14]に適合した研究データのみを処理、審査及び保存の対象とするため[15]、申請者は、これらの基準に適合した研究

---

8)　前掲注5）。このガイダンスでは、RWD の利用に関する観察研究を実施するうえでの検討事項として、データ収集・分析に関する透明性、FDA による RWD へのアクセス、研究の監督、安全性報告等に関して、スポンサーの義務や推奨事項が提示されている。

9)　Framework for FDA's Real-World Evidence Program（https://www.fda.gov/media/120060/download）

10)　Real-world Evidence（https://www.fda.gov/science-research/science-and-research-special-topics/real-world-evidence）

11)　Use of Real-World Evidence to Support Regulatory Decision-Making for Medical Devices（https://www.fda.gov/media/174819/download）

12)　FDCA745A（a）（21USC379k-1（a））

13)　https://www.fda.gov/regulatory-information/search-fda-guidance-documents/data-standards-catalog

14)　データの交換と利用のための構造と一貫性を提供する、定義された規則、慣例、ガイドライン、特徴、方法、形式及び用語を意味するとされている。

データを電子提出することが求められているところ、FDA は、医薬品等の申請において RWD 由来の研究データを提出する際の推奨事項等をガイダンスで示している[16]。

2 臨床試験におけるデジタルヘルステクノロジーの活用

デジタルヘルステクノロジー（DHT）とは、ヘルスケアに関連する用途のために、コンピューティングプラットフォーム、ソフトウェア及び変換器等を使用するシステムをいう。FDA は、医薬品等の臨床試験における DHT の活用を促進させるため、臨床試験における被験者からの遠隔データ収集のための DHT 利用に関するガイダンスを公表している[17]。このガイダンスでは、DHT の設計等の形態及び機能の両方を検討し、DHT が目的に適合していることを保証するための推奨事項を示している。なお、臨床試験において活用される DHT には、以下で紹介する DDT や MDDT として認定される可能性があるものも含まれるため、DHT の開発者はこれらの認定を求めることも検討するべきである。

DHT を構成する機器それ自体が医療機器に該当するケースもあり得るが、臨床試験において医療機器を使用する多くのケースでは、IDE 申請を提出する必要はない。すなわち、Chapter 14 で説明したとおり、DHT が "significant risk device"[18] に該当しない場合、試験が所定の要件[19] を満たす限りにおいては、IDE 申請は不要となり、また、IDE の適用が免除される医療機器[20] に該当する DHT を利用する臨床試験についても、IDE 申請

---

15) Providing Regulatory Submissions In Electronic Format -- Standardized Study Data（https://www.fda.gov/media/82716/download）

16) Data Standards for Drug and Biological Product Submissions Containing Real-World Data（https://www.fda.gov/media/153341/download）

17) Digital Health Technologies for Remote Data Acquisition in Clinical Investigations（https://www.fda.gov/media/155022/download）

18) 21CFR812.3 (m)。"significant risk device" に該当する場合は、IDE 申請が必要となる（21CFR812.20）。

19) 21CFR812.2 (b)

20) 21CFR812.2 (c)

Chapter 20　医薬品・医療機器等の開発及び製造の現代化

は不要となる。さらには、承認等された医療機器が臨床試験において承認等の内容に従って使用されている場合にも、IDE申請は不要となる[21]。

3　医薬品・医療機器等開発促進ツール認定プログラム

(1)　Drug Development Tools（DDTs）

　FDAは、医薬品やバイオ医薬品の開発のさらなる迅速化を実現させるため、Drug Development Tools（DDTs）の認定制度を設けた[22]。DDTsとは、医薬品等の開発及び承認等審査を補助することができる方法、材料又は手段を意味し[23]、スポンサーとの関係では、IND、NDA、ANDA、BLAなどの販売承認等の申請をサポートするために使用される。例えば、DDTを活用することにより、研究集団の規模の縮小、ひいては研究期間の短縮につながる可能性がある。

　FDAからDDT認定を受けるためには、医薬品等の開発及び承認等審査において特定の解釈及び申請を行うに当たって、対象のDDTとそのcontext of use（COU）[24]が信頼できるものであると判断される必要がある[25]。認定を求めるか否かは任意であり、個々の製品の販売承認等を求める申請とは全く別個の制度である。認定されたDDTは、誰でも利用可能であるが、認定されたCOUに適合する形で利用される場合に限り、原則としてFDAによる適合性の再検討及び再確認なしにINDやNDAなどの申請に組み込むことができる[26]。

　FDA発行のガイダンスによれば、DDT認定プログラムには3つあり、それぞれbiomarker、clinical outcome assessment（COA）、animal modelを対象とする[27]。

---

21)　21CFR812.1, 812.2(c)(1), (2)

22)　FDCA507（21USC357）

23)　FDCA507(e)(5)（21USC357(e)(5)）

24)　COUとは、医薬品開発及び審査においてDDTが使用される状況をいう（FDCA507(e)(4)（21USC357(e)(4)））。

25)　FDCA507(e)(7)（21USC357(e)(7)）

26)　FDCA507(b)(2)（21USC357(b)(2)）

216

3 医薬品・医療機器等開発促進ツール認定プログラム

　このうち、Biomarker Qualification Program（BQP）は、biomarker に適用されるところ、biomarker（生物学的指標）とは、正常な生物学的プロセス、病理学的プロセス又は治療的介入に対する生物学的反応の指標として客観的に測定及び評価される特性と定義される[28]。

　次に、COA Qualification Program（COAQP）は、COA に適用されるところ、COA とは、患者の症状、精神状態、疾患若しくは病状が患者の機能に及ぼす影響の測定と定義される[29]。これには、患者報告アウトカム（PRO）、観察者報告アウトカム（ObsRO）、臨床医報告アウトカム（ClinRO）及びパフォーマンスアウトカム（PerfO）等が含まれる。

　なお、FDA は、2020 年に、DDT の開発促進を目的に、Innovative Science and Technology Approaches for New Drugs（ISTAND）Pilot Program を開始した。このプログラムでは、これまで DDT 認定プログラムの対象外であったものの医薬品開発にとって有益な新規の DDT を対象とし、ベストな結果を見つけるために様々な方法でスポンサーとともに取り組んでいくことが想定されている[30]。例えば、臨床試験を遠隔又は分散して行うことをサポートするツール、医薬品の理解を発展させるツール、デジタルヘルス技術を活用するツールなどが、ISTAND に該当し得るものとして考えられている[31]。

(2)　Medical Device Development Tools（MDDTs）

　医薬品と同様に、医療機器についても開発ツールの認定制度が設けられて

---

27)　Qualification Process for Drug Development Tools（https://www.fda.gov/media/133511/download）

28)　FDCA507 (e)(1) (21USC357 (e)(1))

29)　FDCA507 (e)(3) (21USC357 (e)(3))

30)　https://www.fda.gov/drugs/drug-development-tool-ddt-qualification-programs/innovative-science-and-technology-approaches-new-drugs-istand-pilot-program

31)　実際に、machine learning（ML）model を利用した、自動化されたうつ病と不安症の重症度測定ツールに、ISTAND Pilot Program が適用されている（FDA's ISTAND Pilot Program accepts submission of first artificial intelligence-based and digital health technology for neuroscience（https://www.fda.gov/drugs/drug-safety-and-availability/fdas-istand-pilot-program-accepts-submission-first-artificial-intelligence-based-and-digital-health））。

Chapter 20 医薬品・医療機器等の開発及び製造の現代化

いるところ、MDDTs は、一般的に non-clinical assessment models（NAMs）、biomarker tests（BTs）、clinical outcome assessments（COAs）の３種類に分類することができる。制度の基本的な内容は同様であるが、詳細はガイダンスを参照されたい[32]。

4 Advanced Manufacturing Technologies（AMTs）

FDA は、法律の定め[33]に応じて、Advanced Manufacturing[34] Technologies Designation Program を設け、ガイダンスにて、AMT 指定の要件及び指定申請手続の詳細を定めている[35]。

この制度に基づき指定された AMT を使用することで、さらなる品質の保証、医薬品開発期間の短縮、生命維持に寄与する又は医療サービスを提供するうえで極めて重要な医薬品の供給の増加及び維持、規制要件のより効率的な遵守、並びに規制上の予測可能性の向上等の効果が期待されている。

AMT 指定を受けるためには、指定対象となる製造方法により医薬品の開発期間の短縮、又は生命維持若しくは医療の提供において極めて重要な医薬品若しくは供給不足とされる医薬品のリストに該当する医薬品供給の増加及び維持等を含め、同等若しくはより優れた医薬品の品質を維持しつつ、医薬品の製造工程を改善する新たな技術を導入し、又は既存の技術や手法を新たな方法で使用することが求められる[36]。

AMT 指定を受けた者等は、指定が付与されたのと同じ用途及び使用方法の場合に限り、指定 AMT に関するデータ若しくは情報を参照し、又はこれに依拠することができる[37]。

---

32) Qualification of Medical Device Development Tools（https://www.fda.gov/media/87134/download）

33) FDCA506L（21USC356l）

34) Manufacture とは、医薬品等の製造、調製、増殖、配合又は加工の各段階を意味する（21CFR207.1）。

35) Advanced Manufacturing Technologies Designation Program（https://www.fda.gov/media/174651/download）

36) FDCA506L（b）（21USC356l（b））

218

5　Platform Technology

　FDA は、 医薬品等の開発、 製造及び審査プロセスの効率化のため、 Platform Technology Designation Program を設けており、 法令で定義される "platform technology"[38] に該当する技術を使用した医薬品等につき FDA から販売承認を受けた場合、 FDA に対して、 当該技術に対する指定を要求することができ、 法令で定める基準[39] を満たす場合には、 当該指定を受けることができる。 そして、 当該指定を受けたスポンサーは、 指定されたものと同一の platform technology が組み込まれ、 又は使用された医薬品等の販売承認申請において、 自身が過去に申請し、 承認された医薬品等に関するデータを参照し、 又は当該データに依拠することができる[40]。

　なお、 潜在的な platform technology の例としては、 lipid nanoparticle（LNP） platforms for mRNA vaccine or gene therapy products、 monoclonal antibody platform technologies、 platforms using a chemically defined targeting moiety in conjugation with a well-characterized synthetic siRNA、 LNP platforms encapsulating different short, single stranded or double stranded oligonucleotides が挙げられている[41]。

6　医薬品等の開発・製造におけるAI/MLの利用

　AI を規制する連邦法はまだ存在しないものの、 FDA は、 特に AI の有効活用が期待される医薬品等の開発・製造分野において、 想定される問題点に関して公にフィードバックを求め、 情報・意見の収集、 並びにそれらの検討

---

37)　FDCA506L (c)(1) (21USC356l (c)(1))

38)　FDCA506K (h)(1) (21USC356k (h)(1))

39)　FDCA506K (b) (21USC356k (b))

40)　FDCA506K (f)(1) (21USC356k (f)(1))

41)　Platform Technology Designation Program for Drug Development Guidance for Industry （https://www.fda.gov/media/178928/download）

Chapter 20　医薬品・医療機器等の開発及び製造の現代化

及び分析を行っている。

　具体的には、FDA は、医薬品等の開発・製造における AI/ML 利用に関して、2023 年に 2 つのディスカッションペーパーを発行した。1 つ目は、「Artificial Intelligence in Drug Manufacturing」[42]であり、これは、医薬品の製造現場における AI 活用を進めていくため、医薬品製造における AI 技術の利用に対する risk-based の規制枠組みの適用を検討するに当たり、特定の検討事項について公にフィードバックを求める目的で発行された。2 つ目　は、「Using Artificial Intelligence & Machine Learning in the Development of Drug & Biological Products」[43]であり、これは、基礎研究、非臨床研究、臨床研究、臨床データの収集、管理及び評価、並びに市販後安全性監視等の医薬品及びバイオ医薬品の開発プロセスにおける AI/ML の利用に関連する論点に関してステークホルダー等からフィードバックを得る目的で発行された。

　FDA には、同分野における AI/ML 利用に関するガイダンスの早期発行が期待される。

---

42)　https://www.fda.gov/media/165743/download?attachment

43)　https://www.fda.gov/media/167973/download

Expert Insights

事業の国際展開における移転価格税制

井川朋子（Simmons & Simmons LLP、Partner（non-lawyer））

　国際的に事業を展開する際に必ず考えなければならない法の中に、移転価格税制というものがあります。移転価格税制とは、関連会社との取引価格を適切に設定することを求め、多国籍企業の事業所得の海外移転を防止及び租税回避を防止する制度です。このような制度は 100 か国以上で導入されているため、多国籍企業にとって、重要な税務コンプライアンス問題であるとともに、移転価格の設定次第により各関連会社の所得水準及びグループの実効税率に影響を及ぼすので財務管理問題でもあります。

　私はこれまで Big4 会計事務所や国際法律事務所にて様々な多国籍企業への移転価格コンサルティングサービスを提供してきました。特に、製薬業界に携わる多国籍企業を担当させて頂きました。移転価格税制はあらゆる関連者間取引に適用しますので、製薬業界においては、例えば米国市場にて研究開発施設を設立しその子会社が日本親会社へ研究開発サービスを提供する場合、米国子会社へライセンス供与をして現地で製造販売活動を行う場合、製造は日本で行う場合でも米国子会社を通して完成医薬品を現地市場へ販売する場合、又は両国で研究開発を行い親会社と米国子会社の間で関連費用を分け合う場合等、様々な取引に「移転価格」を設定する必要があります。

　そもそもどのように移転価格を設定するのか。各国で認められている基準は「独立企業間原則」と言い、即ち第三者と同じ取引を行った場合と同水準の価格を設定するよう努めなければなりません。このような「第三者との取引価格」を想定するために、関連者間でどのように機能・リスク・資産を分担するかを考察する必要があります。例えば開発機能を関連者間で分担する場合、どの関連者が臨床試験の設計をし、どの関連者が臨床試験を実行し、どの関連者がその試験結果を分析し次の開発フェーズに進むかを決断するか等を分析します。海外子会社で行う機能や負うリスク等の度合いにより、移転価格の設定や取引形態が変わります。なお、製薬業界において、その経済的意義の観点から研究開発機能やリスク又は特許等の無形資産が重要視されるのが一般的ですが、近年においては、デジタル化やその他業界内の動向変化により、その他機能・リスク・資産がどの

221

ように事業へ貢献しているかを包括的に分析する必要があります。

　また、重要なのは「事業実態」と「移転価格モデル」の整合性をとることです。例えば、活動実態はなく契約上のみにおいてリスク負担や重要資産保有をする関連者が多額の利益を得ている場合、移転価格税制上問題視されます。国際課税制度が企業のグローバル化に追い付いていなかったとされ OECD 及び G20 が共同で 2012 年に発足した「税源浸食と利益移転（BEPS：Base Erosion and Profit Shifting）」というプロジェクトを通して、近年では大々的に国際税務改革が各国で行われ、この「事業実態」と「移転価格モデル」の整合性に注目が集まっています。このような背景の中、グローバル事業モデルを構築する際には、それがどのような税務影響があるかを適切に平行して検討し、各国の税務調査及び追徴課税のリスクを事前に低減することが、グループ全体のガバナンスの向上に繋がると考えます。

1 概　　要

Chapter 21

表示・広告規制

1　概　　要

　FDA は、医薬品[1]及び医療機器等の表示及び広告を規制する権限を有しており、対象製品の種類に応じて、Office of Prescription Drug Promotion（OPDP）[2]、Advertising and Promotional Labeling Branch（APLB）[3]又は CDRH が規制を執行している。

　ただし、医薬品及び医療機器等の表示及び広告の一部は FTC が規制管轄を有しており、FDA との責任分担は以下のとおりである[4]。

		FDA	FTC
Labeling	OTC drugs, non-restricted devices, food, cosmetics	✓	
	Prescription drugs, restricted devices[5], biologics, tobacco	✓	

---

[1]　この Chapter においては、「医薬品」は、医薬品及びバイオ医薬品の両方を含む単語として使用する。

[2]　CDER に属するオフィスであり、処方薬の広告規制を担当している。

[3]　CBER に属するオフィスであり、バイオ医薬品の広告規制を担当している。

[4]　FTC-FDA Memorandum of Understanding, 36 Fed. Reg. 18,539（1971）

[5]　"restricted device" とは、FDCA520(e)（21USC360j(e)）に基づき発行された規則、FDCA515(d)(1)(B)(ii)（21USC360e(d)(1)(B)(ii)）に基づく市販前承認の条件としての命令、又は FDCA514(a)(2)(B)(v)（21USC360d(a)(2)(B)(v)）及び同 514(b)に基づき発行された性能基準により、販売、流通又は使用を制限する要件が設定された機器をいう（21CFR807.3(i)）。

223

Chapter 21　表示・広告規制

Advertising	OTC drugs, non-restricted devices, food, cosmetics		✓
	Prescription drugs, restricted devices, biologics, tobacco	✓	

　すなわち、非処方薬や制限なし医療機器の広告は、FTCの管轄下にあり、商取引上又はそれに影響を及ぼす不公正な競争方法（unfair methods）、及び不公正若しくは欺瞞的な（deceptive）行為等は違法とされている[6]。また、個人、共同経営体又は企業による虚偽の広告の流布及び流布を生じさせる行為は違法とされており、当該流布等は上記不公正若しくは欺瞞的な行為等にも該当する[7]。

　このChapterでは、FDAが規制対象とする表示及び広告に絞って説明する。

　FDAの規制対象となるのは、上記のとおり、全てのFDA規制製品の表示並びに処方薬及び制限医療機器の広告である。

　FDCAは、"misbranded"の医薬品及び医療機器等の州際通商への流通を禁止しているところ[8]、医薬品及び医療機器等の表示（labeling）又は広告（advertising）が特定の法令等に違反している場合、当該医薬品及び医療機器等は"misbranded"となる[9]。

　実務上、違反事案と許容事案の見極めには豊富な経験に基づく判断が必要であるため、表示及び広告規制への対応として、多くの製薬企業等では、表示・広告規制業務専属の職員を配置している。また、企業によっては、プロモーションポリシーを策定したうえで、法務・コンプライアンス、メディカル、レギュラトリー等のメンバーで構成された委員会において法令等及び当該ポリシーに従って表示及び広告内容を検討することとし、当該委員会の承認を表示及び広告を公開するための要件とする仕組みを構築することにより、

---

6)　15USC45(a)

7)　15USC52

8)　FDCA301(a)(21USC331(a))

9)　FDCA502(f)(1)(21USC352)

2 表示（labeling）規制

表示及び広告規制への対応を行っている。

　なお、アメリカでは、日本を含む大半の国と異なり、消費者に対する処方薬の広告（DTC 広告）が認められている。処方薬の DTC 広告が認められているのは、アメリカの他ではニュージーランドのみである。

2　表示（labeling）規制

(1)　定　　義

　Labeling とは、「all labels and other written, printed, or graphic matter (1) upon any article or any of its containers or wrappers, or (2) "accompanying" such article」と定義されている[10]。

　このうち(2)に関し、過去の裁判例では、"labeling" の定義を広く解し、製品を補足又は説明する資材も "labeling" に含まれるとしたうえで、その資材と製品が物理的に添付されている必要はなく、資材が製品の販売、送付又は配布等と直接的に関連している場合（immediate connection with sale of the product[11]）に、"accompanying" に該当するとされている[12]。

　また、Labeling は、FDA-required labeling と promotional labeling の 2 つに分類される。

　FDA-required labeling には、NDA、BLA、PMA 等の販売承認の審査手続の一部として FDA から審査及び承認を受ける表示や、（販売承認の対象外の製品の場合は）"adequate directions for use" 等の表示が必要な情報[13]に係る表示が含まれる[14]。

　promotional labeling は、FDA-required labeling 以外の全ての labeling を意味し、具体的には、パンフレット、冊子、ダイレクトメール、会報、ビデ

---

10)　FDCA201 (m)（21USC321 (m)）

11)　United States v. 24 Bottles of "Sterling Vinegar & Honey," etc., 338 F.2d 157（2d Cir 1964）

12)　Kordel v. United States, 335 U.S. 345, 350（1948）

13)　処方薬は 21CFR201.100、非処方薬で NDA 対象の製品は 21CFR201.66、非処方薬で NDA 対象外（Monograph の範囲内）の製品は FDCA505G に従った表示をする必要がある。

14)　21CFR314.50 (c)(2)、514.1 (b)(3)、601.2 (a)

Chapter 21　表示・広告規制

オテープ、会議資料、カタログ、価格リスト、医薬品等の名称が記載された
マグネットやカップ等、医薬品等情報を含む印刷物、音声又は視覚資料がこ
れに含まれる[15]。また、プレスリリースやウェブサイトにおける表示もこれ
に含まれ得ると考えられている。

　なお、本書では、promotional labeling と advertising を合わせて、「プロ
モーション」と表記することがある。

(2)　規制内容

　医薬品又は医療機器の表示が false/misleading であった場合には、当該表
示が付されている製品は"misbranded"となる[16]。特に、FDA-required
labeling は、製品の安全かつ有効な使用のために必要不可欠な情報を伝達す
る主要な方法であるため、会社は表示内容が不正確、虚偽又は誤解を招く内
容にならないように必要に応じてアップデートしなければならない[17]。

　"false"や"misleading"と評価されるのは、例えば以下のようなケースで
ある。

- ●　十分な裏付けのない説明をした場合
- ●　安全性に関する情報を省略又は最小化した場合
- ●　添付文書の表示よりも製品の有効性又は安全性等が優れていることを
　　示唆した場合
- ●　統計情報等を誤表示した場合
- ●　動物実験等のデータに基づき、臨床上の有効性を暗示した場合

　医薬品及び医療機器の表示には、原則として"adequate directions for
use"を含まなければならず、これに違反した場合、当該製品は
"misbranded"となる[18]。"adequate directions for use"とは、通常人が安全
に意図された目的のために医薬品・医療機器を使用できるようにするための
指示を意味する[19]。ただし、処方薬及び処方医療機器において一定の条件を

---

15)　21CFR202.1 (1)(2)
16)　FDCA502 (a)(1) (21USC352 (a)(1))
17)　21CFR201.56 (a)(2), 314.70 (c), 601.12 (f), 814.39 (d)等
18)　FDCA502 (f)(1) (21USC352 (f)(1))

満たした場合は同規制の適用が免除される[20]。その条件の一つが、表示に "adequate information for such use" を含むことである[21]。具体的には、処方薬の場合、"adequate information for such use" には、当該医薬品を投与することを法律で許可された医師が当該医薬品を安全に使用するために必要な情報、具体的には、適応症、効果、投与量、投与方法、投与頻度、投与期間、警告、危険性、禁忌、副作用及び使用上の注意が含まれる[22]。また、処方薬において、"adequate directions for use" 要件の免除を受けるには、21CFR201.56、21CFR201.57 及び 21CFR201.80 に基づいて必要とされる情報を、同規定の定める形式にて表示に含まなければならない[23]。

規制上、上記 "adequate directions for use" 要件は、FDA 承認を受けた添付文書（package insert）[24]の内容が全て表示に含まれていれば、原則として充足することになるものの、多くの消費者は添付文書に記載されている情報を理解するために必要な知識を有しておらず、一部の情報は消費者にとって不要なものであるため、特に DTC プロモーションにおいてフルで添付文書の情報を掲載することは最適でない。

そこで、FDA は、処方薬に関し、適用されるガイダンスに従って適切な情報を表示し、又は広告に含む場合には、"adequate directions for use" 要件の充足に必要な情報の一部を DTC 表示に記載しなかったこと、又は（後述する）DTC 印刷広告の "brief summary" に各副作用を記載していなかったことのみを理由に違法と判断することはないとしている[25]。言い換えれば、当該ガイダンスで示される代替的なルールを遵守すれば、表示の "adequate

---

19）　21CFR201.5, 21CFR801.5

20）　21CFR201.100 (d), 21CFR801.109

21）　21CFR201.100 (d), 21CFR801.109 (d)

22）　21CFR201.100 (d)(1)

23）　21CFR201.100 (d)(3)

24）　添付文書（package insert）には、FDA から承認を受けた、当該医薬品の効能効果、用法用量、使用上の注意、禁忌、副作用及び警告（Boxed warning も含まれる）等に関する情報が記載される。Product labeling や Prescribing information とも呼ばれる。

25）　Brief Summary and Adequate Directions for Use: Disclosing Risk Information in Consumer-Directed Print Advertisements and Promotional Labeling for Prescription Drugs（https://www.fda.gov/media/70768/download）

Chapter 21 表示・広告規制

directions for use" 要件及び印刷広告の "brief summary" 要件の両方を満たすこととなる。

そして、Medication Guide[26]、Patient Package Inserts (PPIs)、Instructions for Use (IFU) といった patient labeling が FDA の承認内容に含まれている場合には、それに従った表示が要求されるほか、当該表示を含め、医薬品及び医療機器において表示が求められる情報は、購入や使用の慣習的な条件下で、一般人が読んでも理解することができる方法で、目立つように記載しなければならない[27]。

なお、表示と広告の両方に適用されるルールの一部は、以下の広告規制の中で説明する。

3 広告 (advertising) 規制

(1) 定　　義
法令上、"advertising" や "advertisement" の定義を定める規定は存在しないが、"advertising" には、ジャーナル、雑誌、新聞等の定期刊行物、又はラジオ、テレビ、電話通信システム等のブロードキャストメディアを通じて掲載又は放送等することが含まれる[28]。

(2) 規制内容 (広告一般 (表示と広告の両方に適用されるルールを含む))
表示規制と同様に、処方薬及び制限医療機器に関する広告が false/misleading であった場合、当該製品は "misbranded" となる[29]。この点、FDA は、特定の広告文言のみに着目するのではなく、広告全体から受ける印象等を考慮して、false/ misleading の判断をする。すなわち、特定の文言それ自体は誤解を招く表現でなかったとしても、全体として欺瞞的な印象を与える広告表現は false/misleading と判断される。

---

26) 21CFR208.1
27) FDCA502(c) (21USC352(c))
28) 21CFR202.1(l)(1)
29) FDCA502(n),(q)(1) (21USC352(n),(q)(1)), CFR202.1(e)(5)(i)

228

3　広告（advertising）規制

　以下で紹介する多くのルールは表示にも適用されるものであるが、便宜上本項で紹介する。

　まず、医薬品及び医療機器の表示及び広告においては、推奨される使用方法から生じる結果に関する事実等の製品に関する重要な事実を含まなければならない[30]。重要な事実には、処方薬であれば、禁忌、Boxed warnings[31]及び使用上の注意の他、最も深刻なリスクや最も頻繁に生じるリスクが含まれるが、ターゲットとする消費者層の性質等及び添付文書の内容等によって、重要な事実に含まれる内容は異なってくる。

　また、医薬品及び医療機器の表示及び広告においては、効果に関する情報とリスクに関する情報をバランスよく（fair balance）表現しなければならず[32]、リスク情報は、効能効果に関する説明と合理的に比較できるほど目立たせるとともに、読みやすく表示しなければならない[33]。言い換えると、医薬品及び医療機器のプロモーションでは、当該製品のベネフィット情報と合理的に類似した掲載方法にて、当該ベネフィットと関連する医療上のリスクを表示しなければならない。また、"fair balance" は、製品の限界を示さなければならないという意味をも有するため、使用方法や使用年齢の制限に関する情報も掲載しなければならない。

　この "fair balance" 要件は、添付文書や brief summary 要件とは別の要件であり、添付文書や brief summary を全て掲載することによって fair balance の要件が満たされるものではない。もっとも、ベネフィット情報やリスク情報の内容は製品ごとに異なるため、"fair balance" 要件充足性の判断は非常に難しい。一般的には、製品のプロモーションに当たっては、ベネフィット情報の提示と同等に（同程度の量）、添付文書に記載された制限、警

---

30)　FDCA201 (n) (21USC321 (n))、21CFR1.21、202.1 (e)(5)(xiii)

31)　死亡又は重篤な傷害につながり得る特別な問題に関して、処方情報の中でボックス内に表記される警告情報のことを意味する。

32)　21CFR202.1 (e)(5)(ii)。なお、医薬品等の表示及び医療機器に適用される明文の規定はないが、FDA 発行のガイダンスではこれらにも処方薬の広告と同様に適用されるものと解されている（Presenting Risk Information in Prescription Drug and Medical Device Promotion (https://www.fda.gov/media/76269/download)）

33)　21CFR202.1 (e)(7)(viii)

229

Chapter 21　表示・広告規制

告、使用上の注意及び有害事象を強調しなければならないとされているが、必ずしもベネフィットの表示と同じ量のスペースや時間をリスク表示に使用しなければならないわけではなく、どの程度のスペースや時間をリスク表示に使用しなければならないかは、当該製品のリスクの内容や掲載方法次第で異なる。詳細は、FDA 発行のガイダンスを参照されたい[34]。

　リスク情報の省略や最小化は、表示及び広告規制において、最も頻繁に生じる違反であるため、特に慎重に検討する必要がある。

　そして、表示で記載することが承認等されていない内容であって、かつ、実質的な証拠又は臨床経験によって証明された内容よりも、優れている、効果的である、広範な症状若しくは患者に有用である、安全である、重篤な副作用若しくは禁忌の発生率が少ない、といった表現又は示唆が含まれる場合には、仮に医学的に正しく、医療実務において認められている情報であったとしても、当該広告や表示は、虚偽である（false）、公正なバランスを欠いている（lacking in fair balance）、あるいは誤解を招くものである（misleading）と判断される[35]。

　さらに、医薬品及び医療機器の表示及び広告の内容は、Consistent with the FDA-Required Labeling（CFL）であることが求められ、これに違反すると false/misleading の表示として扱われる。これに関し、FDA は、FDA-required labeling に記載されていない情報を表示又は広告する場合であっても当該要件を満たし得るとしたうえで、ガイダンスにおいて、Consistency を判断する際の 3 つの考慮要素等を示した[36]。昨今発行された Warning letter 及び Untitled letter では、CFL の問題が含まれるケースが非常に多く、当該論点に対する規制がより一層厳しくなっているものと推察される。

　プロモーションにおける処方薬の販売名及び法令で指定された正式名称（又は成分名）の掲載位置、サイズ、頻度等についても、規則でルールが定め

---

34)　Presenting Risk Information in Prescription Drug and Medical Device Promotion（https://www.fda.gov/media/76269/download）

35)　21USC352（a）, 352（n）; 21CFR202.1（e）（6）（i）（drug）, 21USC352（a）（1）; 21CFR860.7（c）（device）

36)　Medical Product Communications That Are Consistent With the FDA-Required Labeling Questions and Answers（https://www.fda.gov/media/133619/download）

　　　　　　　　　　　　　　　　　　　　3　広告（advertising）規制

られているほか[37]、FDA 発行のガイダンスにて推奨事項が示されている[38]。

　処方薬の広告においては、製造業者等が、当該医薬品に関して発行される全ての広告において、以下の全ての事項を真正に記載（true statement）しなければならない[39]。

(1)　販売名の半分以上の大きさの活字で目立つように印刷された、正式名称（又はその成分名）[40]

(2)　21USC352(e)に基づく表示に必要な範囲で、当該医薬品の各成分を定量的に示した処方

(3)　規則で要求される、副作用・禁忌等[41]及び有効性に関連する情報の brief summary（公表された DTC 広告の場合、目立つように次の文言が印刷されていること："You are encouraged to report negative side effects of prescription drugs to the FDA. Visit www.fda.gov/medwatch, or call 1–800-FDA-1088."）

　また、制限医療機器の広告も、上記の処方薬に対する規制と同様に、原則として販売名の半分以上の大きさの活字で目立つように医療機器の正式名称[42]を記載すること、並びに用途、関連する警告、注意事項、副作用及び禁忌等の "brief statement" 等を記載することが求められる[43]。

(3)　DTC 広告規制

　HCPs に対する広告規制と DTC 広告規制の内容は、基本的に同様であるが、一定の場合には異なる規制が適用される。例えば、DTC 広告規制の内

---

37)　21CFR201.10(g), 202.1(b), (c), (d)

38)　Product Name Placement, Size, and Prominence in Promotional Labeling and Advertisements（https://www.fda.gov/media/87202/download）

39)　FDCA502(n)（21USC352(n)）

40)　FDCA502(e)(3)（21USC352(e)(3)）

41)　これには、警告、予防措置その他「注意（cautions）」、「特別な考慮（special consideration）」、「重要な注記（important notes）」などの見出しにおける情報も含まれる（21CFR202.1(e)(1)）。また、FDA から承認等された表示に含まれる特定の副作用や禁忌をそれぞれ開示しなければならない（21CFR202.1(e)(3)(iii)）。

42)　FDCA502(e)(3)（21USC352(e)(3)）

43)　FDCA502(r)（21USC352(r)）

Chapter 21　表示・広告規制

容は、広告が印刷物による場合（印刷広告）か、ラジオ、テレビ、電話通信システム等のメディアを通じた放送による場合（ブロードキャスト広告）かで異なる。すなわち、印刷広告においては必ず brief summary を表示しなければならないが[44]、ブロードキャスト広告は掲載時間が限られており、brief summary の表示を求めるとそれを読み上げるのに多くの時間がかかるため、処方薬におけるブロードキャスト広告においては、承認された添付文書情報を周知するための "adequate provision" を設けることを条件に、brief summary 要件が免除され、この場合、当該医薬品の主要な副作用と禁忌に関する情報を広告の音声や映像の一部分に含めることで足りる[45]。

　そして、"adequate provision" 要件を満たすためには、当該医薬品のFDA承認済み処方情報（prescribing information）にアクセスするためのいくつかの方法を提供しなければならず、具体的には、以下の方法が考えられる[46]。

- 　消費者が全ての処方情報へのアクセスをリクエストするために連絡をすることができる通話無料の電話番号（フリーダイヤル）を広告内で提供すること
- 　全ての処方情報が掲載されている同時刊行の印刷広告物やパンフレットの参照情報を広告内で提供すること
- 　全ての処方情報が掲載されているウェブサイトのアドレスを広告内で公開すること
- 　医師や薬剤師に追加情報を尋ねるよう消費者を促すこと（HCPsに診てもらうよう消費者を促す内容）

　また、処方薬のブロードキャスト広告において、製品の名称及び使用条件を表示する場合には、主要な副作用及び禁忌に関する情報を提供する

---

44)　ただし、brief summary 情報にアクセスできるウェブページのリンクや QR コードを表示する方法でも要件を満たす。

45)　21CFR202.1 (e)(1)

46)　Consumer-Directed Broadcast Advertisements（https://www.fda.gov/regulatory-information/search-fda-guidance-documents/consumer-directed-broadcast-advertisements） "major statement" を、明確（clear）、顕著（conspicuous）かつ中立的な（neutral）方法で、表示しなければならない[47]。近年、CCN Final Rule[48]により、連邦規則集が改正され、21CFR202.1(e)(1)にこれらの要件が反映されるとともに、当該要件に関する5つの基準が定められた。例えば、"major statement" は消費者が容易に理解できる言葉で表示されるものとする、テレビ広告においてはオーディオと文章の両方で表現されるものとするといった内容が含まれるところ、その詳細はFDA発行のガイダンス[49]を参照されたい。なお、当該規定は、2024年11月20日から適用される。

(4)　PhRMA Guiding Principles

Pharmaceutical Research and Manufacturers of America（PhRMA）に加盟する企業は、上記の法令上の要件の他、PhRMAが設定したGuiding Principles[50]を遵守する必要がある。例えば、DTC印刷広告には、有害事象の報告を容易に行えるようにするため、FDAのフリーダイヤルのMedWatchの電話番号及びウェブサイトを掲載しなければならず、DTCテレビ広告においては、当該情報が掲載された印刷広告に患者がアクセスできるような措置を講じるか、広告主のフリーダイヤルの電話番号を提供しなければならない[51]。また、子供にとって不適切な内容を含むDTCテレビ及び印刷広告は、予想視聴者又は読者の概ね90％が18歳以上の大人であると合理的に予想できるプログラム又は印刷物に掲載するべきであるとされている[52]。

---

47)　FDCA502(n)(21USC352(n))
48)　Direct-to-Consumer Prescription Drug Advertisements; Presentation of the Major Statement in a Clear, Conspicuous and Neutral Manner in Advertisements in Television and Radio Format（https://www.fda.gov/media/174066/download?attachment）
49)　Direct-to-Consumer Prescription Drug Advertisements: Presentation of the Major Statement in a Clear, Conspicuous, and Neutral Manner in Advertisements in Television and Radio Format Final Rule Questions and Answers（https://www.fda.gov/media/175074/download）
50)　PhRMA Guiding Principles：Direct to Consumer Advertisements about Prescription Medicines（https://www.phrma.org/-/media/Project/PhRMA/PhRMA-Org/PhRMA-Org/PDF/P-R/PhRMA_Guiding_Principles_2018.pdf）
51)　Principle 9 of the PhRMA Guiding Principles

Chapter 21　表示・広告規制

4　表示・広告規制に関する論点

(1)　表示及び広告規制対象外の行為

　上記のとおり、FDA は、表示及び広告規制について広範な規制権限を有するが、他方で、特定の製品に（明示又は黙示に）言及しない情報提供等については、規制の対象外としている。すなわち、特定の製品に言及せずに行う、特定の疾患や病状に関する説明、消費者に対する受診勧奨及び HCPs に対する診断や治療をアシストするための情報提供等については、原則として表示・広告規制の対象外となる。

(2)　未承認製品のプロモーション

　FDA は、医薬品及び医療機器等に関し、販売承認を受けていない製品のプロモーションを原則として禁止しており[53]、違反した場合には臨床試験の強制終了や FDA による執行措置の対象となる[54]。他方で、このルールに関わらず、"institutional" 広告及び "coming soon" 広告は一定の限度で許容されている。"institutional" 広告とは、製造者が特定の分野で新薬開発のための研究を実施している旨のアナウンスを意味し、当該試験薬の販売名や一般的名称に言及することは認められない。また、"coming soon" 広告とは、まもなく製品が利用可能になる旨のアナウンスを意味し、当該医薬品の安全性、有効性又は用途に関する情報に言及することは認められない。なお、coming soon 広告は、boxed warning の対象とならないことが予想される場合にのみ許容される。

　そして、当該規制は、未承認医薬品に関する科学的な情報交換（scientific exchange）（科学的発見の発表（dissemination）等）を制限するものではないが[55]、スポンサー又は試験実施者が、メディアからの一方的な（unsolicited）

---

52)　Principle 16 of the PhRMA Guiding Principles
53)　21CFR312.7 (a)、21CFR812.7
54)　21CFR312.44 (b)(1)(v),(2)(1)
55)　21CFR312.7 (a)

234

問い合わせや科学的情報交換の場における質問に対して回答する際に遵守するべき3つのルールを以下のとおり定めている[56]。なお、医療機器について明文の定めはないが、FDAは基本的には医療機器についても同様のアプローチをとっている。

① 医薬品が試験薬（IND）であることを明確にすること
② 医薬品の安全性又は有効性が証明されていると主張しないこと
③ その医薬品に関する入手可能な情報に照らして、真実であり、誤解を招かないものであること。

(3) オフラベルプロモーション

承認済の医薬品や医療機器等を承認されていない方法（承認された表示に含まれず、又は反する使用方法・用途等）で使用することをオフラベル（"Off-label"）ユース（適応外使用）といい、オフラベルユースに係る表示及び広告活動をオフラベルプロモーションという。

法令上、明示的及び直接的にオフラベルプロモーションを禁止する規定は存在しないものの、FDAは、オフラベルプロモーションを許容しない立場を採っている。その主な理由としては、オフラベルプロモーションを許容することによって、FDAが承認した使用方法よりもリスクが高く、効果の薄い未承認の使用方法にて医薬品等が処方されるおそれが高まるだけでなく、新たな使用方法に関して安全性及び有効性を証明するための追加の研究を行うインセンティブを低下させるおそれがある点が挙げられる。他方で、一度医薬品等がFDAから承認等された場合、HCPsは当該製品を承認された内容以外の方法や目的で合法的に使用又は処方することができることから、例え未承認の使用方法であっても、医学的に正しく（truthful）、かつ誤解を生じさせない（not misleading）ものと一般的に受け入れられている情報をHCPsに対して提供する行為は許容されるべきとの指摘があり、歴史的にも議論が盛んに行われてきた論点である。

---

56) 52 Fed. Reg. at 19466, 19475 (May22, 1987)

Chapter 21　表示・広告規制

　上記のとおり、FDA は、オフラベルプロモーションを直接的に禁止又は制限しているわけではないが、以下の法的根拠に基づき、間接的に禁止している[57]。以下では医薬品に焦点を当てて説明するが、医療機器に関しても基本的に同様である。

　すなわち、まず表示に関して、上記のとおり医薬品表示は原則として "adequate directions for use" を含まなければならず[58]、これは通常人が安全に医薬品を使用できるようにするための指示を意味する[59]。しかし、処方薬においては、そのような薬剤を投与する免許を取得した専門家の監督下以外での使用は安全でないとされているため[60]、本来的にはこの要件を満たさないが、当該規制の免除制度[61]に基づき、意図された全ての使用目的で専門家により安全かつ有効に使用されるための適切な情報を提供する表示を付した場合には、当該要件が免除される[62]。そして、医薬品は、販売承認プロセスにおいて、当該表示につき承認を得なければならない[63]。そうすると、未承認の使用を意図した承認済み処方薬は、全ての使用目的に関する適切な情報を提供しているとはいえず、この要件を満たさないため、当該製品は "misbranded" となり[64]、結果として、当該製品の販売行為等は法令の定める禁止行為に該当することとなる[65]。

　なお、使用目的（intended use）とは、製造者等の "objective intent" を意味するとされており[66]、この "objective intent" は、表示や広告上の表現その他の口頭又は文書による表現の一切を考慮し、判断される。

---

57)　FDA Memorandum–Public Health Interests and First Amendment Considerations Related to Manufacturer Communications Regarding Unapproved Uses of Approved or Cleared Medical Products（https://www.regulations.gov/document/FDA-2016-N-1149-0040）

58)　FDCA502(f)(1)(21USC352(f)(1))

59)　21CFR201.5

60)　FDCA503(b)(1)(A)(21USC353(b)(1)(A))

61)　FDCA502(f)(2)(21USC352(f)(2))

62)　21CFR201.100(c)(1), 201.100(d), 201.56, 201.57, 201.80

63)　21CFR201.100(c)(2), 201.100(d), 201.115

64)　FDCA502(a)(21USC352(a)), 502(f)(1)(21USC352(f)(1))

65)　FDCA301(a), (d), (k)(21USC331(a), (d), (k))

66)　21CFR201.128

次に、広告に関して、実質的な証拠等により証明された内容よりも、優れている、効果的である、広範な症状若しくは患者に有用である、安全であるなどといった表現又は示唆が、未承認であり、又は表示することが認められていない場合、当該広告は、虚偽である、誤解を招く、fair balance を欠いている、又は FDCA502 (n) (21USC352 (n)) に違反すると判断される[67]。また、処方薬の広告において、NDA 又は supplemental NDA プロセスで承認された表示に含まれない用途を推奨又は示唆してはならないとされている[68]。

FDA の立場は上記のとおりであるが、裁判所の判断も揺れており、画一的な結論には至っていない。

すなわち、過去の最高裁判例は、表現の自由の保障を定めた First Amendment（憲法修正第 1 条）について、犯罪の要件を確立するため又は動機や意図を証明するために言動を証拠として使用することを禁止していないと判示しており[69]、また、DC circuit も、当該最高裁判例を適用したうえで、意図を推測するために言動を証拠として使用することは憲法上有効であるため、FDA が、製造者の行為が禁止行為に該当するかを判断する目的で、製造者の言動からその意図を推測することは憲法上許容される旨判示している[70]。これらの結論によると、製造者等によるオフラベルプロモーションによって、当該プロモーションに含まれる使用方法（オフラベルユース）が当該製品の意図された使用方法に含まれ、その結果当該製品が misbranded と判断される可能性がある。

もっとも、その後、Caronia 判決は、真実かつ誤解を招かない（truthful and non-misleading）オフラベルプロモーションが misbranding を証明する証拠になり得るとの解釈は、First Amendment に違反するため、真実かつ誤解を招かないオフラベルスピーチが犯罪とならないよう法令を解釈したほか[71]、これに続く Amarin 判決も、真実かつ誤解を招かないオフラベルプ

---

67) 21CFR202.1 (e)(6)(i)
68) 21CFR202.1 (e)(4)(i)(a)
69) Wisconsin v. Mitchell, 508 U.S. 476, 489 (1993)
70) Whitaker v. Thompson, 353 F. 3d 947, 953 (D.C. Cir. 2004)
71) United States v. Caronia, 703 F.3d 149, 162 (2d Cir. 2012)

ロモーションを、misbranding と主張する根拠として扱うことはできないと判示した[72]。一方で、いくつかの裁判所では、依然として、真実かつ誤解を招かないスピーチであれば製品の使用目的を証明する証拠として使用できるとの立場を採っている。例えば、Facteau 事件では、真実かつ誤解を招かないオフラベルプロモーションのみによって misbranding を判断することはできないが、それらの言動は使用目的を証明する証拠を構成し得るとの考えを陪審員に示した[73]。また、Second Circuit も、この解釈を支持し、上記 Caronia 判決は、オフラベルプロモーションは当該製品が承認済表示に含まれない使用目的を有することを推認し得る証拠となり得るとの理論に基づいて、"misbranding" を立証できる可能性を残していると解釈している[74]。

さらに、多くの製薬企業が加盟している PhRMA は、DTC 広告等におけるオフラベルプロモーションを禁止する方針を採っているため[75]、実務上、製薬企業の多くはオフラベルプロモーションに該当しないよう細心の注意を払っている。

他方で、法令上、製造者等が HCPs からの一方的なリクエスト（unsolicited request）に対して情報提供することを禁止する規定は存在しない。また、FDA 発行のガイダンス[76]によれば、製造者等は、自らの製品について、真実かつ誤解を招かない方法で、一方的なリクエストに対して情報を提供することができるとしているところ、製造者等から何らかの形で促されたリクエストは一方的なものとはいえない一方で、完全に独立した団体や個人によりなされたリクエストは一方的なものといえるとされている。さらに、製造者等が、当該ガイダンスに従った方法により、一方的なリクエストに対してオ

---

72) Amarin Pharma, Inc. v. FDA, 119 F. Supp. 3d 196, 226 (S.D.N.Y. 2015)。なお、その後の和解（Amarin settlement）においても、政府は裁判所の判断を認め、Amarin サイドの言動が "truthful" かつ "non-misleading" であること及びこれらが misbranding として訴追する根拠とならない旨に同意している。

73) United States v. Facteau, No. 1:15-cr-10076 (D. Mass. 2016)

74) United States ex rel. Polansky v. Pfizer, Inc., 822 F.3d 613, 615 n.2 (2d Cir. 2016)

75) Principle 2 of the PhRMA Guiding Principles

76) Responding to Unsolicited Requests for Off-Label Information About Prescription Drugs and Medical Devices（https://www.fda.gov/media/82660/download）

フラベル情報を提供した場合、FDA は、当該情報提供の事実につき、当該製品の使用目的を推測する証拠として使用しない方針を示した。

　また、製造者等の HCPs に対する、承認等済医療製品のオフラベルユースに関する科学的な情報（scientific information on unapproved use（SIUU））の提供についても、FDA はその必要性と価値を認めており、一定の要件を満たす場合には許容される。すなわち、個々の患者の治療に向けた臨床判断に寄与し得る SIUU は、特定の患者に対して当該オフラベルユースを適用することが医学的に適切であるかを判断する際に有益であるため、HCPs が当該情報の提供を受ける利益がある。他方で、オフラベルプロモーションを事実上禁止している政府の利益を害し得るため、これらのバランスをとる必要がある。この点に関し、FDA は、ガイダンス[77]のレコメンデーションに従った方法で HCPs に対して SIUU を共有する限りにおいては、当該コミュニケーションを単独で新たな使用目的の証拠として使用しないとしている[78]。具体的には、SIUU コミュニケーションの根拠となる公開資料では、科学的根拠に基づいた研究や分析内容を記載するとともに、臨床上の関連情報を提供しなければならず、そして、リアルワールドデータや関連したリアルワールドエビデンスについても、そのデータの特性や分析の性質等によっては、SIUU として提供できる可能性がある旨を示している。また、当該ガイダンスでは、SIUU コミュニケーションに含むべき情報の内容等を示しているほか、SIUU コミュニケーションに当たって遵守すべき推奨事項が示されている。

⑷　比較広告

　比較広告とは、ある医薬品が他の医薬品よりも安全又は有効であることを表明又は示唆する内容が含まれる広告を意味する。比較広告は、他の医薬品

77）　Communications From Firms to Health Care Providers Regarding Scientific Information on Unapproved Uses of Approved/Cleared Medical Products Questions and Answers（https://www.fda.gov/media/173172/download）

78）　ただし、他の証拠とともに新たな使用目的の証拠として使用する余地は残されている点に留意が必要である。

Chapter 21　表示・広告規制

と比較して優れているとされる点が実質的な証拠（"Substantial Evidence"）
によって証明されていない場合、false/misleading な広告と評価され、当該
製品は misbranded となる[79]。実質的な証拠となる試験データ等は、
"adequate and well controlled investigations" により得られたものである必
要があり[80]、安全性や有効性に関する比較クレームを行うためには、head-
to-head comparative studies（1:1 で優劣を決める試験）が必要であるとされ
ている。

(5)　ソーシャルメディアによる広告

　会社又は会社を代理する者に保有、管理、創設、運営若しくは影響され、
又は採用、是認されたコミュニケーションに関する責任は、当該会社が負
う[81]。そのため、商品の広告宣伝等を目的として、会社の代理として活動す
るその従業員やエージェントにより運営等されているメディア（ソーシャル
メディア、ブログ等）上でのコミュニケーションは、当該会社が責任を負う。
また、第三者が保有・運営等するメディアであったとしても、当該メディア
に対して当該会社が何らかのコントロールや影響を与えている場合[82]には、
その影響力の範囲が限定的であったとしても、当該メディア上での広告宣伝
等の責任は当該会社が負うことになる。

　他方で、会社の製品に関して第三者により生み出された情報（User
Generated Content（UGC））が、当該会社との関係で真に独立している場合
には、当該情報が掲載されているメディアを当該会社が保有又は運営するか
否かに関わらず、当該会社は当該 UGC に対する責任を負わない。例えば、

---

79)　21CFR202.1 (e)(6)(ii)
80)　FDCA505 (d)（21USC355 (d)）
81)　責任には、当該表示又は広告資材（コミュニケーションを含む）の最初の使用時における
　　FDA（OPDP）に対する Form FDA 2253 等の提出義務も含まれる。
82)　当該メディアに対して会社が単に経済的なサポートをしているだけで、何らの影響力も有し
　　ない場合には、当該会社は当該メディア上の情報に対して責任を負わない（Fulfilling
　　Regulatory Requirements for Postmarketing Submissions of Interactive Promotional Media
　　for Prescription Human and Animal Drugs and Biologics（https://www.fda.gov/
　　media/87685/download））。

インフルエンサーがある会社の製品に関して不正確な情報をソーシャルメディア上で投稿していたとしても、当該インフルエンサーが当該会社との間で何ら関係性を有していない場合には、当該会社は当該投稿について責任を負わない。

　また、そのような誤った情報に対して、会社が、FDA 発行のガイダンスに従って、任意に真実かつ誤解を招かない方法で訂正する場合には、当該会社が任意に提供した是正情報が表示・広告規制を満たしていなかったとしても、FDA はその責任を問わないとしている[83]。

　なお、FDA 発行のガイダンスによれば、Character Space Limitations（字数制限）のあるインターネットメディア（X（旧ツイッター）等）についても、原則通りベネフィットとリスクに関する情報は提供しなければならないが、最低限、当該製品に関する最も重大なリスク情報を提供し、ハイパーリンクなどを用いて、リスク情報に直接アクセスできる体制を整えておけば違反にならないとされている[84]。

(6)　リマインダー広告

　リマインダー広告（Reminder ads）とは、単に製品の名前を思い出させる目的で行われる広告を意味する。この場合、製品の販売名、正式名称、成分名、成分表示、剤形、製造業者・包装業者・販売業者の名前・住所等を表示することができる一方で、当該製品の適応症及び用量の推奨等は表示することができない。また、brief summary 要件等のリスク情報の開示に関する規制の適用が免除される[85]。ただし、Boxed warning を含む医薬品は、リマインダー広告が許容される対象外となる。

---

83)　Internet/Social Media Platforms with Character Space Limitations— Presenting Risk and Benefit Information for Prescription Drugs and Medical Devices（https://www.fda.gov/media/88551/download）

84)　前掲注 83)

85)　21CFR200.200, 201.100(f), 202.1(e)(2)(i), 801.109(d)

Chapter 21　表示・広告規制

5　手　　続

　販売承認保有者は、特定の処方薬のプロモーション資材の最初の使用時に、OPDP に対して、Form FDA 2253[86] 及び現在の prescribing information（PI）を提出しなければならない[87]。この点、ブログ、ソーシャルメディア、オンラインコミュニケーション及びライブポッドキャスト等のリアルタイムのコミュニケーションが可能な interactive promotional media は、短期間に大量の情報を投稿することが可能であり、上記規定通りに最初の使用時の提出を求めるのは現実的でない。そのため、FDA は特定の状況下において執行裁量権を行使することとしており、FDA 発行のガイダンスに従って interactive promotional media を提出する場合には、上記規制の違反を問わないとの方針を示している[88]。

　一方で、医療機器については、特に提出義務は課せられていない。

　FDA がどの程度の割合で当該提出資材を審査しているかは不明であるが、年間で約10万件の資材が OPDP に提出されていることからすると、実際に審査の対象となっているのはごく一部であることが予想され、新しい製品やリスクの高い製品に絞るなど、優先順位を定めて審査を行っていると考えられる。そのため、FDA に提出し、その後特に指摘を受けなかった場合であっても、当該資材の適法性が担保されるわけではなく、提出した資材の内容を理由に表示・広告規制違反を問われる可能性は残ることになる。なお、新薬承認後1日目から120日目まではローンチフェーズとして OPDP が特にレビューの優先度を上げている期間とされている。

　また、一定の要件を満たす広告資材につき、初回使用の前にそのドラフトを FDA に提出することにより、FDA から助言コメントを受けることができる[89]。そして、上記でも述べたとおり、PhRMA に加盟している企業は、

---

86)　「Transmittal of Advertisements and Promotional Labeling for Drugs for Human Use」

87)　21CFR314.81 (b)(3)(i)

88)　前掲注82) Fulfilling Regulatory Requirements for Postmarketing Submissions of Interactive Promotional Media for Prescription Human and Animal Drugs and Biologics

242

DTC 広告を行うに当たって、「PhRMA Guiding Principles: Direct to Consumer Advertisements about prescription medicines」[90] を遵守する必要がある。具体例には、TV 広告は、過去に提出した広告にマイナーチェンジを加えた場合を除き[91]、最初の使用に先立ち、合理的な期間内に（30 日以上前を推奨[92]）、最初の放映予定日を知らせるとともに、資材を FDA（OPDP）に提出し、コメントを受けることが求められている[93]。また、TV サイドのレギュレーションにおいても、TV コマーシャルを放送する前に FDA の規則を遵守していることを確認するためにレターの提出を求める運用を採用している局もあるようである。

6 Enforcement

FDA による表示広告規制違反行為の発見の端緒は、例えば以下のものが挙げられる。

- ・ FDA に提出されたプロモーション資材の確認
- ・ 会社のウェブサイトの閲覧
- ・ 展示会
- ・ 競合他社（又はその営業担当）からの通報[94]
- ・ インターネット / メディアの監視
- ・ 社内の関係者からの告発
- ・ 患者団体からの情報共有

また、FDA は、2010 年に、"Bad Ad" プログラムを開始し、HCPs 等に

---

89) 21CFR202.1 (j)(4)
90) 前掲注 50)
91) Q&A 8 of the PhRMA Ctuiding Prineiples
92) Q&A 7 of the PhRMA Ctuiding Prineiples
93) Principle 8 of the PhRMA Guiding Principles
94) アメリカの大手製薬企業の多くは、競合他社の広告をモニタリングする体制を整えており、違法な疑いのある広告を見つけ次第 FDA にレターを送付するプラクティスを実施している。また、偶発的に HCPs から他社のプロモーション情報を取得した場合、当該情報に基づき FDA に通報することもある。

Chapter 21　表示・広告規制

よる虚偽又は誤解を招くプロモーション資材又は活動の情報提供を促しており、その結果 HCPs、消費者及び業界団体等による情報提供に基づき、多くの Warning letter や Untitled letter が発行されている。

　なお、2022 年 6 月〜2023 年 6 月までの約 1 年間は enforcement letter が一切発行されなかったが、2023 年夏頃から相次いで発行され、その頻度は 2019 年に相当するレベルになっている。

　OPDP と APLB は、一般的に以下の製品等に注目している。
・　承認前製品
・　新規に承認された製品
・　重大なリスクを伴う製品
・　過去に違反を指摘されたことのある製品
・　通報や告発の対象となっている製品
・　広くキャンペーンで宣伝された商品

FDA が違反を発見した場合には、当該違反を犯した会社に対し、Untitled Letter 又は Warning Letter を送付する。これらのレターが送付されるということは、FDA が法的な違反と判断し、是正措置が必要であると結論付けたことを意味し、当該レターを受領した会社は一般的に 10〜15 日以内に今後の対応方法を回答することが求められる。当該会社が是正措置の適切性を議論するために、FDA との会議の実施を求めることも珍しくない。また、これらのレターは、対象となったプロモーショナル資材とともに FDA のウェブサイト上で公表されるため、レピュテーションリスクにもつながるおそれがある。

　また、FDA は、違反の重大性及び対象会社の対応内容等によっては、製品の押収、差押え、刑事処分等を講じる可能性がある。

244

1　バイオ医薬品（Biological product）

Chapter 22

その他のヘルスケアプロダクトの
規制（バイオ医薬品、化粧品）

1　バイオ医薬品（Biological product）

(1)　定　　義

　バイオ医薬品とは、生体由来の医療用製品を意味し、法令上は、ウイルス[1]、治療用血清[2]、毒素[3]、抗毒素[4]、ワクチン、血液、血液成分若しくは誘導体、アレルゲン製品[5]、タンパク質[6]、若しくは類似製品[7]、又はアルスフェナミン若しくはアルスフェナミン誘導体（又はその他の三価有機ヒ素化合物）で、人の疾患又は病状の予防又は治療に適用されるものと定義されている[8]。バイオ医薬品には、ヒト、動物、微生物等の様々な天然源から分離された製品が含まれ、例えば、ワクチン、遺伝子治療、アレルゲン抽出物、細胞療法、血液由来及び遺伝子組換え治療用バイオ医薬品等（モノクローナル抗体、免疫グロブリン、凝固因子、酵素補充タンパク等）が含まれる。

　なお、医薬品とバイオ医薬品又は医療機器とバイオ医薬品の両方の定義に該当する製品は、いずれの場合もバイオ医薬品として分類され、規制されることになる[9]。

---

1)　21CFR600.3（h）(1)
2)　21CFR600.3（h）(2)
3)　21CFR600.3（h）(3)
4)　21CFR600.3（h）(4)
5)　大きく分けると2つのカテゴリーがあり、1つはアレルギー疾患等の診断や治療に使用されるアレルゲン抽出物で、もう1つはパッチテストなどのアレルゲン検査である。
6)　21CFR600.3（h）(6)
7)　21CFR600.3（h）(5)
8)　PHSA351（i）(1)（42USC262（i）(1)）

Chapter 22　その他のヘルスケアプロダクトの規制（バイオ医薬品、化粧品）

(2)　販売承認取得プロセス

　バイオ医薬品を販売等するに当たっては、Public Health Service Act（PHSA）に基づき、Biologics License Application（BLA）を提出し、FDAから販売承認を取得する必要がある。FDA は、適切なラボ試験や比較臨床試験のデータ等の十分な証拠に基づき、当該製品が、"safe[10]"、pure[11]"、及び potent[12]" であり（医薬品の "safe and effective" とは異なる）、かつ製造施設が施設基準を満たすと判断した場合に、BLA を承認する[13]。なお、当該承認基準は、基本的には医薬品の承認基準と同様であると考えられている[14]。

　開発から承認までの基本的な流れや販売承認保有者の負う義務等については、概ね医薬品と同様であり、例えば、IND 要件、adulteration/misbranding規定、cGMP、REMS、有害事象報告、市販後ラベリング変更、義務的な市販後研究、表示・広告規制及びオーファンドラッグ等の独占権規定は、バイオ医薬品にも同様に適用される。

　また、医薬品と同様に、fast track designation、priority review designation、accelerated approval 及 び breakthrough therapy designation と い っ たexpedited program の適用対象となり得るほか、バイオ医薬品特有の制度である、"regenerative medicine advanced therapy"（RMAT）designation の適用対象となり得る[15]。

　RMAT 指定の要件としては、① "regenerative medicine therapy" の定義に該当すること、②重篤な疾患又は病状の治療、改善、回復又は治癒を目的としていること、及び③ preliminary 臨床証拠が、当該治療が医療ニーズを満たす可能性があることを示すことが求められる[16]。①に関し、

---

9)　Classification of Products as Drugs and Devices and Additional Product Classification Issues（https://www.fda.gov/media/80384/download）

10)　安全とは、人体への有害な影響が相対的にないことを意味する（21CFR600.3(p)）。

11)　純度とは、最終製品に含まれる余計な物質が相対的にないことを意味する（21CFR600.3(r)）。

12)　効能とは、適切な実験室試験又は意図された方法での製品投与を通じて得られる適切に管理された臨床データによって示される、所定の結果をもたらす製品の具体的な能力を意味し（21CFR600.3(s)）、effectiveness の意味合いを含むものと解されている。

13)　PHSA351(a)(2)(C)(i)（42USC262(a)(2)(C)(i)）, 21CFR601.2(d)

14)　なお、FDA は医薬品とバイオ医薬品の審査及び承認における差異を最小限に抑えるための措置を講じるものとされている（21USC355note）。

1　バイオ医薬品（Biological product）

"regenerative medicine therapy" には、細胞療法、治療用組織工学製品、ヒト細胞・組織製品（HCT/Ps）及びこれらの療法や製品を用いたコンビネーション製品が含まれる一方で、PHSA361 及び 21CFR1271 のみによって規制されるいわゆる 361HCT/P はこれに含まれない[17]。また、ヒト遺伝子治療や異種細胞製品についても、"regenerative medicine therapy" の定義に該当し得る。

　RMAT 指定を受けた場合、breakthrough therapy designation と同じベネフィットを受けることができる。すなわち、早期の段階で FDA と対話することができるため、FDA との間で迅速承認をサポートするための代替エンドポイントや中間エンドポイントに関する議論をすることが可能となる。マイルストン会議は、pre-IND、フェーズ１の終了時、フェーズ２の終了時及び pre-BLA のタイミングで実施される。

　なお、指定申請の提出時期、FDA による返答期限、指定の取消しがあり得る点等は、breakthrough therapy designation と同様である。

(3)　Cell & Gene therapy product

　Cell & Gene therapy product は、バイオ医薬品に該当し、規制対象となる。細胞治療製品（cell therapy product）には、細胞免疫療法、がんワクチンその他特定の治療適応症のための自家及び同種幹細胞（造血幹細胞、成体及び胚性幹細胞を含む。）が含まれる。また、ヒト遺伝子治療（Human gene therapy）は、治療目的で遺伝子の発現を修正・操作したり、生物の生物学的特性を変化させようとするものであり、FDA は 2015 年以降、遺伝子治療に関する多くのガイダンスを発行している[18]。昨今、Cell & Gene therapy

---

15)　スポンサーは、複数の designation のプログラムへの申請及び指定を受けることが可能であるが、申請の手続はそれぞれ別に行う必要がある。なお、GMAT 指定の詳細は、FDA ガイダンスを参照されたい（Expedited Programs for Regenerative Medicine Therapies for Serious Conditions（https://www.fda.gov/regulatory-information/search-fda-guidance-documents/expedited-programs-regenerative-medicine-therapies-serious-conditions））。

16)　FDCA506(g)(2)（21USC356(g)(2)）

17)　FDCA506(g)(8)（21USC356(g)(8)）

Chapter 22　その他のヘルスケアプロダクトの規制（バイオ医薬品、化粧品）

productに関するIND申請の数は年間100件を超えており、承認された製品の数も少しずつ増えている[19]。なお、FDAは、遺伝子治療を審査するOffice of Tissues and Advanced Therapies（OTAT）を再構築し、Office of Therapeutic Products（OTP）を新たに設置し、フレキシビリティや審査能力・専門性の向上に努めているほか、遺伝子治療への迅速承認制度の適用を検討している。

⑷　Human Cell & Tissue Products（HCT/Ps）

Human Cell & Tissue Products（HCT/Ps）とは、ヒト細胞若しくは組織を含む、又はヒト細胞若しくは組織から成る製品であり、ヒト患者に対して埋植、移植、注入又は導入することを目的としたものをいい、例えば、靭帯、皮膚、硬膜、心臓弁、角膜、末梢血や臍帯血由来の造血幹／前駆細胞、操作された自己軟骨細胞、合成マトリックス上の上皮細胞、精液等の生殖組織がこれに該当する[20]。他方で、腎臓、肝臓、心臓、肺、膵臓等の脈管形成されたヒト臓器の移植はこれに該当せず、これらはHealth Resources Services Administration（HRSA）が管轄している。その他、コラーゲン、細胞因子等の分泌又は抽出されたヒト製品、HCT/Pの製造に使用される補助製品、ヒト以外の動物由来の細胞、組織及び臓器、IVD（体外診断用医薬品）等についても、HCT/Pに該当しないとされている[21]。

HCT/Pのうち、21CFR1271.10⒜で定める全ての基準を満たす製品は、例え医薬品やバイオ医薬品の定義に該当するとしても、PHSA361に基づく規制及び21CFR1271のみが適用されることとなり、販売等に当たって承認等の取得は不要となる（当該製品は"361HCT/P"と呼ばれる。）。一方で、当該基準を満たさず、特定の例外事由[22]にも該当しない場合には、医薬品、

---

18)　Cellular & Gene Therapy Guidances（https://www.fda.gov/vaccines-blood-biologics/biologics-guidances/cellular-gene-therapy-guidances）

19)　Approved Cellular and Gene Therapy Products（https://www.fda.gov/vaccines-blood-biologics/cellular-gene-therapy-products/approved-cellular-and-gene-therapy-products）

20)　21CFR1271.3⒟

21)　21CFR1271.3⒟⑴-⑻

22)　21CFR1271.15

248

医療機器又はバイオ医薬品として、規制されることとなるが、依然として HCT/P には該当するため、21CFR1271 の一部は適用される。また、HCT/P に該当する場合であっても、"same surgical procedure exception"[23]を含め、特定の例外事由に該当する場合には、21CFR1271 の全部又は一部が適用対象外となる[24]。

21CFR1271.10(a)が定める基準（"361 HCT/P" 該当性要件）は、以下のとおりである[25]。

● 加工が最小限である（Minimally Manipulated（MM））
● 相同利用（Homologous Use（HU））のみを目的とする[26]
● 製品の "製造" は、細胞や組織を他の成形品と組み合わせてはならない（例外有り）
● 製品が全身に影響を及ぼさず、主要な機能を生細胞の代謝活性に依存していないこと。仮に影響を及ぼすか、又は主要な機能を生細胞の代謝活性に依存するものであっても、自家使用、1 親等又は 2 親等の血縁者への使用、生殖使用であること。

上記のとおり、上記基準を満たす場合には、361 HCT/P に該当し、21CFR1271 に定める各種規制の対象となる。以下ではその概要を説明するが、詳細は FDA ガイダンスを参照されたい[27]。

---

23) 特定の個人から HCT/P を摘出し、同じ外科手術中に、当該 HCT/P を同一個人に移植する場合は、21CFR1271 が適用されない（21CFR1271.15(b)）。

24) 21CFR1271.15(a)-(f)

25) Minimally Manipulated 及び Homologous Use に関する詳細は、FDA 発行のガイダンスを参照されたい（Regulatory Considerations for Human Cells, Tissues, and Cellular and Tissue-Based Products: Minimal Manipulation and Homologous Use（https://www.fda.gov/regulatory-information/search-fda-guidance-documents/regulatory-considerations-human-cells-tissues-and-cellular-and-tissue-based-products-minimal））。

26) 例えば、脂肪組織から幹細胞を抽出・分離する場合は、この処理によってクッションとサポートを提供するための組織の効用が変化するため、MM 要件を満たさない。

27) Regulation of Human Cells, Tissues, and Cellular and Tissue-Based Products (HCT/Ps) - Small Entity Compliance Guide（https://www.fda.gov/regulatory-information/search-fda-guidance-documents/regulation-human-cells-tissues-and-cellular-and-tissue-based-products-hctps-small-entity-compliance）

Chapter 22　その他のヘルスケアプロダクトの規制（バイオ医薬品、化粧品）

　まず、361 HCT/P を製造する施設（アメリカに輸入等する 361 HCT/P を製造するアメリカ国外の施設を含む。）は、原則として、eHCTERS[28] を通じて施設登録及び製造する 361 HCT/P のリストの提出をしなければならない[29]。当該施設は、その登録内容を毎年アップデートするだけでなく、内容に変更があった場合には、年 2 回の一定の時期に変更内容を提出しなければならない[30]。

　また、HCT/P に使用される細胞や組織のドナー全てについて、原則として donor eligibility（DE）要件を遵守しなければならず、ドナーが eligible であるかの確認がとれるまでは、当該ドナーの細胞又は組織が使用されている HCT/P を埋植、移植、注入及び導入してはならない[31]。

　さらには、HCT/P を製造する施設は、current Good Tissue Practice（cGTP）要件を遵守しなければならないところ、cGTP は、HCT/P による伝染病の拡散等を防ぐ目的で、HCT/P の製法や管理方法等を定めている[32]。その他、一定の場合には、有害事象及び逸脱の調査及び報告義務等が課せられる[33]。

(5)　バイオシミラー（バイオ後続品）

　バイオ医薬品は、本質的に異成分から成るものであり、製造プロセスによって構造が変わるため、医薬品における "ジェネリック医薬品" のコンセプトを適用することができない。そのため、"biosimilar" という新たな概念が設けられ、この制度の下では、先行製品と同一でないとしても、

---

28)　https://www.fda.gov/vaccines-blood-biologics/biologics-establishment-registration/tissue-establishment-registration

29)　21CFR1271.1 (b)(1)、1271.10 (b)、1271.21

30)　21CFR1271.21

31)　21CFR1271, Subpart C

32)　詳細は FDA ガイダンスを参照されたい。Current Good Tissue Practice (CGTP) and Additional Requirements for Manufacturers of Human Cells, Tissues, and Cellular and Tissue-Based Products (HCT/Ps) (https://www.fda.gov/regulatory-information/search-fda-guidance-documents/current-good-tissue-practice-cgtp-and-additional-requirements-manufacturers-human-cells-tissues-and)

33)　21CFR1271.350

1　バイオ医薬品（Biological product）

"biosimilar" といえる場合に、通常より少ない臨床データその他のエビデンスにより販売承認を取得することができる[34]。この販売承認に係る申請は、abbreviated Biologics License Application（aBLA）と呼ばれる。

"biosimilar"（"biosimilarity"）とは、対象のバイオ医薬品が、先行製品と "highly similar" であり、かつ、製品の安全性、純性及び効能に関して先行製品（参照製品）との間で臨床上有意な違いがないことを意味する[35]。"highly similar" か否かの判断に当たっては、構造や機能を比較する。例えば、純度、分子構造、生物活性等を確認する。申請者は、biosimilarity の他にも、両製品が同一のメカニズムを利用していること、ラベリングで示された使用条件が過去に承認されていること、投与経路、剤形、有効成分含量が同一であること、製品の製造、加工、包装又は保管を行う施設が施設基準を満たしていることを示さなければならない[36]。なお、biosimilar 製品は、2024 年 6 月時点で 53 製品が承認されている。

そして、上記の "biosimilarity" のみが認められた製品との関係では、薬剤師が自身の判断で医師の処方箋で指定された製剤を変更することはできない（すなわち、医師が biosimilar 製品を明示的に処方した場合にのみ先発品に置き換えて使用できる。）が、"interchangeable"（互換性がある）であると認められた場合には、ジェネリック医薬品と同様に、先発品を処方した医療提供者の介入なしに、薬剤師の判断で後発品に変更することが可能となる[37]。"interchangeable" と認定されるには、当該バイオ医薬品が、先発品に対して biosimilar として認められるだけでなく、どのような患者においても先発品と同じ臨床結果をもたらすことが期待でき、かつ個人に対して複数回投与される製品の場合、両製品を交互に又は切り替えて使用することによる安全性又は有効性低下のリスクが、そのような交互又は切り替えを行わずに先発品を使用するリスクよりも大きくないことが必要である[38]。なお、

---

34) PHSA351 (k) (42USC262 (k))
35) PHSA351 (i)(2) (42USC262 (i)(2))
36) PHSA351 (k)(2)(A)(i) (42USC262 (k)(2)(A)(i))
37) PHSA351 (i)(3) (42USC262 (i)(3))
38) PHSA351 (k)(4) (42USC262 (k)(4))

Chapter 22　その他のヘルスケアプロダクトの規制（バイオ医薬品、化粧品）

Interchangeable biosimilar製品は、2021 年に初めて 2 製品（Semglee, Cyltezo）が承認された。

　バイオ医薬品では、医薬品における 505(b)(2)申請のような制度は設けられておらず、過去の試験データ等は、申請者が保有し、又は申請者が参照する権利を有する場合を除き、BLA の申請に利用することができない。

　バイオ医薬品には、医薬品とは異なる期間の独占権が与えられており、具体的には、先発品の承認時から 4 年間は biosimilar 製品（interchangeable biosimilar 製品を含む。）の申請を行うことができず[39]、また、12 年間は biosimilar 製品に係る承認を受けることができない[40]。

　また、後発品である interchangeable biosimilar 製品の最初の申請者に対しても、特許侵害訴訟の係属の有無やその結果等によって、最短 12 か月、最長 42 か月の独占権が付与される[41]。

　なお、"Purple Book" データベースには、FDA が許可したバイオ医薬品に関する情報（製品の基礎情報、承認済みの biosimilar 及び interchangeable biosimilar 製品情報、各製品のラベリングページへのリンク等）及び FDA が先発品メーカーから提供を受けた一部の製品に係る特許番号並びに特許存続期間満了日[42]が掲載されている[43]。

2　化 粧 品

　化粧品の定義は Chapter 2.3 で説明したとおりであるが、化粧品は、医薬品や医療機器と異なり、販売等するに当たって、原則として FDA による市

---

39)　PHSA351(k)(7)(B)(42USC262(k)(7)(B))

40)　PHSA351(k)(7)(A)(42USC262(k)(7)(A))

41)　PHSA351(k)(6)(42USC262(k)(6))

42)　2020 年に成立した Biological Product Patent Transparency Act（BPPT）により、FDA は、先発品メーカーが 21USC262(1)(3)(A) 又は (1)(7)に基づいて aBLA 申請者に対して提供した特許情報の公開義務を負うこととなり、パープルブックにおいて当該特許情報が掲載されているが（42USC262(k)(9)(iii)）、全ての製品の特許情報が公開されているわけでないことには留意が必要である。

43)　https://purplebooksearch.fda.gov/

販前審査を受ける必要がない。もっとも、衛生的な施設で製造及び包装され
なければならず、会社は市販前に各種試験等により製品及び成分が安全であ
ることを確保しなければならない。また、製品や成分がラベル内容や慣習的
な使用条件下において安全であり、適切にラベリングされており、かつ当該
成分の使用により化粧品が adulterated/misbranded とならない限りは、原
則としてどのような成分であっても化粧品の配合に使用することができる。

　2022 年に、FDCA が成立して以来化粧品規制に大きな変更をもたらす初
め て の 法 律 で あ る Modernization of Cosmetics Regulation Act of 2022
（MoCRA）が成立し、同年 12 月 29 日に施行された。この法律により、化粧
品に対する FDA の規制権限が大きく拡大し、他の FDA 規制製品に沿った
規制が設けられた。大要は以下のとおりである。

施設登録	化粧品の製造又は加工施設は、運営開始日から 60 日以内に FDA に施設登録をしなければならない。医薬品にも該当する化粧品を製造等している施設は、化粧品施設登録の対象にならない。
化粧品製品リスト	全ての化粧品につき、施設番号、責任者の氏名等、製品名、カテゴリー、成分リスト及び製品番号を記載したリストを FDA に提出しなければならない。また、当該リストのアップデート版を毎年提出しなければならない。なお、医薬品にも該当する化粧品は対象外となる。
ラベリング	MoCRA 以前から存在したラベリング規制（成分リスト、分量、製造者等の名称や場所等）に加え、有害事象報告の連絡先（アメリカ国内の住所、電話番号等）と香料アレルゲンを表記しなければならない。
化粧品 GMP	MoCRA 以前の化粧品 GMP は法的拘束力のない FDA 発行のガイダンスで定められているに過ぎなかったが、MoCRA により、FDA は、2025 年 12 月 29 日までに、化粧品 GMP の最終規制を発行しなければならない。

Chapter 22　その他のヘルスケアプロダクトの規制（バイオ医薬品、化粧品）

安全性の十分な証明	各化粧品について安全性の十分な証明をサポートする記録等（化粧品の評価に関して一定の訓練と経験を積んだ専門家を基準として当該化粧品が安全であるとの合理的確信を裏付けるのに十分なエビデンス、情報等）を保管しなければならない。
有害事象報告及び保管	重大な有害事象を15日以内に報告しなければならないほか、全ての有害事象の記録を6年間保管しなければならない。
査察及び執行手続等	FDAは、重大な有害事象やGMPに関する査察権限を有するほか（施設及び関連記録を調査可能）、一定の場合にリコールする権限や施設の登録を停止する権限を有する。

254

Expert Insights

Cell and Gene Therapies: Emerging FDA Regulatory Considerations

✒ Emily Marden(米国弁護士、Sidley Austin LLP、シニアカウンセル)
✒ Kelly Cho(米国弁護士、Sidley Austin LLP、マネージングアソシエイト)

Cell and gene therapies(CGT) are currently an area of intense interest and investment in the biotech industry, as well as at the U.S. Food and Drug Administration(FDA). CGTs are regulated in the U.S. as biological products by FDA's Center for Biologics Research and Evaluation(CBER) and require approval of a biologics license application(BLA), under Section 351 of the Public Health Service Act, prior to being marketed.

In 2016, Congress enacted the 21st Century Cures Act which, among other things, was intended to encourage and expedite the development of a new generation of life-saving treatments, including CGTs or "regenerative medicine therapies."[1] Since then, FDA has heralded the arrival of CGTs and has reported each year on a growing number of Investigational New Drug applications(INDs) indicating the initiation of clinical studies. Most recently, FDA predicted that by year 2025, it expected to approve 10-20 CGTs a year.[2]

It remains to be seen whether FDA and industry will meet this goal, though it is worth noting that last year, FDA approved seven CGTs, bringing the total to 35 approved to date.[3] Notably, after expressing some frustration with the pace of CGT approvals, FDA recently launched a number of initiatives and programs for these therapies in an explicit effort

---

1) *See* 21 U.S.C. § 356(g)(8).

2) *See* FDA Statement, Statement from FDA Commissioner Scott Gottlieb, M.D. and Peter Marks, M.D., Ph.D., Director of the Center for Biologics Evaluation and Research on new policies to advance development of safe and effective cell and gene therapies (Jan. 15, 2019), https://www.fda.gov/news-events/press-announcements/statement-fda-commissioner-scott-gottlieb-md-and-peter-marks-md-phd-director-center-biologics.

Chapter 22 その他のヘルスケアプロダクトの規制（バイオ医薬品、化粧品）

to bring approved CGTs to patients sooner. In this column, we outline key regulatory developments relevant to sponsors seeking regulatory approval of CGTs for commercialization in the U.S.

A New "Super Office" : In February of 2023, FDA created a "Super Office" within CBER called the Office of Therapeutic Products(OTP) to meet the increase in workload from CGTs.[4] OTP is comprised of as many as 6 offices overseeing 14 divisions and 33 branches.[5] The new structure is aimed at aligning expertise on different types of therapies within the Center, which will ensure more consistent and timely advice for sponsors. For example, OTP contains an office dedicated to the manufacturing of gene therapies(Office of Gene Therapy Chemistry, Manufacturing and Controls [CMC]) and a separate office dedicated to manufacturing of cell therapies(Office of Cellular Therapy and Human Tissue CMC). CBER is also seeking to add 125 new staff members in OTP to meet the workload associated with review of CGTs.[6] With this reorganization, FDA now anticipates that it is well-poised for the increase in CGT applications.

Managing Safety Concerns: FDA has long taken the position that CGTs raise unique safety considerations as compared to other therapies due to their inherent potential for prolonged biological activity.

Long Term Follow Up of Clinical Subjects and Patients

To that end, FDA has required sponsor to build in consideration of long-term safety effects throughout the development process.[7] In addition, FDA has made clear that it expects sponsors to conduct long term follow-

---

3) *See* FDA, Approved Cellular and Gene Therapy Products (Feb. 21, 2024), https://www.fda.gov/vaccines-blood-biologics/cellular-gene-therapy-products/approved-cellular-and-gene-therapy-products.

4) *See* FDA, Establishment of the Office of Therapeutic Products (Mar. 15, 2023), https://www.fda.gov/vaccines-blood-biologics/cellular-gene-therapy-products/establishment-office-therapeutic-products.

5) *See id.*

6) *See* Letter from Brett Guthrie and Anna Eshoo to Peter Marks at 1 (Mar. 26, 2023), https://guthrie.house.gov/uploadedfiles/fda_cell_and_gene_therapy_cber_letter_3.26.23.pdf.

7) *See* FDA, Guidance for Industry, Preclinical Assessment of Investigational Cellular and Gene Therapy Products at 26 (Nov. 2013), https://www.fda.gov/media/87564/download.

up(LTFU) studies for as long as 15 years on clinical subjects to track delayed adverse events.[8] These obligations can be burdensome and even impractical at times as development programs wind down and companies go out of business.

FDA appears to acknowledge these challenges, while reiterating the importance of ongoing safety monitoring. In new guidance documents issued this year(2024), FDA recommends that sponsors provide the Agency "a plan [] for follow-up, including funding, in the event the sponsor ceases to operate or decides to inactive, transfer, or withdraw the IND."[9] Notably, Dr. Nicole Verdun, new Director of OTP, signaled some potential flexibility in the LTFU expectations last year when she acknowledged the practical considerations associated with LTFU. The Agency is considering hosting a public meeting to invite stakeholder input on these challenges.[10]

Clinical Holds

FDA continues to issue frequent clinical holds for CGT trials. Clinical holds are orders issued by FDA to pause a newly proposed or ongoing clinical investigation due to safety concerns. These holds can delay the clinical development program and result in serious financial repercussions, especially for smaller biotechs. Often, sponsors are able to work with FDA, for example by submitting the necessary analyses or documentation or amending the protocol to address FDA's concerns. According to FDA, among the 585 CGT INDs newly submitted to FDA in 2021-2023, as many as 126 or roughly 20% were placed on clinical hold within the initial 30 days.[11] Overall, 40% of all FDA clinical holds in recent years have been for

---

8) *See* FDA, Guidance for Industry, Long Term Follow-Up After Administration of Human Gene Therapy Products (Jan. 2020), https://www.fda.gov/media/113768/download.

9) FDA, Guidance for Industry, Human Gene Therapy Products Incorporating Human Genome Editing at 15 (Jan. 2024), https://www.fda.gov/media/156894/download; FDA, Guidance for Industry, Considerations for the Development of Chimeric Antigen Receptor (CAR) T Cell Products at 33 (Jan. 2024), https://www.fda.gov/media/156896/download.

10) *See* US FDA Struggling With Long-Term Follow-Up Requirements for Gene Therapies, PINK SHEET (Oct. 18, 2023), https://pink.citeline.com/PS149041/US-FDA-Struggling-With-Long-Term-Follow-Up-Requirements-For-Gene-Therapies.

Chapter 22　その他のヘルスケアプロダクトの規制（バイオ医薬品、化粧品）

CGT studies,[12] although these therapies constitute a much smaller portion (likely around 8%) of drugs in development.[13]

The numbers of CGT clinical holds may decline in the near future. The new "super office" OTP is expected to allow more timely and improved interactions between review staff and sponsors, bringing down the number of clinical holds.[14] Such efforts are likely to be heightened by pressure from members of Congress, who have called on CBER to avoid using clinical holds as a means to gain more time to review a clinical protocol.[15]

Availability of Expedited Pathways: CGTs are eligible for all of FDA's expedited pathways for small molecule drugs and other biological products (i.e., accelerated approval, breakthrough therapy designation, fast track designation, and priority review), and also for regenerative medicine advanced therapy(RMAT) designation, which is designed to expedite approval of regenerative medicine therapies.

CBER has recently explicitly stated that it intends to rely more heavily on the accelerated approval pathway for gene therapies. Toward this end, CBER leadership recently stated that a single-arm study based on a biomarker endpoint, backed by animal model to show correlations to reduced levels of a given protein, may be sufficient for accelerated approval, particularly for pediatric rare diseases where conducting a randomized or placebo-controlled trial is difficult.[16] CBER leadership also signaled openness to exercising a more flexible approach to the use of a

---

11) *See* Letter from Kimberlee Trzeciak, Associate Commissioner for Legislative Affairs, FDA to Brett Guthrie (May 15, 2023) (on file with author).

12) *See* Letter from Guthrie and Eshoo.

13) *See* PhRMA, Cell and Gene Therapies (estimating 480+ CGTs in development as of June of 2022), https://phrma.org/Scientific-Innovation/Cell-and-Gene-Therapies; McKinsey & Company, Accelerating clinical trials to improve biopharma R&D productivity (Jan. 22, 2024) (estimating 6,100 drugs in development in 2022), https://www.mckinsey.com/industries/life-sciences/our-insights/accelerating-clinical-trials-to-improve-biopharma-r-and-d-productivity.

14) *See* US FDA Cell/Gene Therapy Office 'Aggressively Recruiting' Amid Reorg, Senior Staff Departures, PINK SHEET (Feb. 27, 2023), https://pink.citeline.com/PS147754/US-FDA-CellGene-Therapy-Office-Aggressively-Recruiting-Amid-Reorg-Senior-Staff-Departures.

15) *See* Letter from Guthrie and Eshoo.

surrogate endpoint or intermediate clinical endpoint and embracing a measure of uncertainty as to whether these endpoints do indeed predict clinical benefit.[17] The Center plans to issue a guidance in the near future, describing the circumstances under which it would be appropriate to pursue accelerated approval for gene therapies in rare diseases.[18]

An important condition of the accelerated approval pathway is that following approval, sponsors must verify clinical benefit. For this requirement, CBER intends to take advantage of the increased flexibility provided for RMAT-designated therapies by the Cures Act[19] and consider accepting continued follow-up of subjects from the pivotal trial to provide the confirmatory evidence, rather than the conventional approach of requiring sponsors to conduct an additional clinical study. For these gene therapies then, "a confirmatory trial could simply be following the cohort [the sponsor enrolled] in [its] registration trial."[20]

While increased availability of the accelerated approval pathway opens new opportunities for sponsors, it also poses some risks. Notably, the data generated through accelerated approval may satisfy FDA for purposes of approval, but may be insufficient for payers for purposes of reimbursement and coverage.[21] In addition, as acknowledged by CBER in pushing for

---

16) *See* Gene Therapies Without Randomized Clinical Trials: Marks Outlines Rare Disease Development Path, PINK SHEET (Nov. 29, 2023), https://pink.citeline.com/PS149419/Gene-Therapies-Without-Randomized-Clinical-Trials-Marks-Outlines-Rare-Disease-Development-Path.

17) *See* The Future of Accelerated Approval for FDA's Marks? More Rare Disease Drugs and No 'Hanging Chads,' FIERCE BIOTECH (Jul. 28, 2023), https://www.fiercebiotech.com/biotech/peter-marks-says-fda-now-has-better-sense-rare-disease-biomarkers-will-more-accelerated.

18) *See* CBER, Guidance Agenda: Guidance Documents CBER is Planning to Publish During Calendar Year 2024 (updated Jul. 2024) https://www.fda.gov/media/120341/download; US FDA Gene Therapy Accelerated Approval Guidance Will Describe "Buckets" Of Use Scenarios, PINK SHEET (Apr. 23, 2024), https://pink.citeline.com/PS150140/US-FDA-Gene-Therapy-Accelerated-Approval-Guidance-Will-Describe-Buckets-Of-Use-Scenarios.

19) *See* 21 U.S.C. § 356(g)(7)(C).

20) FDA 'Leans In' to Accelerated Approval for Rare Disease Drugs, MEDPAGE TODAY (May 19, 2023), https://www.medpagetoday.com/special-reports/exclusives/104594.

Chapter 22　その他のヘルスケアプロダクトの規制（バイオ医薬品、化粧品）

greater use of the accelerated approval pathway, it is likely that certain of the therapies that initially were shown to be safe and effective, may upon further study fail to verify clinical benefit and ultimately be withdrawn.[22] The recent Food and Drug Omnibus Reform Act(FDORA) of 2022 has empowered FDA's withdrawal authority, by streamlining the accelerated approval withdrawal process and making it less onerous for the Agency to bring about these proceedings.

Increased Opportunity for Interactions with FDA: Lastly, there are many opportunities for sponsors of CGT to seek and obtain FDA's feedback throughout the drug development process. Such meetings can facilitate a BLA that meets FDA expectations. For example, the RMAT designation offers "early interactions to discuss any potential surrogate or intermediate clinical endpoint to be used to support [] accelerated approval" along with benefits also available in other expedited pathways, such as the supervision of the Agency's senior managers and experienced review staff and guidance to facilitate ensure an efficient development program.[23] These interactions are intended to enable sponsors to obtain the Agency's feedback on novel surrogate endpoints and other key clinical trial design issues before the trials are underway, better aligning expectations and helping to mitigate the risk of unnecessary delay in development.

Additional FDA feedback is available for sponsors of CGT through FDA's INTERACT program. This program is intended to provide Agency feedback at an early stage of development, prior to conducting key non-clinical studies and filing an IND.[24] Examples of issues that can be addressed

---

21) *See* Gene Therapies Without Randomized Clinical Trials: Marks Outlines Rare Disease Development Path, PINK SHEET (Nov. 29, 2023), https://pink.citeline.com/PS149419/Gene-Therapies-Without-Randomized-Clinical-Trials-Marks-Outlines-Rare-Disease-Development-Path; US FDA Wants to Help Sponsors Generate Evidence CMS Needs, But Won't Be An Intermediary, PINK SHEET (Oct. 24, 2022), https://pink.citeline.com/PS147209/US-FDA-Wants-To-Help-Sponsors-Generate-Evidence-CMS-Needs-But-Wont-Be-An-Intermediary.

22) *See* Gene Therapies Without Randomized Clinical Trials: Marks Outlines Rare Disease Development Path, PINK SHEET (Nov. 29, 2023), https://pink.citeline.com/PS149419/Gene-Therapies-Without-Randomized-Clinical-Trials-Marks-Outlines-Rare-Disease-Development-Path.

23) 21 U.S.C. § 356(g)(5).

include the design of IND-enabling toxicity studies, complex manufacturing technologies or processes, and the development of innovative devices used with a biological product.[25] Finally, there may be additional opportunities for FDA meetings through the new Type D meetings, which can be scheduled sooner than other types of regulatory meetings(i.e., Types B, B(EOP), and C) and allow sponsors to discuss a limited set of issues with the Agency(typically not more than two) or request a follow-up to an issue raised during a previous formal meeting.[26]

＊　＊　＊

These recent regulatory developments offer hopeful outlook for CGTs as we witness a surge of these therapies in the pipeline as well as increasing interest from patients and healthcare providers. As the CGT technology continues to develop and more therapies undergo FDA's review, the Agency is constantly communicating its thoughts or expectations through guidance documents and podium statements. We advise CGT sponsors to stay abreast of FDA's evolving positions as they plan their development programs and prepare for interactions with the Agency.

---

24) *See* FDA, OTP INTERACT Meeting for CBER-Regulated Products (Jun. 12, 2024), https://www.fda.gov/vaccines-blood-biologics/cellular-gene-therapy-products/otp-interact-meeting-cber-regulated-products

25) *See* PDUFA Reauthorization Performance Goals and Procedures Fiscal Years 2023 Through 2027 at 21, https://www.fda.gov/media/151712/download?attachment.

26) *See id.* at 21 and 24.

Chapter 23

法令違反に対するFDAの執行権限

1　概　　要

　FDA のミッションは、規制対象製品の安全性、有効性及び表示の真実性を確保することにより、公衆衛生の保護及び促進を実現することにある。これらのミッションを達成するため、FDA は、市販前の審査権限及び市販後の監視権限だけでなく、規制対象製品の製造施設等に対する査察実施権限[1]、安全性関連情報の発信権限[2]、執行手続に関する情報の公表権限[3]及び違反行為を規制するための執行措置を講じる権限を有する。

　本項では FDA が講じることのできる執行措置について紹介する。

2　執行措置の種類

(1)　勧告措置（Advisory Actions）

ア　Warning Letter

　FDA は、強制力を有する行政措置及び法的措置を講じる前に、対象の個人又は会社等に対して、任意に違反状態を是正する機会を提供するのが一般的であり、この際に FDA が発行するレターを、"advisory action letter" や "regulatory letter" と呼ぶが、Warning letter（及び後述する Untitled letter）はその一種である。

　Warning letter は、"serious" な法令違反を覚知したケースにおいて発行

---

1)　21USC372 (a)

2)　21USC375 (b)

3)　21USC375 (a)

される。具体的には、FDA が以前も同様の問題点を指摘していた場合、広告資材が一切リスク情報を含まない場合、又は記載されなかったリスクが特に重大である場合は、Untitled letter ではなく、（対象が会社の場合には CEO 宛に）Warning letter が発行される。

特に Chapter 24 で説明する FDA inspection に関連して発行されることが多く、FDA による査察の結果、FDA 規制からの重大な逸脱があると合理的に判断した場合（かつ、その時点では行政及び法的な措置は不要と判断した場合）に発行される。もっとも、会社が List of Inspectional Observations（"Form FDA-483"）[4]で指摘された問題点に関し、適切かつ十分に対応した場合には、Warning letter が発行されないこともある。そして、同一又は類似の違反に対して複数回 Warning letter を発行することは想定されていないため、初回の Warning letter 受領後に適切な再発防止策を講じておらず、再度同様の違反が発覚した場合には、より重い措置の対象になる可能性が高い。なお、Warning Letter の発行は、行政・法的措置を講じるために必要な要件ではないため、Warning letter が発行されることなく、行政・法的措置が講じられることも理論上あり得る。

Warning letter の発行を受けた場合、"compliance hold" の状態となり、当該問題が解決するまでの間、保留中の製品の審査手続や輸出認証の再発行手続等がストップすることになる。また、レターに対して適切に対応しなかった場合には行政・法的措置が講じられる可能性が高まるため、受領者は、Warning letter で指摘を受けた問題点を精査し、指定された期限までに原因追及及び再発防止策の検討を行ったうえで回答する必要がある。そして、回答内容が適切であると評価された場合、後日、FDA よるフォローアップ査察が実施され、Warning letter に対する回答書で誓約した事項が果たされているか、問題点が是正されているかなどが調査され、その際に他の重要な違反が発見されなかった場合には、FDA から、Warning letter に対して適切な対応がなされたことを示す "Close-out letter" が発行される。

なお、Warning letter は、受領者がその内容に従わない場合にさらなる執

---

4) FDA が査察対象者に対して調査結果を通知するために査察終了時に交付する文書である。

Chapter 23　法令違反に対するFDAの執行権限

行措置の対象になる旨を警告する意味合いを有する一方で、あくまでも非公式かつ助言的な性質を有するにすぎないため、行政手続法に基づき連邦政府に対して訴訟提起するための前提条件である"final agency action"には該当しないと解されている。したがって、Warning letter の発行段階での訴訟提起は認められない。

　Warning letter は公的な情報であり、多くは FDA のウェブサイトにて自動的に公開されるため[5]、会社のレピュテーションに大きな影響を与えるほか、製造物責任訴訟につながるおそれもある。他方で、Warning letter は他社にとっても価値の高いリソースでもある。すなわち、Warning letter の内容から、その時点の FDA の要求水準や傾向、及び FDA の cGMP に対する解釈等を読み取ることができ、その後の対応に活かすことができる。

　なお、FY23（2022年10月～2023年9月）に CDER から発行された Warning Letter は 170 件であり、その内訳は以下のとおりである。

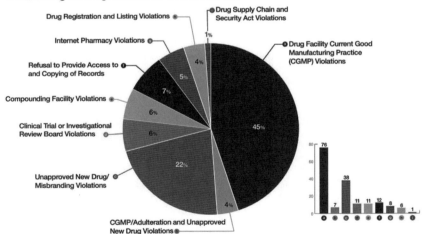

（出典：Annual Report Fiscal Year 2023（https://www.fda.gov/media/175379/download））

---

5)　https://www.fda.gov/inspections-compliance-enforcement-and-criminal-investigations/compliance-actions-and-activities/warning-letters

264

イ　Untitled letter

名前のとおり、"Warning letter"のようなタイトルのないレターであり、宛名は CEO ではなく、担当者個人宛て（Regulatory Affairs の VP、Director 等）となる。

Untitled letter で指摘対象となる事項は、Warning letter の指摘対象である規制上重要な違反に該当しない違反、すなわち軽微な違反である。また、当該レターへの対応如何によって行政・法的措置につながるものではなく[6]、フォローアップ査察も実施されない。ただし、理論上は Untitled letter への対応が不十分な場合は、Warning letter が発行される余地がある。また、Untitled letter で指摘を受けた事項については、FDA が次回の査察において、当該レター受領後に実施された是正措置等の有効性を評価することになるため、優先的に対応するべきである。

なお、Untitled letter も、Warning letter と同様に、FDA のウェブサイトで公表されるため[7]、会社のレピュテーションリスクにつながるおそれがある。

(2)　行政措置（Administrative Actions）

ア　リコール（recall）

リコールとは、FDA が所管する法律に違反し、FDA が法的措置に着手する対象となる市販の製品を、企業が是正又は回収することをいう[8]。

リコールは、原則として会社自ら又は FDA の提案により、任意に実施されるものであるが、FDA は、一定の FDCA 規制対象製品（規制物質、医療機器、食品等[9]）に対して、リコールを命じる権限を有するため、理論上は、会社が FDA の提案に従わなかった場合、又は任意に実施されたリコールが不適切であった場合、FDA は執行措置としてリコール命令を発するほか、

---

6)　一般的に Warning letter には "failure to adequately address this matter may lead to regulatory action" と表記されるが、untitled letter には当該記載がなされない。

7)　https://www.fda.gov/drugs/warning-letters-and-notice-violation-letters-pharmaceutical-companies/untitled-letters-2023

8)　21CFR7.3(g)

Chapter 23　法令違反に対するFDAの執行権限

製品の押収その他の執行措置を講じることがあり得る。

　医療機器に関するリコールの詳細は、**Chapter 16.5** を参照されたい。

　イ　販売承認の取消し（withdraw）、停止（suspension）

　FDA は、医薬品に関し、承認された条件下での使用が安全でないことが判明した場合、有効性に関する証拠が欠如している場合、申請に重要な事実の虚偽記載が含まれていた場合又は重大な GMP 違反があり、これが合理的期間内に是正されなかった場合等に、承認保有者に対する通知及び聴聞の機会の付与の後 [10]、当該製品の販売承認を取り消すことができる [11]。

　他方で、FDA は、公衆衛生に差し迫った危険が生じていると判断した場合、事前の通知や聴聞の機会を与えることなく、対象製品の販売承認を直ちに停止することができ、この場合、承認保有者に対して速やかにその旨を通知し、聴聞の機会を迅速に与えなければならない [12]。

　ウ　民事の金銭的制裁（civil money penalties）

　FDA は、特定の法令違反に対して、civil money penalties を科す権限を有しており [13]、対象となる法令違反には、処方薬販売 [14]、医療機器 [15]、後発品の申請 [16] 及び医薬品等の不適切な DTC 広告 [17] に関する違反が含まれる。多くの違反においては、違反が重大であるか、又は違反を認識していた場合にのみ、制裁金を科すことができる。例えば、Quality System 違反については、重大若しくは故意的な違反、又は公衆衛生に対するリスクがある場合に限り、当該制裁金の対象となる [18]。

---

9)　医薬品は対象外である。

10)　21CFR314.150, 314.200

11)　FDCA505(e)（21USC355(e)）

12)　FDCA505(e)（21USC355(e)）

13)　21CFR17.1

14)　FDCA303(b)（21USC333(b)）

15)　FDCA303(f)(1)（21USC333(f)(1)）

16)　FDCA307（21USC335b）

17)　FDCA303(g)（21USC333(g)）

これらの処分は、連邦規則集 Part 17 に定める手続に従って行う必要があるが、原則として DOJ の承認や裁判所の命令は不要である。

エ　資格喪失（debarment）

FDA は、一定の行為に関して有罪判決を受けた会社又は個人の資格を喪失させ、又は一定の FDA 規制対象活動を禁止する権限を有する[19]。具体的には、FDA は、後発医薬品の開発又は承認（それらのプロセスを含む）に関連する行為により、連邦法上の重罪（felony）で有罪判決を受けた会社等（個人以外の者）に対し、申請行為及びそのサポートを行うことを禁止することができる[20]。また、医薬品の開発、承認等に係る規制に関し、重罪で有罪判決を受けた個人に対し、いかなる立場であっても承認済み又は申請中の NDA を有する者に対してサービスを提供することを禁ずることができる[21]。これらは、mandatory debarment と呼ばれ、禁止期間は（前者においては 1 度目の資格停止後 10 年以内に再度資格停止につながる行為があった場合、）永久である[22]。

また、上記に該当しない場合であっても、例えば、上記行為にて軽罪（misdemeanor）で有罪判決を受けた場合等一定の条件を満たす場合には、同様に、関連する行為が禁止されることとなる。これらは、permissive debarment と呼ばれ、資格喪失期間は 5 年以下となり[23]、対象者は debarment の終了を求めて申請することができる[24]。

上記は医薬品に関するものであるが、医療機器についても一定の有罪判決を受けた者は、debarment の対象になる[25]。

なお、これまでに debarment の対象となった者のリストが FDA のウェ

---

18)　FDCA303 (f)(1)(B)(i) (21USC333 (f)(1)(B)(i))
19)　FDCA306 (21USC335a)
20)　FDCA306 (a)(1) (21USC355a (a)(1))
21)　FDCA306 (a)(2) (21USC355a (a)(2))
22)　FDCA306 (c)(2)(A)(i), (ii) (21USC355a (c)(2)(A)(i), (ii))
23)　FDCA306 (c)(2)(A)(iii) (21USC355a (c)(2)(A)(iii))
24)　FDCA306 (d) (21USC355a (d))
25)　FDCA306 (m) (21USC355a (m))

Chapter 23　法令違反に対するFDAの執行権限

ブサイトで公表されている[26]。

(3)　法的措置（Judicial Actions）

　FDA は、司法手続で法令を執行する場合、司法手続は DOJ が FDA を代理して行うことになるため、DOJ と連携しなければならない。すなわち、まず FDA の Office of the Chief Counsel（OCC）が違反の内容を評価し、司法手続に進むべき事案であると判断した場合には、DOJ の Office of Consumer Litigation（OCL）と連携して対応することとなり、司法手続開始後も、科学分野の専門知識が必要なケース等については、OCC と OCL が連携して取り組むことになる。

ア　押収（seizure）

　医薬品及び医療機器等が adulterated/misbranded であると判断された場合等は、押収処分の対象となり得る[27]。

　押収は、そのスコープの範囲により、いくつかのタイプがある。"lot-specific" seizure は、特定の1つの製剤ロット又はバッチを対象とするものであり、"open-ended" seizure は、ロットやバッチの番号に関わらず、特定の製剤又は製品の全てのユニット（全ロット又は全バッチ）を対象とするものであり、"mass" seizure は、その施設の FDA 規制製品全てを対象とするものである。その施設の全ての製品が同じ違反状態又は同じ環境下において製造等された場合には（例えば、製造プロセスが体系的に cGMP 不遵守である場合、又は不衛生の状態で製造若しくは保管していた場合等）、"mass" seizure の実施が検討される。

　押収を行うためには、原則として令状が必要であるが[28]、特に規制されている産業に関する製品に対して実施される場合には、"Colonnade-Biswell exception"[29]に基づき、一定の要件を満たす場合に限り、無令状での捜索

---

26)　https://www.fda.gov/inspections-compliance-enforcement-and-criminal-investigations/compliance-actions-and-activities/fda-debarment-list-drug-product-applications

27)　FDCA304（21USC334）

268

及び押収が認められる。この場合、当事者への事前の通知及び聴聞の機会の付与は不要となる。

製品が押収された会社の対応方法としては、3つのオプションがある。

1つ目は、何らのアクションも起こさないことであり、この場合は欠席判決が下され、所定の方法に従って押収された物品は処分される。

2つ目は、政府と交渉し、同意判決（consent decree）[30] を成立させることである。consent decree の内容には、製品が法令に違反していることを認めるとともに、当該物品の違反状態を是正するか、又は当該物品の処分を求める旨が含まれることになる。また、被処分者は、物品の小売価格の2倍に相当する金額の保証金を支払う必要があり、これは被処分者に対して consent decree の内容を適切に遵守させることを保証する目的で設けられた制度である。昨今では、consent decree の成立により押収手続が終結することが多い。

3つ目は、押収処分の有効性を法廷で争うことである。

なお、FDA は一般的にまずはリコールの提案や advisory action letters の発行により任意の是正を促し、対象者がこれに応じることが多いため、実務上は、押収処分の件数は非常に少ない。

イ　差押え（injunction）

差押えは、禁止行為 [31] に該当することを理由として、対象製品の製造や販売等を止めることを命じる裁判所の命令である [32]。

差押えには3種類ある。1つ目は temporary restraining order（TRO）で

---

28)　Fourth Amendment: "The right of the people to be secure in their persons, houses, papers, and effects, against unreasonable searches and seizures, shall not be violated, and no Warrants shall issue, but upon probable cause, supported by Oath or affirmation, and particularly describing the place to be searched, and the persons or things to be seized."

29)　Colonnade Catering Corp. v. United States, 397 U.S. 72 (1970) ; United States v. Biswell, 406 U.S. 311 (1972) ; New York v. Burger, 482 U.S. 691 (1987)

30)　いわゆる裁判上の和解であり、効率的な紛争解決手段として多用されている。

31)　FDCA301 (21USC331)

32)　FDCA302 (21USC332)

Chapter 23　法令違反に対するFDAの執行権限

あり、急迫かつ回復不能な損害の発生可能性等の要件を充足する場合に認められる。TRO により、被処分者は、その後の司法聴聞手続までの間（最大20 日間）、違反製品を配送できなくなる。TRO は、制度上は公的な告知及び聴聞手続を経ずに実施することが可能であるが、裁判所の裁量により、FDA 査察官等に対して、ex parte（被処分者不参加）のヒアリングを実施することができる。

　2つ目は preliminary injunctions であり、勝訴見込みがあり、かつ回復不能な損害が生じる可能性がある場合等の要件を充足する場合に認められる。この処分により、被処分者は、違反状態が是正され、かつ永久差押えの司法聴聞が実施されるまでの間、違反製品の製造や販売等を行うことができない。TRO と異なり、事前に告知及び聴聞手続を経ることが必要である。

　3つ目は permanent injunctions である。長期間違反が継続しており、将来的に違反が再発する危険性が認識可能である場合に認められる可能性がある。

　FDA が一般的にどのような場合に差押えを求めるかについては、FDA Regulatory Procedures Manual にて考え方が示されている[33]。

　他方で、上記の手続にかかる費用や訴訟の不安定さを回避するために、多くの被処分者は、同意判決（consent decree）を成立させ、一定のアクションを控えることに任意に同意するのが一般的である。consent decree は、いわゆる裁判上の和解を意味し、被処分者と DOJ（FDA）との間の合意により成立するものであり、一般的に、被処分者は、文書にて是正措置の内容等を FDA に報告するほか、オペレーションのレビューや法令遵守体制を構築した旨を証明するために、独立した専門のコンサルタントを起用しなければならず、また、必要に応じて実施される FDA 査察等の費用を支払わなければならないといった内容が含まれる。consent decree は、形式上は裁判所の命令であるため（裁判所による署名が必要である）、consent decree の内容に違反した場合、DOJ は違反者に対して民事又は刑事手続にて法廷侮辱

---

33)　Regulatory Procedures Manual, Chapter 6: JUDICIAL ACTIONS, 6-6-13（https://www.fda.gov/media/71837/download）

270

（contempt of a court order）に対する制裁を求めることができる。

ウ　刑事責任（criminal penalties）

民事の執行措置に加えて、一定の法令に違反した者は、懲役や罰金といった刑罰の対象となる[34]。

FDCA は数多くの禁止行為を規定しているが、その多くが州間の adulterated/misbranded 製品の配送や adulterated/misbranded の原因となる状況下での製造に関する行為等であり、個人か会社かを問わず、また、故意か否かを問わず、禁止行為を犯した者が刑事責任（少なくとも軽微な犯罪（misdemeanor）が成立する。）を負うことになる。そして、故意に FDCA に定める禁止行為を犯した場合は、重罪（felony）となる。felony か misdemeanor かによって懲役期間の長さや罰金の金額の上限が異なる。

個人の misdemeanor の責任には、Responsible Corporate Officer Doctrine（Park doctrine）が適用される。すなわち、社内での役職等に基づき、対象の法令違反を防止し、あるいは速やかに是正するために必要な措置を講じる権限と責任を有する個人が、その義務を懈怠した場合には、当該違反を認識していたか否か、また、当該違反に関与していたか否かに関わらず、責任役員（"responsible corporate agents"）として刑事責任を問われる可能性がある[35]。ただし、一度 misdemeanor として有罪判決を受けた者が再度違反を犯した場合には、felony となる[36]。

上記法理に対する有効な反論は 2 つあり、1 つは "impossibility" であり、もう 1 つは "guaranty clause" である。まず、"impossibility" に関し、法は客観的に不可能なことを強いるものではないため、事件発生の回避が不可能であったこと（違反の防止又は是正において当該個人が "powerless" であったこと又は "extraordinary" な努力をしたとしてもその違反が生じていたこと）が抗弁になり得る[37]。しかし、客観的に不可能であったことを立証する必要があ

34）　FDCA303（21USC333）

35）　United States v. Park, 421 US 658, 672-74（1975）

36）　FDCA303（a）(2)（21USC333（a）(2)）

Chapter 23　法令違反に対するFDAの執行権限

り、実務上その立証は困難である。次に、"guaranty clause" に関し、"good faith" で、単に違法な物品を受領し、後に引き渡す行為のみをした者、又は違法な物品を市場に流通させた者であっても、"good faith" で、物品を受領し、当該物品が法令に違反しないことを保証する書面を取得した者は、上記刑事責任を負わないとされている[38]。

　なお、実務上は公衆衛生へのリスクが重大である場合等の限られたケースでのみ刑事訴追される傾向にある。

(4)　輸入品への対応

　FDA は、アメリカに輸入された医薬品等の国内流通の可否を判断する責任を負っており、また、United States Customs and Border Protection と連携して、製造方法等が GMP に準拠していない又は adulterated/misbranded であるとみられる（appear）医薬品及び医療機器等の入管を拒否する権限を有する[39]。この "appearance" 基準に関し、FDA は、当該医薬品等が確実に法令に違反していることを立証する必要はなく、違反と信じるに足りる合理的な根拠があれば、当該製品を領置することができるとしている。

　また、FDA は、違反製品の輸入歴や FDA inspection の結果等、特定の製品や法人等が FDCA に違反していることを示す説得的な証拠がある場合等には、"Import Alerts" を発行することができ、これにより、物理的な試験なしに、特定のカテゴリーの製品を、自動的に領置することができる（Detention Without Physical Examination（DWPE））[40]。なお、Import Alerts のリストは FDA のウェブサイトにて確認することができる[41]。

　上記に基づき製品が領置された場合、FDA は、対象製品のオーナー又は荷受人等に対して、違反内容に関する FDA の見解を説明するとともに、証

---

37)　United States v. Gel Spice Co., 773 F.2d 427, 434-435 (2d Cir. 1985)

38)　FDCA303 (c)(1), (2) (21USC333 (c)(1), (2))

39)　FDCA801 (a) (USC381 (a))

40)　Regulatory Procedures Manual, Ch. 9-8, 9-15（Chapter 9: IMPORT OPERATIONS AND ACTIONS: https://www.fda.gov/media/71776/download）

41)　https://www.fda.gov/industry/import-alerts/search-import-alerts

言その他の証拠を提出する機会を提供するための通知をしなければならず[42]、オーナー又は荷受人等が提出する証拠等の内容によって、輸入拒否を維持するか又は撤回するかの決定を行う。

3　昨今の処分件数とトレンド

　以下のデータのとおり、昨今、法的措置の件数は減少傾向にある一方で、FDA は、Warning letter やリコールリクエスト等の行政的な措置を活用するとともに、法令遵守促進のためのルールメイキングを積極的に行い、法的拘束力のないガイダンスを多数発行している。

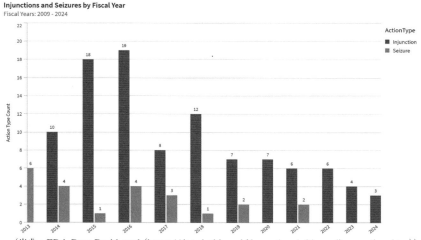

（出典：FDA Data Dashboard（https://datadashboard.fda.gov/ora/cd/complianceactions.htm））

　また、FDA は執行措置に関して広範な裁量を有し、risk-based approach を用いて効率的な規制活動に取り組んでいる。すなわち、執行措置の対象とする行為を限定し、特に患者に対して大きなリスクを与え得る会社や製品に対して優先的にアクションを起こしている。アメリカでは、競合他社からの

42）　21CFR1.94

Chapter 23　法令違反に対するFDAの執行権限

リクエストによりアクションを起こすことは珍しくないが、そのほかにも公
益団体、患者、国会議員等からのリクエストにより、執行措置を講じること
もある。

Chapter 24

FDA inspection

1 概　　要

　FDA inspection（査察）とは、FDCA その他の FDA が執行可能な法令の遵守状況を確認するための行政査察を意味する。査察は FDA の基本的な活動の一つであり、FDA の Office of Regulatory Affairs（ORA）の査察官により実施される。

　また、アメリカ国内だけでなく、アメリカでの販売が想定されている製品を開発・製造等しているアメリカ国外の施設も査察の対象となるため、FDA は、中国、インド、ベルギー、コスタリカ等において現地オフィスを設置し、世界各国における査察を効果的に実施している。

　本 Chapter では、FDCA704(a)(4)に基づいて実施される、医薬品及び医療機器等の製造等に関連する施設等に対する査察を中心に紹介するが、9 では、研究施設等に対して実施される Bioresearch Monitoring（BIMO）査察についても簡単に紹介する。

　なお、FDA は、標準化及び透明性の向上等のため、以下の表のとおり、いくつかの種類の FDA 職員向けの業務マニュアルを策定のうえ、ウェブサイトで公表している。これらには、査察に限らず FDA の権限の内容や手続の詳細等が記載されており、FDA 対応に当たり重要な参照資料となる。特に査察に関しては法令で詳細なルールが定められていないため、これらの資料を確認し、事前に必要十分な準備をすることが重要である。ただし、FDA の査察官は、これらのマニュアルを参照するものの、これに従う法的義務があるわけではない。

Chapter 24　FDA inspection

名称	概要	リンク
Compliance Program Manual （CPM）	CRM は、ORA 等の FDA 職員向けのマニュアルであり、製品ごとに、査察の具体的な手続、確認対象となる記録及び情報等の種類等が記載されている。査察を受ける際に当たって、査察の対象、種類及び内容のインプット、並びに事前に準備すべき記録や資料等の検討を行ううえで有益な資料である。	https://www.fda.gov/inspections-compliance-enforcement-and-criminal-investigations/compliance-manuals/compliance-program-manual
Investigations Operations Manual （IOM）	IOM は、FDA 査察官その他の FDA 職員向けのマニュアルであり、特に実際に現地で査察活動を行う FDA 査察官が参照する主要な業務参考資料である。査察の進め方、各手続の内容、判断基準等が詳細に定められている。	https://www.fda.gov/inspections-compliance-enforcement-and-criminal-investigations/inspection-references/investigations-operations-manual
Regulatory Procedures Manual （RPM）	RPM は、FDA 職員向けのマニュアルである。国内及び輸入規制並びに法的・行政的な執行措置に関する内部手続等の情報が掲載されており、主に査察後のアクションにフォーカスした内容となっている。	https://www.fda.gov/inspections-compliance-enforcement-and-criminal-investigations/compliance-manuals/regulatory-procedures-manual

2　権限とスコープ

FDCA704（a）（1）（21USC374（a）（1））　※下線は筆者による。
For purposes of enforcement of this Act, <u>officers or employees</u> duly designated by the Secretary, upon presenting appropriate credentials and a written notice to the owner, operator, or agent in charge, <u>are authorized</u> (A) <u>to enter, at reasonable times, any factory, warehouse, or establishment</u> in which

276

food, drugs, devices, tobacco products, or cosmetics are manufactured, processed, packed, or held, for introduction into interstate commerce or after such introduction, or to enter any vehicle, being used to transport or hold such food, drugs, devices, tobacco products, or cosmetics in interstate commerce; and (B) to inspect, at reasonable times and within reasonable limits and in a reasonable manner, such factory, warehouse, establishment, or vehicle and all pertinent equipment, finished and unfinished materials, containers, and labeling therein.

　アメリカ国内における FDA の査察権限の根拠法令は、上記の規定であり、査察の対象となるのは、規制対象製品の製造、処理、包装又は保管等（製造等）を行っている工場、倉庫その他の施設等並びに全ての関連設備、完成品、原材料、容器及び表示である。規制対象製品が違法状態（adulterated/ misbranded）を引き起こし得る状況下で製造、処理、包装又は管理等されていないことを確認することが、当該査察の目的である。FDA は、当該権限に基づき、製造等が行われている施設内だけでなく、関連する全ての記録その他の情報を調査することができるが、以下のデータ等については調査対象外となっている。

- ・　Financial data
- ・　Sales data other than shipment data
- ・　Pricing data
- ・　Personnel data other than information establishing the qualifications of technical and professional personnel
- ・　Certain research data except to the extent such information may be required to be available for inspection of submitted to FDA for particular products
- ・　Reports of audits performed by internal or external auditors, customers, or consu ltants

　他方で、アメリカ国外の施設への査察や資料の確認等は、上記の規定ではなく、輸入製品に対する執行手続の実施権限を定める規定[1]及び承認申請者

277

Chapter 24　FDA inspection

による同意を根拠として実施されるものであるため、アメリカへの輸出又は
アメリカでの販売承認取得を想定している製品に関する記録のみを対象とし
て実施するのが一般的であるが、cGMP違反行為の有無を調査するために、
いわゆる非アメリカ製品についても確認の対象となることがある。

　査察の対象となる施設等のオーナー等が、法令上の権限に基づく査察を、
遅延させ、否定し、若しくは制限した場合、又は施設への立入りや査察の開
始を拒絶した場合には、法令上の禁止行為に該当し[2]、当該施設で製造等さ
れている医薬品及び医療機器等はadulteratedとみなされる[3]。査察前及び
査察中の施設サイドの対応内容如何によっては、意図せず上記禁止行為に該
当してしまうおそれがあるため、査察対応マニュアルを作成し、また、査察
対応に関わる者に対して事前のトレーニングを実施するなど、しっかりと対
策を講じるべきである。

　上記法令で定められているとおり、FDAは、施設への査察を、
"reasonable times, and within reasonable limits and in a reasonable
manner"にて実施しなければならない。法令は、"reasonable"の定義を示
していないが、FDAは、査察権限は査察の目的を達成するために合理的に
必要なものに及ぶと考えている[4]。

　過去の裁判例によると、"reasonable time"とは、規制対象の行為が実施
されている時であれば、時間や曜日を問わず、いつでも実施可能という意味
であると解されている。また、査察の方法として、査察中に写真を撮影する
ことが"reasonable"といえるかがしばしば問題となる。FDAのInspection
Operations Manual（IOM）及びFDA発行のガイダンス[5]によれば、写真撮
影は施設の状況を正確に記録することができるという点でFDA査察におい
て必要不可欠な役割を果たすものであり、査察官が査察を効果的に実施する

---

1)　FDCA801（21USC381）

2)　FDCA301 (e) - (f) (21USC331 (e) - (f))

3)　FDCA501 (j) (21USC351 (j))

4)　Investigations Operations Manual 2.2.3（Chapter 2-REGULATORY（https://www.fda.gov/media/166530/download?attachment））

5)　Circumstances that Constitute Delaying, Denying, Limiting, or Refusing a Drug or Device Inspection（https://www.fda.gov/media/86328/download）

に当たって必要と判断した場合に査察官による写真撮影を制限することは許されないとの解釈を示しており、実際にこれに沿う内容の Warning letter も発行されている。会社が写真撮影を拒否した場合、FDA は、行政査察令状の発行を求めるための手続に進むほか、査察に対する不合理な制限に該当するとして対象の製品を adulterated とみなすことができる。

3 査察の種類

　査察は、目的等によっていくつかの種類に分けられており、主要なものとして、Pre-approval Inspections（PAIs）、Routine surveillance inspections 及び For-cause inspections がある。

　まず、"Pre-approval Inspections（PAIs）（pre-market/pre-license inspections（PLIs））"（承認前査察）とは、医薬品及び医療機器等の販売承認申請の審査の一環として必要に応じて実施される査察である。この承認前査察での重要なポイントは、申請書に記載された対象品目の製法及び規格試験と実際の製造記録との間に齟齬がないことの確認である。また、データインテグリティの評価、申請内容に沿った運営体制を構築しているかの確認及び商業的な製造に向けた施設の準備状況の評価等が実施される。FDA Compliance Program Manual（CPM）によれば、リスクベースアプローチが採られており、査察の要否を判断するために、まずは Integrated Quality Assessment（IQA）チームによる品質評価をはじめとする、承認前施設評価を実施し、その結果に基づいて、オンサイト調査を実施する必要の有無が決定される[6]。

　次に、"Routine surveillance inspections" とは、現行の適正製造基準（cGMP）その他の遵守事項への継続的な遵守状況を調査するために実施される査察である。承認前査察と異なり、特定の製品を対象とした査察ではないため、幅広に調査されることとなる。各施設に対する査察の頻度（優先度）は、リスクベースアプローチに基づき、各施設の有するリスクの程度に基づ

6）　FDA Compliance Program（7346.832）, Chapter 46（New Drug Evaluation）, Part II. 2. A（https://www.fda.gov/media/121512/download）

Chapter 24　FDA inspection

いて決まり、リスクの程度は、コンプライアンス違反歴、製品の内在的なリ
スク、リコール実績等を踏まえて判断される[7]。具体的には、FDA は、
Risk-Based Site Selection Model[8]を用いて、各施設のリスクスコアを算出し、
それに従って作成したスケジュール（risk-based schedule）に基づいて、アメ
リカ国内及び国外の施設に対して査察を実施する。

　"For-cause inspections" とは、製造等の施設が重大な問題を有していると
考えられる場合又は特定の問題若しくは製品に関する通報内容を調査する必
要がある場合に実施される査察である。

　その他、法令遵守フォローアップ査察、販売後の懸念に応じた査察 "post
approval inspections"（PoAIs）、製品回収のフォローアップ査察等様々な目
的で査察が実施される。

4　査察のプロセス

(1)　査 察 前

　アメリカ国内の施設の査察では、For-cause inspections を除き、原則とし
て 5 日以上前に査察期間や査察の種類等が通知されることとなっており[9]、
アメリカ国外の施設の査察等一定のケースにおいては、特に明確なルールは
ないものの、2〜3 か月前に通知がなされるのが一般的である。

　なお、医薬品又は医療機器等の製造等施設を保有又は運営している者（ア
メリカに輸出される医薬品又は医療機器等を製造等するアメリカ国外の施設も含
まれる。）は、原則として、毎年、全ての施設を登録しなければならず、ま
た、商業的流通のために製造又は加工等（再包装、ラベル貼付その他のパッ
ケージへの変更も含まれる。）された全ての医薬品及び医療機器等のリストを
提供しなければならない[10]。アメリカ国外に所在する施設は、アメリカ国内

---

7)　FDCA510(h)(2)(21USC360(h)(2))
8)　MAPP 5014.1 Understanding CDER's Risk-Based Site Selection Model（https://www.fda.
　gov/media/116004/download）
9)　Investigations Operations Manual 2024 5.2.6.1（https://www.fda.gov/media/166533/
　download?attachment）

4 査察のプロセス

における連絡先として代理人を置くことが義務付けられており、登録する情報には当該代理人の情報も含まれている。FDA が査察や後述する Remote Regulatory Assessments（RRAs）を実施する際にはまずは登録されている情報（point of contact 等）を用いて施設サイドに連絡することになるため、常に正確な情報を登録しておくことが重要である。

また、FDA は、アメリカ国内の施設に対する査察の開始に当たって、適切な資格証明書を示したうえで、施設のオーナー、運営者又は代理人に対して、文書により、査察の目的等が記載されている "Notice of Inspection"（Form FDA-482）を交付しなければならない[11]。

なお、アメリカ国外の施設への査察の場合、期間延長を必要とする重大な問題が生じない限り、当初のスケジュールに従って査察が実施されるため、査察の終了日を事前に把握することができるが、アメリカ国内の施設への査察の場合は、一般的には FDA が満足のいくまで査察を続けることができるので、査察の終了日が読めない側面がある。

(2) 査 察 中

査察の内容としては、オペレーションの観察、記録の収集及び確認、従業員に対するインタビュー、実地調査、サンプル収集並びに写真・ビデオ撮影等が含まれる。サンプル収集は FDA の権限に基づくものであり[12]、収集されたサンプルはその後に FDA が執行措置を講じる際のエビデンスになり得るため[13]、IOM にて、収集のプロトコルに関してポリシーが定められている[14]。

FDA の査察官は法令で認められている査察権限の範囲を超えてエリアや情報へのアクセスをリクエストすることがあるので（例えば、財務情報や人

---

10) FDCA510（21USC360）, 21CFR207, 21CFR807

11) FDCA704（a）（21USC374（a））

12) FDCA704（c）（21USC374（c））

13) 製造者等は、一定の例外事由（21CFR2.10（c））に該当する場合を除き、FDA が収集したサンプルの一部を試験又は分析のために返還を求めることができる（FDCA702（b）（21USC372（b）））。

14) IOM Chapter 4

Chapter 24　FDA inspection

事情報は FDA の査察権限の範囲外である。)、都度リクエストを承諾する前に慎重な検討が必要である。施設サイドとしては、FDA 査察官のリクエスト等に適切に対応するため、事前に文書にてポリシーやマニュアルを定めておくべきである。具体的には、施設の特定エリアへのアクセス、写真撮影、宣誓供述書（affidavit）[15]、サンプル（物理的なサンプル又は cGMP 違反を記録した文書のサンプル）の収集、ドキュメントの写しの提供及び従業員に対するインタビュー等に関する会社の対応方針を定めておくことが望ましい。

　FDA 査察官は、査察中において、施設等のオーナー等との間で、（FDA Form 483 に記載されないものも含め）全ての観察結果（observations）に関して議論するよう合理的な努力を尽くすことが求められている。口頭でのやりとりは、相手方の同意があれば録音することも可能であり、当該録音記録は、法令（FDCA[16]及び FOI1[17]）に従って、開示される可能性がある。

(3)　査 察 後

　査察の結果、特に指摘事項がなかった場合には、NAI（No Action Indicated）と分類され、査察対応は終了となる。一方で、規制からの逸脱があった場合には、査察終了時に、査察結果の報告として、文書により "List of Inspectional Observations"（Form FDA 483）が提供されるが、この内容には法令で求められる範囲を超えたものも含まれる。なお、査察の対象は限られているため、Form FDA 483 が発行されなかった又は Form FDA 483 で指摘されなかったことによって、当該施設が cGMP に遵守していること（違反がなかったこと）が保証されるものでないことに留意すべきである。

　また、査察中に査察官が物理的なサンプルを収集した場合には、当該サンプルに関する受領証（Form FDA 484）が提供される。

　査察終了時には、査察官との Exit Discussion が実施され、この中で査察官に対して検出された問題点に関する施設側の見解を伝えたり、質問をすることができる。FDA の見解・立場を理解することは、指摘事項に対して適

---

15)　affidavit への署名は法的な義務でないため、応じる必要はない。

16)　FDCA301 (j), 520 (c)（21USC331 (j), 360j (c)）

17)　5USC552

切に対応する準備として非常に重要である。リーガルカウンセルがこれに同席するか否かの判断はケースバイケースになされるが、執行措置や重大な紛争の差し迫ったリスクがある場合を除き、同席しないのが一般的である。

そして、査察終了から数か月後に、査察官が作成した施設査察報告書（Establishment Inspection Reports（EIRs））が送付される。これには、査察当日に施設側が提供した資料や口頭で議論した点も含めて、査察内容が細かく記載されているが、査察終了後にFDAに報告した是正措置等は記載されない。

なお、上記のForm FDA 483やEIRsは、米国情報公開法（Freedom of Information Act（FOIA））に基づく情報公開請求の対象となる。そのため、企業の秘密情報等が公開されてしまうことを可能な限り防ぐために、必要以上に文書の提供や口頭での説明を行わないよう留意するとともに、FDAサイドに情報や資料等を提供する場合には、FDAサイドに秘密情報等が含まれている旨を伝える（例えば、提出文書に、"This submission contains confidential business information that is exempt under section XXX"といった、いわゆる"FOIA language"を付記する）ことが重要である。

5　査察の内容

FDA査察官は、査察対象となる施設を訪れる前に、施設サイドから提示を受けた資料、過去の査察の際の議論の内容が包括的に記載されている施設査察報告書（EIRs）（及びpre-approval inspectionの場合は申請書類等）を確認し、そこで得られた情報等に基づいて、査察の戦略を立てる。この内容は、査察開始後に取得した情報等によって調整されることがある。

医薬品に係る査察の具体的な内容としては、例えばRoutine surveillance inspections及びFor-cause inspectionsにおいて、FDAは、品目単位ではなく、複数の品目に適用されるシステムにフォーカスして査察を行う方針を採用しており、効率的に査察を実施することができる。すなわち、以下のとおり、6つのシステムが指定されており、これらのシステムは通常当該施設で製造等されている多くの品目に適用されるものであるため、システム単位で

Chapter 24 FDA inspection

査察を行うことで、結果的に多くの品目に対する査察を実施することができる。

1) Quality System

　品質管理・品質保証その他の品質関連の要件を満たすシステムを意味し、品質に関連する事項の法令遵守状況が査察の対象となる。

2) Facilities and Equipment System

　製品の製造等に使用される施設及び備品に関連する事項の法令遵守状況が査察の対象となる。

3) Materials System

　原材料、部品、容器及び包装材等に関連する事項の法令遵守状況が査察の対象となる。

4) Production System

　製品等の製造工程に関連する事項の法令遵守状況が査察の対象となる。

5) Packaging and Labeling System

　製品の包装及び表示に関連する事項の法令遵守状況が査察の対象となる。

6) Laboratory Controls System

　研究施設の手順、試験、分析方法の開発、validation 若しくは verification 及び安定性プログラムに関連する事項の法令遵守状況が査察の対象となる。

　ただし、各査察において上記の全てのシステムをカバーする必要はない。査察の範囲には2つのオプションがあり、1つは full inspection と呼ばれ、少なくとも上記のうち4つのシステム（Quality System は必須）をスコープとするものである。full inspection の対象には、新規に登録された施設等若しくは違反歴のある施設等、又は交差汚染の可能性が生じる製造工程等の変更若しくは新しい専門知識や器具等が必要な新規技術の使用等の重要な変更が生じている施設等が含まれる。もう1つは、abbreviated inspection と呼ばれ、少なくとも上記のうち2つのシステム（Quality System は必須）をスコープとするものである。abbreviated inspection の対象には、上記の full inspection の対象にならないケース、例えば、持続的な法令遵守状況が記録

されており、厳格なリスクマネジメントプログラムを実施し、かつ市販製品の品質に重大な欠陥がない施設等が含まれる。

また、医療機器に関する査察では、Quality System Inspection Technique（QSIT）が用いられている[18]。QSIT では、施設等の品質マネジメントシステムの基礎となる4つのサブシステム（Management Controls, Design Controls, Corrective and Preventive Action（CAPA）, Production & Process Controls（P&PC））それぞれに対応するアプローチが示されているが、査察のスコープは、査察の目的や対象等によって異なる。すなわち、Level 1 査察は、Abbreviated inspection と呼ばれ、上記の4つのサブシステムのうち、CAPA+（P&PC or Design Controls）に関して査察が実施される。Abbreviated inspection の対象となるのは、Surveillance 査察及び初回の査察であるが、クラス3の医療機器を製造する施設等については、例外的に対象外となる。他方で、Level 2 査察は、Comprehensive inspection と呼ばれ、上記のサブシステム全てをカバーする。Comprehensive inspection の対象には、PMA preapproval inspection、アメリカ国外の施設に対する査察、クラス3の医療機器の製造施設に対する初回の査察及び Level 1 査察において潜在的なリスクやデータイシューが発見された場合に実施される査察等が含まれる。

なお、アメリカ国外の施設への査察と国内の施設の査察とで、査察の方法及び対象は異ならない。

6　Form FDA 483への対応

上記のとおり、査察の最後に査察官から Form FDA 483 を提示され、後日に正式な査察結果が通知される。Form FDA 483 は全てが自動的に公開されるわけではなく、FDA が重要性等に鑑みてその裁量により公開する旨の判断をした場合や、FOIA に基づき開示請求された場合等、一定の場合に

---

18)　GUIDE TO INSPECTIONS OF QUALITY SYSTEMS（https://www.fda.gov/files/Guide-to-Inspections-of-Quality-Systems.pdf）

Chapter 24　FDA inspection

公開される。

　Form FDA 483への対応（回答）は法令上の義務ではないが、迅速に対応をしなかった場合にはFDAサイドにネガティブな印象をもたれるおそれがあるため、対応しないという選択肢は実務上採り得ない。回答期限は査察終了後15営業日以内であり、回答期限経過後に提出された文書等は、その後のアクション（Warning letterの発行等）を判断する際に考慮されなくなるため、受領者は必ず回答期限を遵守する必要がある。

　Form FDA 483への対応としては、指摘を受けた問題点に対して効果的な是正措置や再発防止策を迅速に実施するとともに、FDAに提出する回答書において、回答期限までに何らかの措置を講じたのであればその内容及びそれにより期待される効果を説得的に説明し、将来実施予定のアクションがあれば具体的なタイムラインを示すこと、又はFDAの指摘に同意しない場合にはその正当な理由を説明することが考えられる。なお、Form FDA 483の内容に関してFDAとの議論が必要な場合には、FDAサイドにRegulatory Meetingの開催を求めることも検討に値する。

　対応が適切かつ十分であった場合は、VAI（Voluntary Action Indicated：指摘はあったが、行政措置はとられない）と分類され、Warning letterの発行を避けられる可能性がある。他方で、対応が不適切であった場合には、OAI（Official Action Indicated：重大な指摘があり、行政措置がとられる）と分類され、何らかの執行措置が講じられることとなる[19]。これらの分類はFDAのウェブサイトで公表されている[20]。

7　FDAの規制アクション

　違反行為に対する規制アクションとしては、非司法的措置として、ミーティングの実施、Untitled Letter又はWarning letterの発行、（pre-approval

---

19)　なお、前述のとおり、特に指摘事項がなかった場合には、NAI（No Action Indicated）と分類される。

20)　https://datadashboard.fda.gov/ora/cd/inspections.htm

inspections の場合）承認申請の取消し・保留、（アメリカ国外の施設が対象の場合）Import Alert、リコールのリクエスト等、司法的措置として、押収、差押え、刑事責任の追及等が考えられる。

　FDA は、一般的には、行政・法的措置に着手する前に、Untitled letter/Warning letter を発行し、違反の性質や適用される法令等に関して、施設サイドの経営層に対してアドバイスをすることが多く、施設サイドがこれに応じて適切に対応した場合にはその後の措置を回避することができる。他方で、FDA が重大な違反を発見した場合には、Untitled letter/Warning letter の発行を経ずに、いきなり法的措置を講じる可能性もある。なお、同一企業内の複数施設で繰り返しの違反が見つかった場合、FDA はより強力な、会社全体を対象とした措置（差押え等）を講じることを検討する。

　また、FDA は、Warning letter において、cGMP 要件の遵守を徹底するために法令[21]に定める資格を有するコンサルタントを雇うことを推奨するとともに、当該コンサルタントは FDA とのセッションの前に cGMP に関する会社の業務全体の包括的な監査を実施し、是正措置及び再発防止策の完了と有効性を評価すべきである旨の助言を提供することがある[22]。

　なお、FY23 に CDER から発行された Warning Letter において指摘された cGMP 関連の違反の内容は以下のとおりである。

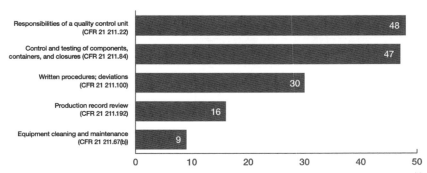

（出典：Annual Report Fiscal Year 2023（https://www.fda.gov/media/175379/download））

21）　21CFR211.34

Chapter 24　FDA inspection

8　Alternative Toolsの活用

　新型コロナウイルス感染症の流行中においては、移動制限等により、FDA査察官を物理的に現地の施設に送り込むことができなかったため、以下で説明するような、査察に代わる調査ツールが活用されており、FDAは、これらをパンデミック後の通常のオペレーションにおいても採用することを表明している。

(1)　Remote Regulatory Assessments

　Remote Regulatory Assessments（RRAs）とは、適用法令の遵守状況の評価を目的として、FDA規制対象の施設及びその記録等に対して遠隔で実施される調査を意味し、これには、義務的なRRA（FDCA704(a)(4)に基づくリクエストにより提出された記録その他の情報のレビュー等）と任意的なRRA（remote interactive evaluations等）が含まれる。RRAは、一般的に、FDAが法令の権限に基づき実施する査察の前／後、又は査察の代わりに実施され、様々な種類の査察[23]を補完又はサポートする役割を有するが、FDA職員が物理的に現場に立ち会うものではないため、査察としては扱われない。

　義務的なRRAの一例として、FDAは、査察対象となる施設[24]のオーナー等に対して、査察に先立って、又はその代わりに、査察対象に含まれ得る記録その他の情報（例えば、設備の記録、プロセスバリデーションの記録及び報告書、試験結果、逸脱と関連報告書、苦情その他cGMP要件等の遵守に関連する情報）の開示をリクエストする権限を有し[25]、FDAがリスクベースアプ

---

22)　例えば、Cerci Kozmetik Ve Otel Ekipmanlari Pazarlama Ic Ve Dis Ticaret Limited Sirketi（https://www.fda.gov/inspections-compliance-enforcement-and-criminal-investigations/warning-letters/cerci-kozmetik-ve-otel-ekipmanlari-pazarlama-ic-ve-dis-ticaret-limited-sirketi-669488-11162023）

23)　FDCA704(a)(1)（21USC374(a)(1)）

24)　これには、医薬品又は医療機器を製造、調製、配合又は加工等している施設、及びFDCA704(a)(5)(C)に基づき査察対象となっている施設等（例えば、BIMO査察の対象となる施設等）が含まれる。

288

8 Alternative Toolsの活用

ローチに基づき RRA を実施することが適切であると判断した時にいつでも権限を行使することができる。また、施設サイドの開示及び回答内容がFDA のリクエストに対応していない場合、FDA は、リクエスト内容を明確にするため、電話会議やバーチャル会議の開催を求めることができる。施設サイドがこれらの義務的な RRA のリクエストを拒否等した場合には、法令違反となり[26]、Warning letter 又は Import Alert 等が発行されるリスクがある。

　他方で、任意的な RRA としては、Remote Interactive Evaluation（RIE）と呼ばれるものがあり、具体的には、文書、記録その他の情報の開示リクエスト及び確認、施設、運営又はデータ等を調査するために実施されるライブストリーム及び事前に撮影されたビデオの活用、インタビュー及び会議の実施並びに是正措置の評価等が含まれる。対象となる施設には、FDA 規制対象となる全ての施設等が含まれ、Preapproval Inspections（PAIs）、Postapproval Inspections（PoAIs）、Surveillance Inspections、Follow-Up and Compliance Inspections、BIMO Inspections 等の様々な査察に関連して（査察の必要性の評価、当該施設に対する査察の優先度の決定又は査察後に実施された是正措置の評価等を目的とする場合も含まれる。）、実施される。ただし、関連する査察の種類によっては、査察の実施を必要とするデータインテグリティその他の懸念事項がないことや、RIE を通じて特定の懸念事項や cGMP リスクを十分に評価可能であることなどが、RIE を実施するための要件として課されることがある[27]。なお、FDA は、その必要に応じて、RIE を実施する前に、FDCA704 (a)(4)に基づき記録その他の情報の開示要求をすることができる。

　実務上、FDA は、RRA を開始する前に、施設サイドの同意を取得するのが一般的である。

　特に RIE は任意の手続であるため、施設サイドは（いつでも）拒否することができ、それにより何らかのサンクションや執行措置を受けることはない

---

25)　FDCA704 (a)(4)（21USC374 (a)(4)）

26)　FDCA301 (e), (f)（21USC331 (e), (f)）

27)　Remote Interactive Evaluations of Drug Manufacturing and Bioresearch Monitoring Facilities（https://www.fda.gov/media/173286/download）

Chapter 24　FDA inspection

が、施設等に対する評価に費やす時間が増えることによって、事案によって
は規制に関する FDA の意思決定が遅くなる可能性がある。

　査察と RRA を同時に実施することは想定されておらず、あくまで査察前
／後に、又は査察の代わりとして実施される[28]。

　RRA 終了時には、"closeout meeting" が開催されることがあり、そこで
は FDA が（もしあれば）RRA での指摘事項のリスト（RRA observations）
を提示し、それに関して FDA と議論することができる。査察と異なり、
Form FDA 483 は交付されないが、上記指摘事項リストに掲載された事項
は、その後に実施される査察において Form FDA 483 に掲載され得る事項
でもあるため、早急に是正措置及び再発防止策を講じる必要がある。なお、
RRA observations においても、回答内容を遅くとも 15 営業日以内に書面に
て FDA に提出することが奨励されている。

　また、RRA 終了後には、通常、RRA 報告書（査察後に提供される EIR と
同様のものである。）の説明部分のコピーが文書にて施設サイドに提供される。
なお、RRA での指摘事項のリスト及び上記報告書等は、FOIA に基づく情
報開示請求の対象となるため、公開免除となる部分を除き、一般に公開され
る可能性があることに留意するべきである。

　2023 年に発行された Warning letter のうち 30 件以上は FDCA704(a)(4)に
基づき開示された記録等を根拠とするものであり[29]、RRA については、義
務的であるか否かに関わらず、査察への対応と同程度のレベル感で慎重に対
応する必要がある。

(2)　Mutual Recognition Agreements

　FDA は、他国の規制当局がアメリカの要件を満たす査察を実施している
と判断した場合、当該他国の政府又は政府機関との間で、当該他国に所在す

---

28)　Conducting Remote Regulatory Assessments Questions and Answers（https://www.fda.
gov/media/160173/download）

29)　例えば、Xiamen Wally Bath Manufacture Co., Ltd.（https://www.fda.gov/inspections-compliance-
enforcement-and-criminal-investigations/warning-letters/xiamen-wally-bath-manufacture-co-
ltd-669407-11152023）

る施設等に対する査察結果を承認する旨の合意を締結する権限を有し[30]、こ
れまでに、EU、UK 及びスイスとの間で、相互承認協定（Mutual Recognition
Agreements（MRAs））を締結している[31]。

　これにより、FDA は、MRA を締結した国の規制当局と連携することが
でき、当該規制当局から共有を受けた査察の結果（査察報告書等）を、効果
的な Routine Surveillance の実施に役立てることができるだけでなく、承認
申請に対する意思決定の根拠として用いることができる[32]。特に、審査対象
となる施設が過去に FDA 査察を受けたことがない場合、又は過去の FDA
査察の対象範囲が限定的であった場合においては、他国における査察結果は
非常に有益な情報であり、承認申請の審査に当たって、承認前査察の実施が
必要であるか、又は査察若しくは RRA を通じて施設を適切に評価するため
に追加情報が必要であるかの意思決定を行う際に活用される。

9　Bioresearch Monitoring（BIMO）査察

　以上では製造等に関連する施設等に対する査察を中心に紹介してきたが、
その前段階の研究開発に従事する者・施設等も FDA 査察の対象になり、当
該査察のことを Bioresearch Monitoring（BIMO）査察と呼ぶ。

　FDA の Bioresearch Monitoring（BIMO）プログラムは、FDA が規制す
る研究の実施及び報告並びに一定の市販後活動をモニタリングするために設
計された、現場査察、データ監査及び遠隔規制評価（RRA）を含む包括的プ
ログラムであり、FDA は、法令の根拠[33]に基づき、GLP 準拠の非臨床試験
ラボ、GCP 準拠の試験実施者、スポンサー、Contact Research Organization
（CRO）その他臨床試験／非臨床試験を実施する研究施設及び IRB に対する
査察のほか、一定の市販後活動に関する調査を実施することができる。

---

[30]　FDCA809（a）（21USC384e（a））
[31]　https://www.fda.gov/international-programs/international-arrangements/mutual-recognition-agreements-mra
[32]　FDCA809（b）（21USC384e（b））
[33]　FDCA704（a）(5)（21USC374（a）(5)）

Chapter 24　FDA inspection

　BIMO 査察では、主に、GCP/GLP をはじめとする臨床試験 / 非臨床試験に適用される規制及び IND/IDE における約束事項等の遵守状況の確認、Postmarketing Adverse Drug Experience（PADE）及び REMS 等の市販後活動に係る遵守状況の確認、並びにデータインテグリティの評価がなされる。

　アメリカ国外で研究を実施している場合であっても、それが FDA に申請する販売承認等申請に関連し、承認判断において重要なデータを提供するものである場合には、当該施設も BIMO 査察の対象となる。

　なお、毎年 BIMO 査察に関するデータレポートが FDA のウェブサイトで公表されており、各年の査察件数や実際の指摘事項の例等の情報を確認することができる[34]。

---

34)　BIMO Inspection Metrics（https://www.fda.gov/science-research/clinical-trials-and-human-subject-protection/bimo-inspection-metrics）

Expert Insights

FDA Inspections Through the Lens of Cellular and Gene Therapy Products

Chris Fanelli（米国弁護士、Sidley Austin LLP、パートナー）

The U.S. Food and Drug Administration (FDA) defines cellular therapies to include cellular immunotherapies, cancer vaccines, and other types of both autologous and allogeneic cells for certain therapeutic indications, including hematopoetic stem cells and adult and embryonic stem cells. FDA defines human gene therapies as products that seek to modify or manipulate the expression of a gene or to alter the biological properties of living cells for therapeutic use. Together, cellular and gene therapy (CGT) products offer potentially ground breaking new opportunities for the treatment of serious diseases. Health authorities around the world – including FDA – have made known their desire to bring more CGTs to patients. Yet many companies continue to struggle with manufacturing-related bottlenecks and inspectional issues. This article provides a brief summary of FDA's inspection program, the types of manufacturing and inspectional challenges CGT manufacturers should look out for, and strategies for anticipating and addressing these challenges before they arise.

The number of investigational applications (i.e., Investigational New Drug Applications (INDs)) and marketing applications (i.e., Biologics License Applications (BLAs)) for CGTs continues to increase year-over-year. At the same time, it has been widely acknowledged – including by FDA – that manufacturing is a key challenge for the approval and widespread availability of CGTs. Manufacturing issues – including the transition from clinical supply to commercial supply, and ensuring quality – have led to a number of clinical holds and delays in approval. The FDA has

Chapter 24　FDA inspection

repeatedly made it clear – including in several guidance documents detailing the agency's current thinking with respect to chemistry, manufacturing, and controls (CMC) – that it is open to innovative approaches in manufacturing CGTs and that it acknowledges that manufacturing processes may be subject to modification even after approval. Ultimately, FDA is focused on establishing "a robust framework" for managing manufacturing and any manufacturing changes, one which incorporates risk management, product stability, and comparability studies.

Historically, FDA's primary tool for understanding how regulated products are manufactured and assessing compliance with applicable legal and regulatory requirements – including for CGTs – is inspections. FDA's inspection authority is set forth in section 374 of the Federal Food, Drug, and Cosmetic Act (the FDCA). This statutory authority provides the foundation for FDA's inspection program, including:

- Surveillance inspections, which are conducted to monitor the manufacturing process, compliance with applicable current good manufacturing practice (cGMP) requirements, and the quality of FDA-regulated products on the market;
- For-cause inspections, which are conducted when the agency has reason to believe that a facility has quality problems, to follow up on complaints or to evaluate corrections that have been made to address previous violations; and
- Application-based inspections, such as pre-approval inspections, pre-license inspections, and post-approval inspections.

Many CGT products are manufactured in purpose-built facilities. As a result, an application-based inspection is in many cases a CGT manufacturer's first interaction with FDA's inspection branch. At the same time, because the manufacturing process for many CGT products requires specialized facilities, equipment, and operator training, FDA's inspection teams – especially for application-based inspections – usually include Center-based subject matter experts (SMEs). FDA's Center-based SMEs are typically very familiar with the CGT product and the manufacturing process, but less experienced with cGMP requirements and how to apply those requirements to advanced therapies and their complex manufacturing practices. As a result, a CGT manufacturer's first inspection may not include a full assessment of cGMP compliance.

By contrast, surveillance inspections are usually led by cGMP experts from FDA's Office of Regulatory Affairs (ORA). These inspections typically include a full assessment of cGMP compliance. For CGT manufacturers, FDA often focuses on, among other areas, process changes, scale-up related challenges, and handling of quality events such as out of specification product. Visual inspection programs and environmental monitoring are also areas of focus for FDA during inspections of CGT manufacturers. CGT manufacturers should anticipate and stay ahead of these inspection trends; failing to do so can result in regulatory action by FDA and lead to supply challenges and shortages.

《執筆者紹介》

藤巻　伍　（ふじまき　ひとし）

2009 年 3 月	中央大学附属高等学校卒業
2013 年 3 月	中央大学法学部法律学科卒業
2014 年 11 月	中央大学法科大学院中退、最高裁判所司法研修所入所
2016 年 1 月	TMI 総合法律事務所勤務
2023 年 5 月	ジョージタウン大学ローセンター卒業（LL.M. in National and Global Health Law with Certificate in Food & Drug Law）
2023 年 7 月	エーザイ・インク勤務（ニュージャージー洲）
2023 年 9 月	シドリー・オースティン法律事務所ワシントン DC オフィス勤務（Food, Drug and Medical Device practice）
2024 年 1 月	シモンズ・アンド・シモンズ法律事務所ロンドンオフィス勤務（Healthcare & Life Sciences practice）
2024 年 5 月	国際バレーボール連盟（FIVB）勤務
2024 年 7 月	TMI 総合法律事務所復帰、ニューヨーク州弁護士資格取得

＜主な著書・論文＞

Chambers Global Practice Guides - Medical Devices 2024
Chambers Global Practice Guides - Digital Healthcare 2024
オンライン診療実践パーフェクトガイド──患者が集まり、感染対策にも役立つ！（日経ヘルスケア編、共著、日経 BP、2021 年）

米国FDA医薬品・医療機器規制入門

2024年9月17日　初版第1刷発行

著　　者　　藤　巻　　伍

発 行 者　　石　川　雅　規

発 行 所　　鑫 商 事 法 務

〒103-0027 東京都中央区日本橋3-6-2
TEL 03-6262-6756・FAX 03-6262-6804〔営業〕
TEL 03-6262-6769〔編集〕
https://www.shojihomu.co.jp/

落丁・乱丁本はお取り替えいたします。　印刷／そうめいコミュニケーションプリンティング
©2024 Hitoshi Fujimaki　　　　　　　　　　Printed in Japan
Shojihomu Co., Ltd.
ISBN978-4-7857-3080-2
＊定価はカバーに表示してあります。

JCOPY ＜出版者著作権管理機構 委託出版物＞
本書の無断複製は著作権法上での例外を除き禁じられています。
複製される場合は、そのつど事前に、出版者著作権管理機構
（電話03-5244-5088、FAX 03-5244-5089、e-mail: info@jcopy.or.jp）
の許諾を得てください。